Los espacios del *Primero sueño* de Sor Juana Inés de la Cruz: arquitectura y cuerpo femenino

Patricia Saldarriaga

Iberoamericana | Vervuert | 2006

Bibliographic information published by Die Deutsche Bibliothek
Die Deutsche Bibliothek lists this publication in the Deutsche Nationalbibliografie; detailed bibliographic data are available on the Internet at http://dnb.ddb.de.

Agradecemos a Middlebury College su apoyo financiero.

Amor de Dios, 1 – E-28014 Madrid
Tel.: +34 91 429 35 22
Fax: +34 91 429 53 97
info@iberoamericanalibros.com
www.ibero-americana.net

Wielandstr. 40 – D-60318 Frankfurt am Main
Tel.: +49 69 597 46 17
Fax: +49 69 597 87 43
info@iberoamericanalibros.com
www.ibero-americana.net

ISBN 84-8489-176-3 (Iberoamericana)
ISBN 3-86527-176-6 (Vervuert)

Depósito Legal: B-7.333-2006

Diseño de cubierta y maquetación: J. C. García Cabrera
Fotografía de la cubierta: *Barbara McBride*. Will McBride, Starnberg, 1962.
© Foto: bpk Berlin.

Impreso en España

Este libro está impreso íntegramente en papel ecológico sin cloro.

A mi hija Clara

Índice

Mi primer contacto con la obra de Sor Juana lo tuve en mi niñez. Mi madre solía recitar versos y siempre me quedó la curiosidad por saber quiénes habían escrito esas palabras a la vez tan fascinantes e incomprensibles. No fue hasta la época de mis estudios en Alemania cuando retomé la poesía de la jerónima. Es allí, y en especial gracias a un grupo de lectura que formamos en la Universidad de Munich, cuando empecé a leer el *Primero sueño*. A este círculo de amigos les quedo profundamente agradecida por esos intentos comunes de descifrar los versos de Sor Juana. Lo mismo a todos mis profesores y compañeros de dicha universidad.

Una primera versión de este estudio se concretó en una tesis de maestría. Algunos años después continué con este proyecto en la Universidad de Washington, Seattle. Mi sincero agradecimiento a los profesores del Departamento de Español y a los del Programa de Teoría Literaria, así como a mis compañeros de estudios, cuya guía y ayuda resultaron imprescindibles. Mi sincero agradecimiento también a mi institución, Middlebury College, por todo el apoyo que he recibido de mis estudiantes, colegas y administradores. A mi editor y a todos los lectores que de una manera u otra han contribuido con sus comentarios y críticas, les quedo infinitamente agradecida. Gracias también a las y los sorjuanistas por sus excelentes contribuciones en el campo, sin las cuales me hubiera sido imposible escribir este estudio. Y por último, gracias a mi familia, por sus muchos años de paciencia y cuidados.

Introducción

Las formas de adquisición del conocimiento han variado a lo largo de la historia. Gracias a los estudios de Michel Foucault sabemos que el pensamiento del Renacimiento ordenó el universo en términos de similitudes o semejanzas. La verdad se encontraba en el mundo en la medida en que éste se leía a través de esas relaciones de analogía. El idioma, por lo tanto, se concebía como algo que estaba dado en la naturaleza, en el mundo. A partir del siglo XVII, sin embargo, la verdad ya no se encuentra ni se lee, sino que se representa. De una constitución tripartita, el signo adquirió una estructura binaria arbitraria reconocible en el significado y el significante.

Las teorías de Copérnico (1473-1543) invalidaron la visión de la Tierra como el centro del universo. A pesar de que éstas fueron prohibidas con el Índice de 1616, el sujeto renacentista ya había captado la inestabilidad de su localización geográfica en el cosmos. Más aún, ubicar a Dios y que éste los ubicara a ellos era su preocupación primordial. Gracias a los descubrimientos científicos de Galileo Galilei, como por ejemplo la invención del telescopio en 1609, se pudo comprobar que la Tierra giraba en torno al Sol. Estos cambios epistemológicos trajeron como consecuencia un énfasis en la localización espacial del sujeto con respecto al cosmos y en su relación con la divinidad. La ciencia, por lo tanto, contribuyó a precisar la distancia entre lo que sería el sujeto y el objeto. Ejemplo de esto lo tenemos en las teorías de perspectiva que se desarrollaron en la época. Poco a poco a lo largo de la historia del arte, por ejemplo, se fue visualizando un punto único de fuga. El mundo ya no se aprehendía a través de ejes de fuga o de ángulos, sino que se trataba de demostrar la existencia de un punto en donde todo convergía y desde donde todo se podía prolongar hacia el infinito.

Cuestionar la noción del infinito tiene una larga tradición que se remonta a la época de los griegos, pero en la obra de Sor Juana, este cuestionamiento se produce a través de la presentación de conceptos científicos. Es precisamente gracias a sus conocimientos de geometría y arquitectura que Sor Juana discurre sobre la divinidad y el acercamiento del hombre hacia ese concepto. Es el sujeto femenino, pero también el intelecto, como sujeto abstracto, quienes emprenden el viaje epistemológico que llevará a la iluminación. Esta necesidad de situarse en el cosmos, de crear una distancia propia entre las palabras y las cosas, se asemeja a la propuesta por las teorías de la posmodernidad. La diferencia se da en el hecho de que ahora se ha perdido el centro copernicano. El hombre posmoderno, como el renacentista o el barroco, necesita cartografiar su propio espacio para poder situarse, uno con respecto a la divinidad, y el otro en el hiperespacio. Con esta urgencia en mente quisiera poner énfasis en las teorías espaciales para analizar hasta qué punto la escritura de la monja jerónima se vio influida por los espacios, específicamente los arquitectónicos, ya sean reales o imaginarios, naturales al mundo o representados. Considerando los enunciados de la jerónima en sus cartas y lo presentado en el texto poético, me remito específicamente a las teorías de perspectiva y a los tratados arquitectónicos como los de Juan Caramuel de Lobkowitz y el de Juan Bautista Villalpando. Considero, asimismo, conceptos matemáticos como los de la geometría proyectiva impulsados por el científico francés del siglo XVII, Girard Desargues. Me limito, sin embargo, a señalar la importancia de la obra del jesuita Athanasius Kircher en los textos de Sor Juana. Para un estudio exhaustivo de la relación Kircher vs. Sor

Juana véanse, entre otros, los estudios de Elías Trabulse (1980), Octavio Paz (1982), Manuel Durán (1983) y Héctor Garza (2004)

Antes de analizar el texto del *Primero sueño* en sí, he considerado relevante contextualizar la obra de Sor Juana en torno a la situación de la Colonia. ¿Hasta qué punto el convento o las órdenes a las que pertenecía la monja mexicana constituían delimitaciones topográficas específicas que fomentaban o reprimían la creación intelectual? ¿Qué consecuencias tuvo la apropiación del espacio sagrado indígena por parte de los colonizadores? Estas y otras preguntas serán analizadas considerando los testimonios de algunos cronistas, así como las cartas y documentos eclesiásticos. Aquí es imprescindible la consideración de los elementos implícitos de historiografía.

Para la conceptualización espacial me remito, entre otros, a los estudios de Michel Certeau. En su libro *The Practice of Everyday Life*, este teórico plantea que el movimiento del cuerpo dentro de una localización determinada produce una escritura legible. Se trata no tanto del reconocimiento de la deixis local, sino más bien de los modos u operaciones con las que el sujeto utiliza un ambiente geográfico específico, modos que de por sí están condicionados por varios factores económicos, políticos, culturales, etc. Lo que propone Certeau es que es posible delinear una retórica Sobre la base de las prácticas cotidianas como el caminar, orar, comer, cantar, hablar, hacer penitencia, etc. Si bien los estudios mencionados están enfocados dentro del marco urbano, las actividades rutinarias dentro del convento, también pueden ser analizadas desde la misma perspectiva ya que el convento en sí, como espacio circunscrito, pretendía ser una sinécdoque del mundo.

En ese mismo estudio, Certeau plantea una diferenciación entre el concepto de «estrategia» y el de «táctica». La estrategia implica mecanismos producidos por los sistemas represivos con la finalidad de sacar ventaja de los más débiles. La táctica, llamada también trucos o juegos, aunque incluida sinecdóquicamente dentro de la estrategia, se usa anónimamente para subvertir el sistema dominante y crear así nuevos espacios. Las prácticas cotidianas son consideradas tácticas, pues para poder caminar por un espacio distribuido jerárquicamente será necesario elaborar un plan. Una estrategia posibilita un «lugar» y una táctica permite un «espacio». Mientras el lugar es algo dado para que el sujeto crea que pertenece a él, el espacio es escogido por el sujeto táctico. Un espacio facilita la subversión en contra del lugar, en contra de lo dado y facilita la huida. En su libro *The Mystic Fable*, el mismo autor hace una comparación entre la historiografía y la mística. La historiografía es clasificada como una estrategia mientras que la mística se considera una táctica. En ambos, afirma Certeau, hay algo en común, y es la añoranza por el otro. Me interesa demostrar cuáles son las tácticas sorjuaninas que remiten a los modos de utilización de los espacios sagrados arquitectónicos, sobre todo del convento en que vivió y del cuerpo humano en sí, el cual en forma similar, podría considerarse un espacio sagrado más.

Si bien los estudios sobre el *Primero sueño* son numerosos, éstos se concentran en la tradición literaria-filosófica, la estructura, sintaxis, intención de la autora[1], etc. Pocos son los análisis que se dedican a la identificación del sujeto que emprende el viaje epistemológico durante el sueño. Llama también la atención la poca investigación respecto de la función de las digresiones y la relación entre las mismas dentro del poema[2]. El análisis presentado aquí se concentra en la corporeidad del yo lírico. Se afirma que el género sexual es de suma relevancia, pues a lo largo del texto —y no sólo en el último verso— existen connotaciones religiosas que apuntan a una identificación del cuerpo del texto poético con el de la Luna, la Virgen y la Iglesia. Es decir que el cuerpo en sí se revela como un espacio sagra-

[1] Sobre la tradición hermética, *cfr.* Octavio Paz (1982: 229-241, 476-480). Aída Beaupied trae a colación la relación entre la diosa Isis y el *Divino Narciso* (1997: 112-23). *Cfr.* también José Pascual Buxó (1996: 181-203). El valioso estudio de Georgina Sabat de Rivers (1976) presenta un panorama importante de las tradiciones presentes en el poema. Para un estudio de la sintaxis, por ejemplo, del uso del hipérbaton y los cultismos *cfr.* el análisis de Rosa Perelmuter (1982a).

[2] Una excepción lo constituye el excelente artículo de Rosa Perelmuter «La situación enunciativa en el *Primero sueño*».

do, un *aula pudoris* habitada por el elemento virgen, el cual también está presente en las diversas digresiones. No pretenderé aquí comparar en forma exhaustiva el *Primero sueño* con las tesis propuestas en textos como la *Carta atenagórica*, la *Respuesta*, u otros. Esta labor sobrepasaría el marco del presente trabajo. Me limitaré exclusivamente a señalar algunos elementos subversivos comunes en los textos epistolares, los autos sacramentales, las loas y el *Primero sueño.* Intento presentar una lectura del *Primero sueño* que demuestre que la selección de los sintagmas no se debe a una operación casual y que cada lexema del poema en cuestión tiene su razón y su función, una utilización táctica.

En el *Primero sueño*, poema de 975 versos que la monja clasificara como un «papelillo» y el único que escribiera por deseo propio, confluyen diversas tradiciones, entre las que podemos mencionar la platónica, la aristotélica, la patrística, los textos de San Agustín de Hipona y San Ambrosio; la neoplatónica, como los *Diálogos de amor* de León Hebreo, la *Theologia platonica* de Marsilio Ficino, Plotino, la tradición hermética mediada a través de los escritos de Kircher. Este poema, lleno de metáforas complicadas, símbolos eclesiásticos y alusiones mitológicas, ha sido prosificado y clasificado por diversos estudiosos. Tanto la sintaxis como la simultaneidad de acepciones de cada sintagma resaltan el principio estilístico de *obscuritas* utilizado por Sor Juana en forma magistral. Parto de la premisa de que desde la prosificación de Méndez Plancarte hasta la edición de Alberto Pérez Amador Adam (1996), las notas bibliográficas propuestas por la crítica no han sido suficientes para una comprensión exhaustiva del poema. Ni siquiera el título mismo está claro, puesto que la primera edición del padre Calleja reza *Primero sueño, que así intituló y compuso la madre Juana, imitando a Góngora*; y en la *Respuesta a Sor Filotea* la monja se refiere al texto simplemente como «El sueño». No se sabe a ciencia cierta si el texto efectivamente fue escrito como imitación de las *Soledades* de Góngora (1561-1627) o si esto fue un añadido del editor. Lo sabremos, quizás, cuando se encuentren los manuscritos que Sor Juana le diera a la marquesa de la Laguna y que fueran depositados en el Archivo del Palacio de El Escorial[3].

Teniendo en cuenta que se trata de un texto que data del siglo XVII, evitaré —en lo posible— incurrir en una lectura anacrónica. Durante el procedimiento de trabajo, por lo tanto, insistiré en una aproximación que partiendo de mi propio horizonte epistemológico, se base en las significaciones que los lexemas poseían en la época de Sor Juana. Para esto me serviré del *Diccionario de autoridades* y del *Tesoro de la lengua castellana o española* de Covarrubias[4].

De acuerdo con las clasificaciones de la crítica, el poema, en una primera instancia, representa el sueño intelectual del hombre y las diversas fases del mismo, como por ejemplo el dormir del cosmos (vv. 1-150), el dormir humano (vv. 151-291), la intuición neoplatónica (vv. 292-494), el raciocinio aristotélico (vv. 495-826), el despertar humano (vv. 827-886) y el despertar del Día (vv. 887-975)[5]. Es el intento del alma humana por adquirir la sabiduría. Sin embargo, no se especifica si ese intento se logra o no. Para mostrar el modelo dentro del cual se desplazan los sujetos, he tomado como punto de partida el caso de algunas figuras mitológicas, puesto que a través de ellas se puede captar el funcionamiento de la dialéctica entre la luz y las tinieblas. Si bien estas figuras poseen la libertad de trasladarse libremente, están circunscritas dentro de un modelo circular y atemporal, limitado por la propia capacidad de auto-iluminación.

Si bien críticos como Rosa Perelmuter, Margo Glantz y otros, han señalado la importancia del narrador femenino o el aspecto personal del poema, la bibliografía sobre Sor Juana parece haberse empecinado en neutralizar sexualmente el alma, y por ende al cuerpo del

[3] *Cfr. El precipicio de Faetón*, 14.

[4] *Cfr.* las reimpresiones contemporáneas de 1990 y 1995 respectivamente.

[5] Esta clasificación corresponde a la de Georgina Sabat de Rivers (1976: 130). Ludwig Pfandl, al igual que Méndez Plancarte (1995), presenta una prosificación del poema y lo divide en cinco partes: el hechizo del sueño, la teoría del sueño, la vivencia del sueño, el tránsito del umbral del sueño y, por último, el nacimiento del Sol (1971: 23-31).

poema que emprende el viaje espiritual en busca del conocimiento. Esto se debe probablemente a la afirmación que hiciera Sor Juana en uno de sus poemas de que «las almas no tienen sexo». Pero si el intento de búsqueda del discernimiento es igual para ambos sexos, puesto que el alma se desprende de su cuerpo, no quiere esto decir que la ejemplificación no se realice a través de un sujeto femenino, o de un cuerpo femenino. Perelmuter resalta que a pesar de la intención de la monja por ocultar su presencia, existe en el texto un gran número de marcadores deícticos (locales y personales) que deja constancia de la existencia de una yo narradora (Perelmuter 1986: 190). Pero, para la mayoría de los críticos, el sexo del cuerpo de esta alma recién se reconoce en el último verso, donde el yo lírico afirma: «el mundo iluminado, y yo despierta».

Las interpretaciones a las que he tenido acceso han señalado la importancia de los sujetos femeninos en la medida que éstos intentan el logro del conocimiento. Me refiero, por ejemplo, al volumen *Toward a Feminist Understanding of Sor Juana Inés de la Cruz* editado por Stephanie Merrim, con sugerentes artículos como «A Feminist Rereading of Sor Juana's *Dream*» o «Where Woman is creator of the Wor(l)d, Sor Juana's Discourses on Method» de Georgina Sabat de Rivers y Electa Arenal respectivamente. Estos estudios, juntos con los ensayos de muchos otros críticos, presentan una visión feminista que señala el camino para la interpretación del poema en este trabajo. La labor de investigación de autores como Francisco de la Maza, Alfonso Méndez Plancarte, Octavio Paz, Enrico Mario Santí, Margo Glantz, y la de muchos otros estudiosos, han sido decisivas para el desarrollo de mis planteamientos.

¿Cómo afirmar pues que existe una sistematización capaz de sugerir la presencia de un cuerpo femenino? En primer lugar el texto está estructurado sobre la base de digresiones. Éstas constituyen ejemplificaciones que caracterizan al yo hablante y todas tienen un punto común de referencia: el (yo) digo del sujeto de la enunciación (vv. 47, 226, 690, 795, 975). Además de la conexión pragmática podemos demostrar que existe otro concepto presente implícitamente en esta estructura: se trata de la noción de la virginidad. Desde las primeras figuras mitológicas hasta los sujetos femeninos, incluyendo las figuras alegóricas de la Noche y la Aurora, todas están circunscritas dentro de un ambiente virgen, un templo sagrado localizado en el cuerpo mismo del sujeto que sueña. Opino que a pesar de todos los intentos para asexuar el cuerpo del poema, uno se encuentra, a lo largo del mismo, con una serie de alusiones que nos remiten no sólo a una configuración femenina, sino también a un cuerpo equiparable con el de la Iglesia y por lo tanto al de la Virgen María[6]. Demostrar esta relación es uno de los objetivos del trabajo. Primero intentaré contextualizar la obra de Sor Juana en torno a la problemática de la subversión colonial y textual, y posteriormente pasaré a demostrar en qué medida se trata de un sujeto femenino y cómo es que éste afirma su sexualidad.

Que las teorías feministas contemporáneas coinciden con esta interpretación de la obra sorjuanina es un hecho relevante. Sin embargo, la comprobación de estas tesis no se hará exclusivamente con el trasfondo teórico del siglo XX. En todo momento intentaré remitirme a las lecturas a las cuales la jerónima tenía acceso, en especial a la simbología eclesiástica de los Padres de la Iglesia, a las teorías científicas de la época y a la influencia de los contemporáneos de la monja. La estructura de los capítulos está elaborada siguiendo tales nexos. En el primero, titulado «La arquitectura y los espacios sagrados», me sitúo en la posmodernidad para desde allí contemplar la relación entre la espiritualidad y la arquitectura presente en el Renacimiento, en los modelos anteriores de la literatura mística y, sobre todo, en la tratadística arquitectónica del Barroco. Las teorías propuestas por Fredric Jameson y Michel Certeau, entre otros, para

[6] Rafael Catalá (1978) es el único que identifica la figura del águila con la Virgen María. Lamentablemente la interpretación de este crítico se limita a esa figura y a su relación con el incesto. *Cfr.* «La trascendencia en el *Primero sueño*: el incesto y el águila». Otros, el caso de Arenal, afirman que: «The Virgin Mary, «La soberana Doctora/ de las Escuelas divinas/» (...) is barely hidden in the emblematic eagle, Jupiter's bird, «como al fin Reina-, por no darse entera»» (1991: 130-131).

conceptualizar el espacio y para ubicar al sujeto dentro del mismo, son relevantes para una relectura de los textos renacentistas y barrocos. Se hace evidente la necesidad de cartografiar el espacio de un modo diferente. Necesitamos analizar en qué medida la discursividad se ve afectada por la forma de actuar y el movimiento.

Voy, así, a aquellos *espacios geográficos* a los que la Décima Musa tuvo acceso real: la arquitectura eclesiástica colonial construida sobre la base de templos indígenas, incluida la Virgen de Guadalupe. Paso, posteriormente, a analizar las motivaciones que podría tener la Décima Musa para elegir la Orden de las Carmelitas. Aun cuando la estadía de la novohispana se limitara a un lapso de dos meses dentro de los recintos del convento, no podemos descartar la influencia que escritoras Carmelitas, como Santa Teresa, pudieron provocar en la persona de Sor Juana. Sobre el convento de los Jerónimos, al que nuestra religiosa perteneció, analizo las posibles motivaciones que indujeron a Sor Juana a profesar en esta Orden.

Tomo en consideración la represión en los conventos y la discursividad producida como consecuencia de ésta. Me baso en las teorías de Michel Foucault y considero, asimismo, la situación de los conventos de México y España, y me remito, así, a la situación personal de Sor Juana. Este recorrido de Sor Juana de un espacio geográfico a otro podría leerse como una caminata mística, la cual, constituiría una práctica cotidiana que implica una táctica que expresa su deseo de subversión. El espacio físico, el convento mismo, sólo podrá ser definido gracias a las monjas que habitan en él, y esta localización estará marcada por el modo o las operaciones con las que las religiosas utilizan ese convento. De forma similar, esta localización física va a contextualizar la escritura, la va a marcar y codificar. El modo de movilización dentro del espacio estará condicionado a las estructuras jerárquicas dentro del convento, y ese recorrido dejará escrituras legibles. Caminar por la arquitectura del convento deberá entonces concebirse como una práctica cotidiana condicionada culturalmente, operación que influirá, sin duda alguna en la discursividad.

El segundo capítulo, «*Aula pudoris*: virginidad y *Primero sueño*», problematiza otro espacio sagrado: aquél donde se localizan las vírgenes que actúan en el poema. Contextualizo los elementos subversivos del texto poético dentro de ejemplos concretos del resto de la obra de la jerónima y después paso al poema en sí, analizando el papel de las figuras mitológicas, las aves nocturnas, el águila de la resurrección y las oposiciones, problematizadas por cierto, de las asociaciones binarias entre Noche, Luna, Virgen *versus* Día, Sol, Cristo. Si las tesis que propongo pecan de ser poco ortodoxas, la mención de ejemplos de la obra en prosa o en drama sólo intenta sugerir que éstas no están aisladas en la poesía. Ya las cartas, loas o autos sacramentales apuntan a esa rebeldía sorjuanina. No pretendo hacer un análisis exhaustivo de la obra completa, pues menciono únicamente aquellos pasajes que mejor demuestran la relación con las tácticas del *Primero sueño*. Las tesis propuestas en esta sección apuntan a la identificación de las digresiones como ejemplificaciones del yo lírico. Se demuestra la conexión entre el cuerpo durmiente y la filosofía natural.

El capítulo tres, titulado «*Corpus sacrum*: escritura del cuerpo y con el cuerpo», elabora el último espacio sagrado: el cuerpo humano. Como lo han afirmado los críticos, desde finales del siglo XV hasta finales del siglo XVII hubo una tendencia a crear una ciencia del cuerpo humano. Este renacer de la corporeidad se centró en el interior del cuerpo, en su relación con la mente e incluso en su localización con respecto a la sociedad y al mundo natural[7]. El descubrimiento del cuerpo, por lo tanto, permitió un mejor entendimiento del mundo. Pensemos por ejemplo en la concepción neoplatónica: el cuerpo humano era visto como un microcosmos que representaba proporcionalmente la totalidad. Las teorías cartesianas, por otro lado, destruyeron la unidad entre cuerpo y alma. Gracias a las prácticas de disección del cuerpo, por ejemplo, se probó la imposibilidad de seguir uniendo ambos conceptos. El cuerpo podía dividirse, mas no el alma. Se acentuó así la distancia entre el sujeto y el obje-

[7] *Cfr*. Los estudios de Jonathan Sawday, especialmente *The Body Emblazoned. Dissection and the Human Body in Renaissance Culture*.

to. Debido a la situación enunciativa del sueño, en este poema se logra visualizar una separación entre cuerpo y alma. El uno está en un estado similar a la muerte y la otra concibe un viaje epistemológico. Sin embargo, ambas entidades, por más distancia creada, están unidas a través del «yo digo», «yo afirmo» del sujeto de la enunciación.

La intención en este capítulo es estudiar la relación entre escritura y corporeidad. Para ello me baso en estudios científicos de la época, como los de Huarte de San Juan, las teorías de Hipócrates y Galeno, Thomas Laqueur, algunos tratados sobre la embriología; compendios sobre cirugía, como los del francés Ambrosio Paré; ensayos sobre el neoplatonismo en el Renacimiento, el caso de Erwin Panofsky. Me remito, asimismo, a estudios y textos de los místicos medievales que, al igual que los tratados científicos, ayudan a demostrar la tesis propuesta: los miembros del cuerpo y su funcionamiento están íntimamente ligados a la producción poética. Analizo entonces el papel que cumple el estómago, así como el rol de la menstruación y la lactancia para la producción de una escritura alegórica, el mismo que puede rastrearse en los textos de las místicas medievales. Se creía que la sangre de la menstruación alimentaba al feto y que luego se convertía en leche. Sor Juana, por medio de diferentes paradigmas, juega al cambio cromático de rojo a blanco y hace de la representación corporal una simbiosis de Cristo y la Virgen. La menstruación, como plétora, apunta a la purgación del estado humano. Se intenta no solamente un viaje epistemológico, sino que además se logra la identificación con la instancia divina. La producción poética es equivalente a la corporal. De la misma manera que el sujeto que escribe crea el texto, así el cuerpo produce y da a luz al *logos*. El embrión será visión y creación.

La loa al *Divino Narciso* considera el debate entre los iconoclastas y los defensores de las imágenes divinas. San Juan Damasceno criticaba la literalidad para interpretar las escrituras y afirmaba la imposibilidad de contemplar a Dios sin la ayuda representativa de los iconos. La loa permite una lectura del poema donde las digresiones, paradigmas del cuerpo en cuestión, constituyen elementos iconográficos que hacen del texto poético la escritura de lo irrepresentable.

Capítulo 1

La arquitectura y los espacios sagrados

¿Por qué la necesidad de resaltar el espacio arquitectónico, o más aún, la cartografía colonial o española? Pienso que la historia de la Nueva España puede y debe releerse desde la posmodernidad en su relación con el espacio físico. Fredric Jameson afirma que la noción de la posmodernidad surgió dentro del contexto de los debates de la arquitectura (1995: 97-129). El sujeto fragmentado, perdido en el hiperespacio no puede ubicarse dentro de las redes de comunicación descentradas del capitalismo y por lo tanto se ve forzado a identificarse dentro de un mapa cognitivo, mental, que lo ayude a situarse en la sociedad. Ésta es la preocupación primordial que se plantea. No se trata de que la cartografía represente el mundo en forma mimética, sino que el mapa utilice códigos plasmados a través de marcos condicionados históricamente.

Desde nuestra perspectiva de lectores posmodernos, la propuesta de Jameson parece bastante útil para aproximarnos a los textos del Renacimiento y del Barroco, puesto que ya desde la Antigüedad se asociaba la espiritualidad con la cartografía y la espacialidad[1]. En su *Introducción del símbolo de la Fe*, Fray Luis de Granada (1504-1588)

[1] Para un estudio de la relación entre las expresiones artísticas del Barroco y la arquitectura religiosa, *cfr.* Javier Vilaltella (1998).

traza la relación entre la labor de los cosmógrafos al cartografiar el mundo y la labor de Dios al diseñar el mapa humano dentro del cuerpo mismo: «Pues así podemos decir que el hombre es como un breve mapa que aquel soberano artífice trazó donde no por figuras, sino por la misma verdad nos representó cuanto había en el mundo» (1989: 396)[2]. Si bien el granadino concibe la labor arquitectónica como verdad absoluta, el sujeto renacentista ya se planteaba la dependencia del espacio arquitectónico exterior y la espiritualidad del cuerpo místico.

Pensemos, por ejemplo, en el *Castillo interior* de Santa Teresa (1515-1582). La construcción arquitectónica representa el alma en cuyo centro se localiza la Trinidad. Para llegar a ella o para adquirir la sabiduría y la visión mística, se debía atravesar los espacios arquitectónicos dispuestos concéntricamente. El *Camino de perfección* de la Carmelita hace hincapié en la metáfora del camino como manera de oración. Si se sigue avanzando por ese espacio, entonces se logrará la gracia anhelada. La *Subida del monte Carmelo* de San Juan de la Cruz basa la alegoría en una localización física concreta, el monte palestino por el cual hay que ascender para llegar a la unión con la divinidad.

Éste es el caso, asimismo, de la llamada teología negativa, cuya posición está expuesta en la obra de Plotino (1993: 205-270) y de Pseudo Dionisio Areopagita (siglo I). Recordemos que la mística española estaba influida por estos escritos. Incluso Fray Luis de Granada en su *Introducción del símbolo de la Fe* incluye una discusión de la doctrina de Dionisio. La unión con Dios, según el Areopagita, se logra ascendiendo por una jerarquía dispuesta arquitectónicamente. Este ateniense distingue entre lo que sería una teología catafática (la que se expresa en forma positiva de Dios y le atribuye determinadas propiedades) y una teología apofática (teología negativa), cuya

[2] La nota bibliográfica de José María Balcells, editor de la obra del granadino, apunta asimismo a *El gran duque de Gandía* de Calderón de la Barca: «en este racional vivo/ mapa del hombre abreviado» vv. 640-1.

deixis local en el espacio arquitectónico se localizaba una grada por encima. Esta teología apofática, también llamada teología mística, afirma que Dios está más allá de toda definición. Lograr la *unio mystica* implica una ruptura con todo el saber y sólo se puede realizar en la negación. Es exclusivamente a través de la visión y el éxtasis que el hombre lograría primero la iluminación y finalmente la unión.

El neoplatónico Plotino (¿205-270?), conocido también como Plotinos, distingue tres espacios o tres caminos del ser llamados hipóstasis: el espiritual, el del alma y la realidad del cuerpo. Si el alma individual se distrae por el cuerpo, ésta irá literalmente descendiendo por la arquitectura y sólo podría volver a ascender hacia las esferas superiores gracias al recuerdo de su origen divino. También aquí se refleja la jerarquía arquitectónica a nivel de contenido, pues según Plotino, cada hipóstasis sólo está en conocimiento de la hipóstasis inmediatamente inferior a ella.

Las teorías de Pitágoras sobre las proporciones numerales y geométricas que declaran la música como la manifestación de la estructura y perfección cósmica se pueden ampliar a la arquitectura y las artes visuales[3]. Recuérdese, por ejemplo, la influencia de estas teorías en la poesía de Fray Luis de León. La concepción aristotélica del universo, así como la doctrina cristiana medieval, concebía al hombre como un producto de materia y espíritu. Ubicaba al individuo en el centro de la Tierra y ésta al punto medio del universo. Desde allí, el sujeto podía ascender por las esferas celestiales o descender hacia el infierno. Cada elemento de la Tierra poseía una ubicación fija en el cosmos, y esa ubicación le era propia. Desde su espacio privado, el individuo podía ser observado por Dios. Los descubrimientos de Copérnico (1473-1543) produjeron un gran cambio en la concepción del espacio, pues este científico demostró la invalidez de la concepción geocéntrica ptolomeica, propuesta desde la Antigüedad por Aristarco de Samos (310 a.C.-220 a.C.). El Sol ya no giraba en torno

[3] *Cfr.* la excelente explicación de la teoría pitagórica respecto de la relación entre la numerología y las proporciones de René Taylor en Ramírez/Taylor 1991: 184.

a la Tierra como en el modelo ptolomeico, sino al revés. El modelo heliocéntrico trajo como consecuencia una desestabilización epistemológica, pues el hombre no sólo había perdido su orientación en el espacio, sino que —más grave aún— no sabía la ubicación de Dios. Estas teorías de Copérnico fueron prohibidas por la Iglesia católica en 1616. El modelo heliocéntrico copernicano fue ratificado por Galileo Galilei (1564-1642), sobre todo gracias a su descubrimiento de las lunas de Júpiter en 1610. El Renacimiento europeo está marcado por una preocupación espacial, específicamente la localización física. Esto lo vemos en el desarrollo de la perspectiva, sobre todo con las teorías de Leon Battista Alberti (1404-1472)[4]. La importancia de este artista radica en el énfasis científico y matemático. El arte dejaba de ser una expresión simbólica de verdades teológicas y se convertía en una ciencia precisa y racional. Para este italiano, el artista debía tener un profundo conocimiento de la poesía, la historia y las matemáticas. Su libro *De re aedificatoria*, publicado en 1485 fue de gran influencia para los artistas renacentistas.

Pensemos, asimismo, en la pintura española del Siglo de Oro. Una de las facetas menos conocidas del pintor sevillano del siglo XVII Diego Velázquez (1599-1660) es su oficio de arquitecto y decorador. Como menciona Jonathan Brown, su carrera arquitectónica en sí empezó oficialmente en 1644 cuando sucedió a Francisco de Praves en la superintendencia de las obras del rey (128). Gracias a estos conocimientos, el yerno de Francisco Pacheco pudo asimilar las tendencias y desarrollos anteriores en el arte italiano, sobre todo aquellos relacionados con la perspectiva y el ilusionismo barroco. Su obra *Las Meninas* demuestra su preocupación por la ubicación espacial y su conocimiento de las teorías y la ciencia de la época[5].

Específicamente en el México colonial, la arquitectura asumió un rol preponderante gracias, sobre todo, a los escritos del jesuita alemán Athanasius Kircher (1602-1680). Como afirma Gómez Martínez, este

[4] *Cfr.* Erwin Panofsky (1999).

[5] *Cfr.* el estudio de Michel Foucault (1968), entre muchos otros.

estudioso buscaba la globalización del saber con directas implicaciones arquitectónicas y su obra tuvo una especial recepción en la ciudad de Puebla de los Ángeles (1997: 55). Evidencia de ello se encuentra en su *Sciencia universalis*, sus inventos geométricos, el caso del *Pantometrum Kircherianum* (Würzburg, 1669), sus estudios sobre arquitectura cósmica, la luz, egiptología, sinología e incluso sobre medicina y música. Entre muchos otros descubrimientos, se le atribuye el desarrollo de la linterna mágica, a la que hace mención Sor Juana (v. 873).

Carlos de Sigüenza y Góngora, amigo personal de la jerónima y catedrático de matemáticas de la Universidad de México en 1672, logró epitomar al científico de la Colonia. Se dedicó al estudio de la astronomía, de los conventos y monumentos religiosos y su modo de aproximarse a la ciencia refleja, como en el caso del jesuita alemán, el gran valor atribuido a la arquitectura, especialmente en escritos como *Paraíso occidental*, sus prestigiosos almanaques con calculaciones matemáticas y astronómicas[6] o incluso en su *Glorias de Querétaro*. En este último texto predominan las descripciones arquitectónicas de los templos novohispanos, específicamente el consagrado a la Virgen de Guadalupe en dicha ciudad:

> El ancho, según las reglas del arte, es casi el tercio de lo que corre la lonja, esto es, treinta y quatro pies; y constando de otros tantos el diámetro de la Capilla mayor, queda ésta en quadro perfecto, extendiéndose por cada lado el crucero, que es el que forma la disposición de la Iglesia, diez y ocho pies, con lo que todo éste, de pared á pared, se mide con setenta, que es lo sobradamente necesario para su cabal desahogo. El todo de la fábrica es de órden dórico, de que constan las basas de las formas y pilastras, y la coronación de la cúpula y muro, desde cuyo arquitrabe, friso y cornisa comienza el juego de las bóvedas (1945: 92).

Como afirma Bérchez, en este texto del mexicano es notorio el uso de la terminología arquitectónica más contemporánea a través de vocablos como «columnas tortuosas o salomónicas», «forma cilindroi-

[6] *Cfr.* el excelente ensayo de María Dolores Bravo (1987).

de», «libertad compósita», etc. Agrega Bérchez: «No en balde consta que Sigüenza conocía en fecha temprana el *Cursus Mathematicus* (1667-1668, 2ª. Ed., 1670) de Juan Caramuel, cuyo libro III, dedicado a la arquitectura fue el embrión de la famosa *Arquitectura civil recta y oblicua*» (112).

La *Arquitectura civil recta y oblicua* de Juan Caramuel de Lobkowitz (1606-1682), español-bohemio y amigo de Kircher, fue la primera obra sobre arquitectura civil escrita en castellano (1678). Es a través de Caramuel y de su énfasis en la arquitectura cuando empieza a propagarse la estrecha relación entre las diversas disciplinas: «son hermanas las ciencias y se dan de las manos, y es imposible saber una con perfección sin tener de las otras suficiente noticia...» (Tomo I, Trat. I, Art. III)[7]. Esta actitud, que parte de la arquitectura y que ya está presente en la obra de Alberti, se refleja también en la *Respuesta* de Sor Juana, pues como en Caramuel, se intenta lograr el conocimiento absoluto a través de todas las artes. Para llegar a la «cumbre de la Sagrada Teología [...] [se debe] subir por los escalones de las ciencias y artes humanas» (1995: 313-315)[8]. Se sabe, a ciencia cierta que por lo menos la *Respuesta del Manifiesto de Portugal* (Amberes, 1642) de Caramuel estaba a la venta en la Ciudad de México en 1655 (O'Gorman 1939: 762, 849, 877)[9]. La contribución de Caramuel fue decisiva en la arquitectura novohispana pues este erudito no sólo adaptó y propagó las teorías de Kircher, leídas y estudiadas por Sor Juana, sino que además posibilitó la incorporación de la arquitectura oblicua, es decir la utilización de ángulos no rectos, el caso de la elipse y de los paralelogramos (Libro II, Tratado VI). Sus tratados sobre la arquitectura constituyeron una revolución en el

[7] El capítulo de Caramuel se titula: «Pruébase que todas las ciencias se dan las manos entre sí. Explícase si las ha de saber todas con perfección un architecto». Citado por Gómez Martínez 1997: 64.

[8] Las citas que se refieren a la obra de Sor Juana se toman de la edición del Fondo de Cultura Económica de 1995. Incluyo las líneas o versos que corresponden a dicha edición.

[9] Citado por Gómez Martínez 1997: 62.

campo, sobre todo gracias a su posición innovadora con respecto a las teorías de Vitruvio y a los tratados renacentistas. Refiriéndose a Vitruvio, Caramuel afirma: «Pero yo soy de diferente parecer: que mudados los tiempos se mudan también todas las cosas» (Libro II, Parte I, Tratado V, Artículo IV).

El libro más importante del arquitecto cordobés Juan Bautista Villalpando, *Templum Salomonis. Rectam et obliquam architectvram exibens*, se publicó en secciones desde comienzos del siglo XVII[10]. Dicho estudio cambia radicalmente la concepción del arquitecto en sí, pues éste era visto como alguien que poseía cualidades sobrenaturales que lo hacían único para la interpretación del plan divino (Libro II, Cap. II). Si anteriormente la tratadística arquitectónica concebía la idea de que el Templo de Salomón era el diseño perfecto, ahora Villalpando, discípulo del constructor de El Escorial para Felipe II, Juan de Herrera, pretendía concretizar dichas ideas a través de una construcción real de dicho templo. En este libro, Villalpando postula que el Templo de Salomón fue la transposición simbólica de la Iglesia de Cristo (Libro I, Cap. X). Como han demostrado Pérez-Gómez y Pelletier, como muchos de los arquitectos renacentistas y barrocos, Villalpando se preocupó por mostrar el orden divino del universo. Para visualizar los edificios, por ejemplo, reprodujo la imagen como si ésta hubiera sido dibujada por la mano de Dios y proyectada por su propia luz (1997: 266). Este mismo estudio demuestra que Villalpando asumió la iconografía arquitectónica como una proyección de la luz divina que podía manifestarse en obras humanas que revelaban a los sentidos el misterio de la Encarnación (*ibíd.*: 122). En su *Respuesta*, Sor Juana coincide temáticamente con Villalpando y se refiere explícitamente al rey Salomón y a la construcción del Templo:

> ¿Cómo sin Geometría se podrán medir el Arca Santa del Testamento y la Ciudad Santa de Jerusalén, cuyas misteriosas mensuras hacen un

[10] *Cfr.* la excelente edición en español de Juan Antonio Ramírez publicada por Siruela.

> cubo con todas sus dimensiones, y aquel repartimiento proporcional de todas sus partes tan maravilloso? ¿Cómo sin Arquitectura, el gran Templo de Salomón, donde fue el mismo Dios el artífice que dio la disposición y la traza, y el Sabio Rey sólo fue sobrestante que la ejecutó; donde no había basa sin misterio, columna sin símbolo, cornisa sin alusión, arquitrabe sin significado; ya sí de otras sus partes, sin que el más mínimo filete estuviese sólo por el servicio y complemento del Arte, sino simbolizando cosas mayores? (1995: 331-343).

La reflexión sorjuanina se asemeja a lo propuesto por Villalpando, pues según la monja mexicana, el rey sólo fue el medio para ejecutar el plan divino del Templo. Por otro lado, la construcción de dicho Templo puede concebirse como una composición arquitectónica dispuesta y trazada por Dios. El tema del Templo de Salomón ha sido una preocupación constante en la historia del arte. Su concepción como un templo centralizado y perfecto trajo como consecuencia una substitución sinecdóquica con el poder de la Iglesia. Según Ramírez, «algunas sutiles traslaciones de sentido permiten que el conjunto de la Iglesia como institución pueda ser representada como un templo centralizado» (14). También es importante resaltar que en el fragmento citado, la jerónima hace una diferenciación clara entre los términos de geometría y arquitectura. Según Caramuel, la geometría «excede en verdad y claridad todas las Ciencias Naturales» (I, IV). Si la geometría sirve para medir las mensuras, la arquitectura se revela como la ciencia que permite la ejecución y la transposición de la idea divina a través de la geometría. La geometría, por lo tanto, no sólo posibilita la realización de la arquitectura, sino que, como afirman Pérez-Gómez y Pelletier, constituye el principio activo mediador entre la mente y el cuerpo (171).

De acuerdo al citado fragmento de Sor Juana, el rey Salomón ha podido edificar el Templo gracias a la intervención divina y así, la arquitectura del mismo está condicionada a una significación adicional. No existe, como afirma la jerónima, ni una fisura, ni un intersticio arquitectónico que no posea un valor simbólico además del valor representado por la forma o el objeto físico. Esto mismo lo afirma Villalpando en su estudio sobre el templo al citar autoridades con opiniones similares, el caso de Dionisio y San Jerónimo. Si Dionisio sugiere «ocultar las sagradas palabras con símbolos, con arcanos misterios y que también queden escondidas y ocultas a los comentaristas» (Libro I, Cap. I), San Jerónimo afirma que Ezequiel «tuvo un doble camino para ocultar la verdad: el camino de las palabras y el de su significación» (Libro I, Cap. II). Esta misma posición queda aclarada más adelante en su *Respuesta*, pues su modo de observar las formas exteriores estaba ligado no sólo a la estructura arquitectónica, sino también al significado adicional, incluso ilusionista, que removía las bases epistemológicas del conocimiento:

> Si veía una figura, estaba combinando la proporción de sus líneas y mediándola con el entendimiento y reduciéndola a otras diferentes. Paseábame algunas veces en el testero de un dormitorio nuestro (que es una pieza muy capaz) y estaba observando que siendo las líneas de sus lados paralelas y su techo a nivel, la vista fingía que sus líneas se inclinaban una a otra y que su techo estaba más bajo en lo distante que en lo próximo: de donde infería que las líneas visuales corren rectas, pero no paralelas, sino que van a formar una figura piramidal. Y discurría si sería ésta la razón que obligó a los antiguos a dudar si el mundo era esférico o no. Porque, aunque lo parece, podía ser engaño de la vista, demostrando concavidades donde pudiera no haberlas (1995: 756-770).

La imagen de la pirámide visual, por otro lado, está presente en las teorías de perspectiva. En su estudio *La perspectiva como forma simbólica*, Erwin Panofsky se remite a las teorías de Alberti, para quien «el cuadro es una intersección plana de la pirámide visual» (1962: 44). Como afirma la jerónima, «las líneas visuales corren rectas, pero no paralelas». Y la pirámide se visualiza en el momento que las líneas se unen en un punto de fuga único (el vértice de la pirámide). Nótese que esa forma de perspectiva se dio después de la concepción esférica del campo visual que prevalecía en la Antigüedad y después de la concepción medieval del eje de fuga. Para Panofsky, el descubrimiento renacentista del punto de fuga único —a partir de la pintura de Filippo Brunelleschi (1377-1446) en 1413— es un símbolo concreto del descubrimiento del infinito (1962: 39). El infinito existe más allá de la omnipotencia de Dios.

Si durante el Renacimiento el dominio intelectual estaba en manos de la Iglesia, durante el Barroco éste se fue secularizando progresivamente. Los artistas ya no estaban satisfechos al estudiar solamente lo divino o la imagen en primer plano. Ahora, los límites periféricos y lo que está más allá del plano visible era el foco de atracción. Durante el siglo XVII se perfeccionó el intento de los pintores renacentistas por estudiar la construcción de los objetos al proyectarlos en una pantalla, el caso por ejemplo de los estudios de Alberti y de los grabados de Durero. Los avances relacionados con la geometría en el siglo XVI y XVII son de suma importancia en el texto sorjuanino. Fue el francés Girard Desargues (1591-1661) quien inició y desarrolló los estudios sobre lo que hoy en día se conoce como la geometría proyectiva. Si bien la recepción de la obra de Desargues fue algo limitada en su época debido a su lenguaje y a la coincidencia con el redescubrimiento de las teorías de Euclides (aprox. 430-360 a. C.), su influencia sí es notoria en el siglo XVIII. Este resurgimiento un siglo más tarde se debe principalmente a los estudios del francés Gaspar Monge (1746-1818), gracias a quien se pudo apreciar la medida en que Desargues había influido en sus contemporáneos, como es el caso de Pascal y Descartes[11]. El objetivo principal de la geometría proyectiva podría resumirse en el deseo de considerar las posibles

[11] Carl Boyer menciona otros factores que contribuyeron a la poca aceptación de las teorías de Girard Desargues. Su proyecto de geometría titulado *Brouillon projet* fue escrito no para la venta, sino más bien para distribuirlo entre sus amigos. El estilo delataba un vocabulario dirigido a matemáticos especialistas que se negaban a aceptar teorías redactadas con terminología botánica. Según este historiador, incluso Descartes, quien siempre había sido un gran admirador de Desargues, disminuyó el valor del proyecto al enterarse que Desargues estudiaba las secciones cónicas sin la utilización del álgebra (1985: 394). Boyer también afirma que una de las razones principales por la que Desargues permaneció en el olvi-

coincidencias entre líneas y planos. Para este estudio del poema sorjuanino consideraremos una de las reglas más importantes de la geometría proyectiva, a saber, la intersección en el punto de infinito de dos rectas paralelas. En teoría, las rectas paralelas no se interceptan, pero de acuerdo a los principios de esta geometría proyectiva las paralelas sí se interceptan, pues ésa es la impresión que el espectador tiene cuando esas líneas se miran desde un ángulo determinado. Leamos nuevamente lo que afirma Sor Juana en su *Respuesta*: «Y estaba observando que siendo las líneas de sus lados paralelas [...] la vista fingía que sus líneas se inclinaban una a otra [...] de donde infería que las líneas visuales corren rectas, pero no paralelas, sino que van a formar una figura piramidal» (1995: 760-766). Sor Juana se ubica a sí misma como observadora de aquel fenómeno geométrico que no puede desligarse de la perspectiva y la intersección de las líneas paralelas. Es importante resaltar que, para Desargues, las paralelas se unen en un punto que está situado a una distancia infinita. Para Desargues, el punto infinito era considerado un punto real, algo que el hombre podía controlar y manipular (Pérez-Gómez y Pelletier 71). El fingimiento de la vista o engaño visual del que habla Sor Juana equivale a lo propuesto por la teoría de la geometría proyectiva. Las líneas se unen y forman una pirámide visual, pero ese vértice queda proyectado al infinito. Esto queda claro en la descripción de las pirámides en el *Primero sueño*:

> Éstas, —que en nivelada simetría
> su estatura crecía
> con tal disminución, con arte tanto,
> que (cuanto más al Cielo caminaba)
> a la vista, que lince la miraba,
> entre los vientos se desparecía,

do por tanto tiempo fue debido al hecho de que uno de sus discípulos más importantes, Blaise Pascal, abandonó las matemáticas y se dedicó al estudio de la teología (1985: 395).

sin permitir mirar la sutil punta
que al primer orbe finge que se junta (354-361).

La intersección o el vértice de la pirámide existe, pero el espectador no puede visualizar el infinito pues éste está más allá de nuestra aprehensión.

Basándose en Cassirer, Panofsky afirma que la perspectiva debe servir como una forma simbólica por medio de la cual «un particular contenido espiritual se une a un signo sensible concreto y se identifica con él» (1962: 24). Según Sor Juana, cada cornisa, arquitrabe, columna o fisura posee este significado simbólico. No sorprende que un poema tan oscuro y hermético como el *Primero sueño* posea, entonces, una significación alegórica. La pirámide imaginaria que visualiza Sor Juana en su *Respuesta*, contextualiza la imagen piramidal a la que asciende el alma humana para llegar al conocimiento y ambas parten de una forma concreta en la pared del testero[12]. Por lo tanto, la visualización de lo simbólico depende también del espacio físico. La arquitectura no es ya exclusivamente equivalente a la verdad teológica y los accesorios arquitectónicos, como afirma Sor Juana, no sólo sirven como «complemento del Arte», sino que facilitan la visualización de «cosas mayores» (1995: 342-343).

Para Panofsky, el hecho de que la perspectiva haya hecho del arte una ciencia matemática implica también que la impresión visual se fundamenta en condiciones psicofisiológicas. El sujeto tiene un punto de vista subjetivo, tiene su propia visión. Como en Sor Juana, ésta viene de la potencia de la imaginación: «Y más, Señora mía, que ni aun el sueño se libró de este continuo movimiento de mi imaginativa» (1995: 824-826). Gracias a su facultad imaginativa, se puede percibir un infinito no necesariamente enfocado en el concepto divi-

[12] Gracias a los estudios arquitectónicos hechos en el convento de Santa Paula, se sabe que la arquitectura era bastante simple y que los espacios entre columnas eran rectos. Esto es, no había estructuras con arcos. Una pirámide visual con este tipo de líneas rectas se puede entonces concebir más fácilmente en un espacio de estas características. *Cfr*. Ramón Carrasco Vargas 1990: 33-41.

no. Lo que propone Panofsky es concebir la perspectiva simbólica como un producto de un período cultural, un momento estilístico que va desde la iconografía a la iconología, término este último que incluye la historia y la cultura de una época determinada. Según Panofsky, el Barroco se caracterizó por su concepción cartesiana del espacio. La preocupación cartesiana intenta no sólo situar o representar los objetos, sino también conceptualizar el espacio de tal forma que dé cabida al sujeto y al objeto. La perspectiva crea una distancia entre el sujeto y el objeto, entre las palabras y las cosas, pero a la vez los junta en un plano unidos por la pirámide mental.

En las teorías de Villalpando, el concepto de pirámide está intrínsicamente ligado a la noción de visión y ésta al de iluminación y luz. La visión, según Villalpando, se produce en forma de cono o pirámide. Los ojos no emiten rayos visuales como en la teoría platónica, sino que más bien las cosas emiten formas que son percibidas por los sentidos. La base de dicha pirámide está en el objeto visto y el vértice de la misma se localiza en el ojo. Ahora bien, Villalpando distingue entre la cosa y la forma de las cosas o figura geométrica. El conocimiento visual, la pirámide mental, capta la forma o figura geométrica, pues ésta se traslada hasta nuestra potencia visiva y es allí donde la visión puede producirse en el vértice de la pirámide, un punto divisible y no indivisible como afirmaban sus predecesores (Libro II, Cap. 7, 347). Según Villalpando, la visión influye directamente en las potencias del alma. Es decir que la impresión visual conecta el exterior con el interior del cuerpo. Según este arquitecto, «las especies [son llevadas] desde la cosa al ojo y allí se realiza la visión y desde allí son llevados a los sentidos inferiores y finalmente a las potencias superiores del alma» (Libro II, Cap. V, 151-152). Igual sucede en el *Primero sueño*, pues la visión del sujeto puede producirse en el momento en el que el alma ascienda hasta la cúspide piramidal. Es después de la visión (en la pirámide ocular) que entran en funcionamiento los sentidos inferiores (órganos vitales del cuerpo) para de allí modificar las potencias del alma. El vértice del que habla Villalpando se localiza en el ojo humano. Sor Juana representa gráficamente esta teoría de la visión, pues su pirámide no sólo es mental, sino también arquitectónica y real. El vértice de la pirámide, literal o figurativamente hablando, representa ya sea la cumbre o el ojo humano, localización en la que se produce la visión. Las descripciones de los órganos vitales del cuerpo del *Primero sueño* nos indican el funcionamiento de los sentidos inferiores y su conexión y dependencia con las potencias del alma. Si bien, como veremos en el capítulo III de este estudio, la jerónima aplica la teoría hipocrático-galénica, así como las nociones aristotélicas de imaginativa y memoria, la noción de la visión se adecúa a la tratadística arquitectónica. Como en Villalpando, la visión se produce alrededor de la línea recta:

> céntrico punto donde recta tira
> la línea, si ya no circunferencia,
> que contiene, infinita, toda esencia (vv. 409-411).

El punto de convergencia de las líneas (la intersección que forma la pirámide visual) es divisible e infinito. Y ésta es justamente la coincidencia con Villalpando y las teorías de la perspectiva, pues la existencia del punto único de fuga realza la noción del infinito. Según Pérez-Gómez y Pelletier, las teorías de Girard Desargues sobre la proyección paralela postulaban ya a un observador ubicado a una distancia infinita del objeto. Si el observador en el siglo XVII era un participante en las epifanías de la perspectiva, a partir de Desargues, éste se convirtió en un punto abstracto (266).

En su excelente estudio sobre la ciencia a partir de finales del Siglo XVII Ruth Hill ha señalado la importancia de Pierre Gassendi en la obra de Sor Juana. Para esta crítica, la monja mexicana se habría acercado al epicureísmo sobre todo a través de los escritos de Gassendi, los cuales ella conocería por medio de la obra de Sigüenza y Góngora. Ruth Hill explica que «the senses were the source of all knowledge and that innate ideas did not exist» (48). El conocimiento, por lo tanto, entraba en nosotros por medio de los sentidos gracias a que los cuerpos emitían o desprendían diminutos efluvios o imágenes. Ruth

Hill resalta que para Sor Juana fue muy importante la noción del espacio imaginario tridimensional asociada con la concepción de mundos y realidades infinitas (52). Y en mi opinión, estas teorías coinciden con la percepción piramidal de la visión presente en los tratados de arquitectura, pues son los objetos los que emiten las formas que serán percibidas por los sentidos.

En su obra *Idea*, Erwin Panofsky analiza el cambio en la concepción del arte a través de la historia. Para este estudioso, el sujeto medieval percibía los objetos desde una imagen interior, una imagen preexistente y encerrada en el alma del artista: «Imagen, forma y figura eran una misma cosa». No existía diferencia entre el modelo arquitectónico real y la imagen del alma. Se imitaba la naturaleza, sí, pero sólo en forma paralela. El arte, como la naturaleza, crea (1998: 41). No hay diferencia entre la rosa (o casa) del mundo real y la descrita por el místico, pues en esta última se puede reconocer la imagen exterior, la rosa o casa real. El Renacimiento, por otro lado, genera un movimiento de desplazamiento espacial, pues esa idea interior sale al exterior. Como en las teorías de perspectiva, se crea una distancia entre sujeto y objeto (*ibíd.*: 50). Ahora se trata no sólo de imitar la naturaleza, sino también de superarla (*ibíd.*: 47). Siguiendo los planteamientos de Alberti, el artista intentó alcanzar la semejanza, y además superarla (*ibíd.*: 48). De la *imitatio* se pasó a la *aemulatio*. Desde mediados del siglo XVI, como afirma Panofsky, hubo una tendencia a identificar el término «Idea» no sólo con el contenido de la representación artística, sino también con la propia facultad de imaginación. La idea iba más allá de lo representado, era el pensamiento, la potencia imaginativa (*ibíd.*: 61), pero a diferencia de la concepción previa a la renacentista, la representación interior anterior a la realización sólo es producida por el hombre gracias a que Dios le ha otorgado la facultad para hacerlo.

Los versos de Sor Juana ratifican el desplazamiento de la idea desde el interior hacia el exterior del que habla Panofsky. Más aún, la jerónima se refiere explícitamente a las pirámides de Egipto como «ostentaciones» (v. 340) vanas y a la vez como el «último esmero» de la arquitectura (vv. 341-342), pero su mención de las pirámides, como en las teorías de perspectiva también implica la noción de la pirámide visual o mental:

> Las Pirámides fueron materiales
> tipos solos, señales exteriores
> de las que, dimensiones interiores,
> especies son del alma intencionales:
> que como sube en piramidal punta
> al cielo la ambiciosa llama ardiente,
> así la humana mente
> su figura trasunta
> y a la causa primera siempre aspira
> —céntrico punto donde recta tira
> la línea, si ya no circunferencia,
> que contiene, infinita, toda esencia—.
> (vv. 400-411).

Como en el caso del Templo de Salomón, el diseño interior de los arquitectos egipcios ha sido concretado y hecho realidad por medio de su construcción. Las dimensiones interiores de la pirámide salen al exterior de la misma manera que la imagen piramidal que se produce en la mente se manifiesta en la escritura del *Primero sueño* y en la pirámide arquitectónica en sí. Pero en estos versos sorjuaninos, la forma piramidal implica una llama ardiente que sube hacia el cielo y esta llama en ascenso es equivalente a la actividad mental. A través de la imagen de la llama se aclara la relación entre pirámide y visión. Como en la teoría de la visión de Villalpando, aquí la idea se visualiza en forma de pirámide, pues la forma de los objetos es luz y ésta sube hasta la punta piramidal. No son los ojos los que emiten los rayos de luz, sino los objetos mismos. Y la llama surge de la base y «sube en piramidal punta». Es allí donde se posibilitará la visión: «la visión perfecta se realiza alrededor de aquella línea recta que se trazaría desde la cosa vista al medio de la potencia visiva a través del centro de la pupila, línea que quienes se ocupan de perspectiva llaman cateto» (Libro II, Cap. V, 151). Los versos de Sor Juana «céntrico punto donde recta tira/ la línea [...]» ratifican esta concepción de la visión perfecta, aun cuando en estas líneas esté implícita la teoría neoplatónica de las circunferencias. El hecho de que la mente humana sea capaz de «trasuntar» figuras (copiar, trasladar algún escrito de su original) se puede leer como una traslación figurativa típica de los tropos, hasta incluso tipológica puesto que se aspira a la «causa primera». En este caso el procedimiento mental se debe a la traslación de la luz de los objetos hacia la mente, es decir a la aprehensión visual. La luz de los objetos y la llama (divina o profana) están sinecdóquicamente unidas y ambas posibilitarán la visión.

Lo mismo se puede afirmar respecto de la afirmación sorjuanina, mencionada en el fragmento anterior, sobre si las dudas sobre la concepción esférica del mundo podrían estar ligadas al engaño visual[13]. Y es que la relación pirámide y engaño visual era también una de las preocupaciones de Villalpando. En su estudio sobre el templo salomónico se narra una anécdota que demuestra una manera en que el trazo de las líneas puede engañar los sentidos:

> En cierta ocasión, trazadas algunas líneas, fingí en el leño orbicular varias pirámides excavadas y lo fijé en un muro, no pensando en ninguna otra cosa. Pero yo mismo vi, en presencia de otros, que un varón de edad madura intentó probar la profundidad de la pirámide con un dedo, no sin rubor suyo y risa de los presentes. Averiguó, por fin, que el leño estaba dibujado por pirámides, mentido o fingido. Lo cual, como engendrara admiración, fue también motivo de filosofar y de investigar con diligencia los preceptos que acerca de la óptica enseñaron en otro tiempo varones peritísimos y de percibir con más atención las cosas investigadas [...] Libro II, Cap. 3 (III).

[13] Me inclino a pensar que esta asociación de la forma de la tierra con la imagen de una esfera o una forma plana está ligada a la proyección de sombras y al uso de las sombras en la cartografía, es el caso, por ejemplo, de lo que hoy se conoce como la proyección estereográfica.

Que Sor Juana escoja la figura piramidal para resaltar los descubrimientos científicos relacionados con el engaño visual no es nada sorprendente, pues ya en 1645 era común el uso de gabinetes de anamorfosis piramidales y cónicas. Así lo demuestra una lámina de Jean Dubreil en la que se pueden distinguir pirámides con anamorfosis pintadas en el interior y en el exterior. Dichas pirámides podían seguir una dirección horizontal (ópticas), hacia arriba (anópticas) y hacia abajo (catópticas), podían observarse sobre una mesa, colgadas del techo o podían encontrarse en el suelo con la punta hacia arriba o hacia abajo. La diferencia entre las anamorfosis piramidales y las cónicas se daba en el modo de hacer referencia con la figura normal. Una tenía una cuadrícula mientras la otra se visualizaba con una trama de círculos concéntricos divididos.

Para Caramuel, las pirámides de Egipto, si bien consideradas una de las maravillas del mundo, fueron la prueba de «cuán vano son los fines que se propone la ambición» (Tratado VIII, Art. I, Sección X). Supuestamente estas inmensas máquinas fueron construidas por los reyes «gitanos», «pretendiendo en ellas hacer su memoria inmortal». Según Caramuel, la construcción de los monumentos egipcios no cumplió su propósito de alimentar la fama; es más, este español-bohemio niega toda posible utilidad de estos obeliscos. Sor Juana tiene una posición similar:

> Las Pirámides dos —ostentaciones
> de Menfis vano y de la Arquitectura
> último esmero, si ya no pendones
> fijos, no tremolantes—, cuya altura
> coronada de bárbaros trofeos
> tumba y bandera fue a los Ptolomeos,
> que al viento, que a las nubes publicaba
> (si ya también al Cielo no decía)
> de su grande, su siempre vencedora
> ciudad —ya Cairo ahora—
> las que, porque a su copia enmudía, la Fama no cantaba.

Gitanas glorias, Ménficas proezas,
aun en el viento, aun en el Cielo impresas:
vv. 340-353

Sor Juana, como Caramuel, reconoce el prestigio arquitectónico de dichas estructuras, pero ratifica lo vano de la Fama[14]. Las pirámides son ostentaciones coronadas con bárbaros trofeos, son «elaciones profanas» (v. 380) y «bárbaros jeroglíficos de ciego error» (vv. 381-382). La ambición, así como la forma piramidal y su estructura, puede entonces contribuir a un «ciego error» o una visión distorsionada del mundo. El engaño visual o la distorsión era un fenómeno conocido en el siglo XVII. Si bien un concepto como el de la *anamorphosis*, el mismo que data desde la época de Vitruvio, se usó originalmente con fines correctivos, en el siglo XVII esa distorsión se convirtió en un arte de la ilusión. La *anamorphosis*, que también se conoce como perspectiva oblicua, distorsionaba la imagen si ésta se miraba desde un punto de vista convencional. Si por el contrario, el espectador se colocaba en un punto específico, o se utilizaban instrumentos especiales, la imagen podía ser visualizada como normal. El ejemplo más conocido es la pintura *Los embajadores* de Hans Holbein, cuadro que si se observa desde un punto específico revela la imagen de una calavera. Como explican Pérez-Gómez y Pelletier, la finalidad de la arquitectura oblicua de Caramuel era construir una elipse que se pudiera concebir como un círculo si el espectador se situaba en un

[14] La emblemática, específicamente el caso de Camerarius (Emblema IV, N° 81) y de Juan de Borja (Empresa 46), ha resaltado la alegoría moral de la pirámide. Su estructura ancha en la base equivale al trabajo arduo que el hombre y la serpiente tienen que realizar para llegar a la cúspide y por lo tanto a la virtud. A medida que va ascendiendo la estructura es más estrecha y el caminar o deslizarse se hace más ligero (Henkel/Schöne 1967: 1223-1224). Jacob Catz coincide con Sor Juana en la fama efímera de las construcciones egipcias, especialmente en el emblema 50,1 que lleva por título «In ostio formosa, in recessu nihil [...]». Su emblema 50,2 «Male partum, male dilabitur» incluso compara la ganancia de las prostitutas griegas con la vana fama de las pirámides (*ibíd*: 1225).

punto determinado (1997: 133). Esta tradición de mostrar imágenes en forma distorsionada, contribuyó a perfeccionar la técnica del *trompe l'œil*, que como veremos más adelante fue utilizada en la pintura religiosa de ese siglo con la finalidad de provocar e inducir visiones. No es sorprendente, pues, que la jerónima se pregunte si el engaño visual podría haber contribuido a una percepción distorsionada del mundo. Más aún, la geometría en sí perdió su asociación con la verdad teológica y gracias a la arquitectura oblicua, se asoció la geometría con la representación de conceptos religiosos: «The role of geometry became linked increasingly to representation: «re-presenting» religious concepts rather than revealing the transcendent order of God and His creation.» (Pérez-Gómez/ Pelletier 1997: 133). La arquitectura, por lo tanto, contribuía al distanciamiento entre las palabras y las cosas. El sujeto debía decidir cuál era el punto desde el cual podría ver el mundo en forma no distorsionada y tenía la opción de modificar su visión a medida que se desplazaba en el espacio.

Y esto es justamente lo que se presenta en el *Primero sueño.* En su estudio sobre la situación enunciativa del poema de Sor Juana, Rosa Perelmuter ha destacado la utilización de marcadores deícticos. Con respecto a la deixis local, esta crítica cubana afirma:

> Si observamos la incidencia de estos deícticos en el *Primero sueño*, se hace evidente que el hablante —tal vez a causa de su participación protagónica— no narra el poema desde un punto fijo o lugar de preferencia, sino que se mantiene en constante movimiento, acercándose frecuentemente a los elementos que describe. La trayectoria [...] está marcada por deícticos que nos revelan la ubicuidad de la misma, y que comunican al lector un sentimiento de proximidad a los hechos narrados (1986: 189).

La descripción de Perelmuter nos permite visualizar el recorrido espacial de la monja. Se trata de una visión ubicua que muestra ciertos poderes divinos que posibilitan la visión total. El narrador femenino camina, vuela, sube, baja y se desplaza libremente por los niveles arquitectónicos. Sus poderes son similares a los de un *voyeur* a lo Michel Certeau.La construcción piramidal, por otro lado, no estaba muy alejada de la realidad arquitectónica de las colonias. Éste es el caso de la arquitectura específicamente diseñada para las ceremonias funerarias. En su artículo «Arquitectura efímera e imagen del poder», Fernando Checa ha resaltado el uso de baldaquinos, túmulos y pirámides en la arquitectura funeraria novohispana. La pirámide, según este estudioso y también de acuerdo a Francisco de la Maza, cumplía una función recordatoria del *memento mori*. Ejemplos los tenemos en el monumento erigido por Pedro Ramírez a la muerte de Felipe IV en la catedral de México. El túmulo, construcción de madera a modo de armazón teatral con columnas, pirámides y estatuas, llevaba una efigie del rey (Poot de Herrera 1993: 264-265). En 1701, a la muerte de Carlos II, esta construcción en forma de túmulo fue totalmente substituida por la forma de la pirámide. Así aparece descrito en las relaciones de Agustín de Mora al referirse a la arquitectura de la catedral mexicana. Para Checa, la utilización de la pirámide pasó de Egipto a la Roma clásica y de allí al Renacimiento (Rafael) y al Barroco. También se le conoce con el nombre de pira (Poot de Herrera 1993: 261, 266). Como en Caramuel, las pirámides pertenecían a la iconografía de la *vanitas* pues debían representar lo absurdo de la fama dado que todo conlleva a la muerte.

Otro aspecto importante de la tratadística arquitectónica que merecería un estudio independiente es la competitividad entre la arquitectura y las letras (poesía). Para Villalpando, por ejemplo, el diseño interno tenía que salir al exterior por medio de líneas o trazos y figuras y de ninguna manera por medio de palabras (Corral 25). Sor Juana demuestra lo contrario a través de la escritura del *Primero sueño*. Construye un texto de arquitectura perfecta justamente gracias a las palabras. La jerónima no ignoraba la polémica entre las artes, y sus numerosos textos *ecfrásticos* sobre los retratos ponen en evidencia su conocimiento del *ut pictura poesis*. Según Villalpando, el arquitecto poseía los poderes para interpretar el diseño divino. Así como el príncipe tenía soberanía sobre su pueblo, el arquitecto dominaba las artes:

> Y nadie presuma de que no hay para sí o nada más fácil de entender o más breve de explicar que las cosas referentes al campo de la arquitectura, lo mismo que a sus términos, bien de los instrumentos, bien de las partes del edificio a construir, ya que las obras de muchas artes son dirigidas, aprobadas y perfeccionadas por la sola arquitectura, al igual que el pueblo por el príncipe, por lo cual es de necesidad que la arquitectura esté equipada con los términos de todas ellas y además con otros muchos inventados por sus autores (Libro II, Cap. 1, p. 126).

Además de la óptica y del modo en que se produce la visión, existe otro punto de coincidencia entre la tratadística arquitectónica y la obra sorjuanina que nos llama la atención. Se trata de la importancia atribuida a las sombras. La teoría de Villalpando clasifica la forma y el tamaño de las sombras respecto de su relación entre la luz y los objetos. Para Villalpando, «la sombra es la privación de luz en un sujeto que podría ser partícipe de ella» (Libro II, Tomo I). Por otro lado, Villalpando hace una diferenciación entre la forma de las cosas y la forma o figura geométrica. Esta última (forma o figura geométrica) coincide con el conocimiento visual que se produce en la mente en forma de cono o pirámide (Corral 345). Recordemos que para Villalpando, los objetos emiten una forma y ésta sube al ojo del espectador. De acuerdo a estas teorías, por lo tanto, la forma de la Tierra es una sombra, es la proyección misma que asciende hacia el ojo del espectador. Y es así como empieza el *Primero sueño*:

> Piramidal, funesta, de la tierra
> nacida sombra, al Cielo encaminaba
> de vanos obeliscos punta altiva
> (vv. 1-3).

El hecho de que la sombra sea piramidal implica que Sor Juana está atribuyéndole a las sombras las mismas características del conocimiento visual. Éste es piramidal al igual que la llama (luz) y la sombra. Este conocimiento visual que se produce en la mente del espectador tiene forma piramidal y es, en este texto, sombra. Por lo tanto,

Sor Juana equipara la sombra con el conocimiento visual y la forma o figura geométrica de las cosas que van a producir la visión. La sombra está en una relación metonímica respecto de la luz, pero también de total dependencia, pues para lograr la sombra necesitamos la luz. El estudio de Bénassy-Berling (1983), como bien ha resaltado Soriano Vallès (2000: 179), apunta, como en Vossler (1934), hacia la influencia del *Oedipus aegytiacus* del jesuita Athanasius Kircher en el texto sorjuanino. La crítica francesa señala el esfuerzo de la jerónima por resaltar la superposición de ambas pirámides, la de sombra y la de luz (Bénasy-Berling 1983: 152-153). Y es que el texto de Sor Juana fluctúa entre imágenes piramidales que se refieren a objetos arquitectónicos concretos e imágenes piramidales de luz y sombra que equivalen al conocimiento visual.

María Dolores Bravo ha resaltado la significación del «ver» y el «oír» en este texto. Para esta estudiosa, la sombra evoca el mito de la caverna platónica y por lo tanto el conocimiento que distingue entre apariencia y verdad (1995: 69). Como en Villalpando, una es la forma de las cosas y la otra, la forma o figura geométrica equivalente al conocimiento visual. Equiparar, como lo hace Sor Juana, sombra y conocimiento visual, entraría pues no sólo dentro de la tratadística arquitectónica, sino que también estaría fundamentado en principios de la doctrina platónica. El excelente estudio de Alejandro Soriano Vallès (2000) sobre las bases tomistas en el *Primero sueño* presenta incluso una división del poema en torno a las sombras. De un total de cinco secciones, dos son atribuidas a la sombra externa (la Noche o emanaciones exhalaciones de la tierra), dos a la interna (vapores corporales) y otra al acto de soñar (*ibíd.*: 23-147). Versos como «[piramidal] sombra» (vv. 1-2), «sombra fugitiva» (v. 9), «su sombra [el Sol] iba pisando» (v. 954), «ejército de sombras» (v. 957), etc. son imágenes recurrentes en el *Primero sueño*. Y es que durante el Barroco, la teoría de las sombras estaba ligada a la arquitectura y por ende a la visión y percepción.

Todos los tratados arquitectónicos mencionados hasta el momento explican detalladamente la función de la sombra con respecto a la visión y a la posición del sujeto. Según Pérez-Gómez fue recién

Durero quien pudo aplicar la proyección de las sombras a las leyes de la perspectiva (114). Para Vitruvio y Villalpando, por ejemplo, las palabras eran la sombra de las cosas (Villalpando 1990: XVI). En su proyecto de la nueva óptica, Villalpando relaciona la perspectiva no con los colores, sino más bien con líneas y sombras. La sombra será proyectada en forma paralela al objeto sólo cuando la luz posea la misma dimensión que el objeto mismo. Según Pérez-Gómez y Pelletier, los tratados de perspectiva del siglo XVII estaban ligados tanto a la *anamorphosis* como a la proyección de sombras (1997: 147). Refiriéndose específicamente a los logros de Desargues, estos autores afirman que la percepción de las sombras y la representación de las mismas en el espacio perspectivo se volvió algo objetivo, sistematizado, y así, las sombras dejaron de ser percibidas como huellas o despojos de un mundo trascendente. Más aún, el orden geométrico permitió al hombre modificar el mundo, pues implícitamente, por lo menos según el modelo de Descartes, le atribuyó el potencial de crear un mundo sin sombras (*ibíd.*: 146-149). Según los mismos autores, las teorías de Villalpando y de Caramuel respecto de las sombras seguían estando ligadas a la noción de un Dios infinito, el mismo que era identificable con la luz del Sol y que emitía sombras que se podían proyectar en forma detallada y precisa (*ibíd.*: 123).

El hecho de que Sor Juana resalte, entonces, la noción de la geometría proyectiva desarrollada por Desargues, algo que ya comprometía la concepción de un Dios infinito, pone en evidencia la simpatía por el cuestionamiento de conceptos teológicos aceptados. El espectador puede ser un sujeto barroco, pero también algo abstracto, como el propio intelecto, y el infinito se puede percibir como algo manipulable por el hombre. El punto del infinito, según Desargues, está situado a una distancia infinita del espectador, pero es una noción real y defendible matemáticamente. Debemos también recordar que Sor Juana había leído a Kircher y estaba influida por su concepción de Dios como imagen circular de perfección. Esta idea, sin embargo, no anula el cuestionamiento del engaño visual en la percepción humana del infinito y por lo tanto de la divinidad.

Las actividades barrocas en las que participó Sor Juana también reflejan la relación entre arquitectura, espiritualidad y discursividad. Me refiero específicamente a los arcos, construcciones arquitectónicas perecibles de papel, madera y cartón que se erigían para conmemorar la llegada de los virreyes. Es el caso, por ejemplo, del arco triunfal para festejar la llegada del conde de Paredes en 1680, así como su obra el *Neptuno alegórico* escrita para esa misma ocasión. Como describe José Pascual Buxó en su ensayo sobre la función política de los emblemas en esta pieza, la tradición de la obra se basa en la costumbre que los antiguos egipcios tenían de «adorar a sus deidades debajo de diferentes jeroglíficos y formas varias» (1998: 247). Para Sor Juana, la divinidad no tenía forma visible, pero un jeroglífico podía «representar» esa divinidad. Y el arco, en este caso, como monumento arquitectónico constituía una escritura condicionada por la espiritualidad y la política. Lo mismo se puede decir del *Teatro de Virtudes Políticas* de Sigüenza y Góngora, obra escrita para la misma ocasión y en la que se celebran los ancestros mexicanos.

En su ensayo «Mystic Speech», Michel Certeau (1925-1986) analiza el discurso místico y propone una relectura de estos escritos donde los textos en sí se consideran un *locus* dentro del cual se articula la nueva epistemología (1997: 80). El teórico francés analiza las condiciones en las que vivieron los escritores —entre ellos Santa Teresa y San Juan de la Cruz— y concluye que sería un sueño a-histórico no considerar la topografía en la que se desarrolla este discurso, pues es un hecho que muchos de estos escritores provenían de zonas de alguna manera inestables. Esta inestabilidad —social, política, económica— creó una especie de denominador común en los místicos, quienes se refugiaron en un espacio específico en un acto de solidaridad con el dolor colectivo. Según Certeau, este refugio era deseado y buscado como una prueba de la verdad, la misma que ratifica la unión entre la agonía —o herida mística— con el dolor o el mal social (1997: 86).

Certeau aun va más allá y afirma:

> My purpose here is to pinpoint the locus established by mystic speech, leaving for the future a possible analysis of its walk, or the mystic 'procedures', which produce endless narrativity. Only then will we have gained access to these writings, which found the subject on its own dissolution ('aphanisis') in that unreadable something other written in its body (1997: 82).

El acto de caminar, o de transportarse geográficamente de un lugar a otro, ha sido identificado por el mismo crítico como una práctica de la vida cotidiana. En su libro *The Practice of Everyday Life*, Certeau sugiere que estas actividades cotidianas pueden considerarse tácticas o procedimientos que demuestran la actitud del sujeto: refugiarse en un espacio para desde allí posibilitar su propia narrativa. A diferencia de las estrategias, las cuales son desarrolladas por las instancias de poder y poseen un lugar propio, las tácticas permiten al sujeto el logro de un espacio específico dentro del cual se comparte el dolor, la negación y a partir del cual se desarrolla la propia escritura. Si bien el lugar se define como el sitio dado para ser habitado, el espacio es visto como la práctica táctica de utilización de ese lugar.

Limito, aquí, esta apreciación a los lugares y espacios que de una u otra manera tienen una relación con el elemento sagrado. Me refiero, por ejemplo, a la base de los templos indígenas que fueron transformados y apropiados por las construcciones coloniales, a los conventos, a las órdenes religiosas, a la dinámica del sincretismo que se estableció entre la dominación española y la vida en las colonias y, por último, como propone Certeau, al espacio constituido por el cuerpo mismo. Y es que la práctica cotidiana del caminar o de transportarse de un lugar geográfico específico a otro está íntimamente ligada al cuerpo. Si representáramos gráficamente el recorrido, las huellas del caminante producirían un trazo legible sobre un mapa, pero como dice el crítico francés, esta lectura implica la ausencia en sí de lo que ha pasado, es decir del acto mismo del caminar. Para Certeau, el acto de caminar es al sistema urbano lo que el acto de locución es al lenguaje o a los enunciados ya expresados: «Walking affirms, suspects, tries out, transgresses, respects, etc. the trajectories it speaks». (1984: 97). Además, el acto en sí produce su propia retórica. Las vueltas o desvíos, por ejemplo, pueden compararse con las locuciones perifrásticas o las figuras retóricas (*ibíd.*: 100). Se camina con el cuerpo dentro del espacio y éste crea su propia narratividad.

Recordemos que, como resalta Margo Glantz en su estudio sobre el cuerpo monacal (1998: 271-289), ya en la primera anotación de sus *Ejercicios espirituales*, San Ignacio de Loyola había resaltado la importancia de estas prácticas cotidianas como caminar, orar, comer, dormir, etc. Para el fundador de los jesuitas, como para Certeau, el movimiento o las actividades hechas por el cuerpo son necesarias para la expresión retórica. A esto se suma el uso de los sentidos y de las facultades durante el recorrido metafórico que posibilitará la disposición del ánima según la voluntad divina.

La obra de Sor Juana está delineada por estas demarcaciones, voluntarias o impuestas. Además, su vida en el convento, como veremos, dependía de la arquitectura. Como todos los monasterios de la Nueva España, el de Santa Paula estaba diseñado en forma simple. Consistía en un edificio rectangular de dos pisos, pero en realidad el interior había sido modificado y transformado hasta tal punto que, según Paz, constituía un caprichoso laberinto (1982: 178-179). Los trabajos de restauración de este convento, motivados por Francisco de la Maza desde el año 1964 y que empezaron en agosto de 1976 al mando de Manuel Sánchez Santoveña, trajeron nuevos conocimientos sobre la vida conventual. Se sabe, como afirma Juárez (1998: 285) que durante el siglo XVII, el monasterio de las monjas jerónimas de San Agustín fue objeto de cambios estructurales, como la construcción del templo por mano del arquitecto Alonso Martínez López (*ibíd.*: 286). Estos trabajos de restauración demostraron que durante la época de 1690 a 1774, el convento presentaba en su interior los mismos problemas urbanísticos que la ciudad, como es el caso de las inundaciones y sismos (*ibíd.*: 287)[15]. Cada inun-

[15] El estudio de Francisco de la Maza sobre la Ciudad de México en el siglo XVII nos informa de ocho inundaciones graves, de ellas tres antes de la Conquista. La catástrofe que concluyó en 1634 se extendió por un lapso de 5 años (1956: 28).

dación o cada sismo producía efectos en las estructuras del convento que debían ser restauradas. Esto queda confirmado en los documentos mediante los cuales se solicita el permiso del arzobispo de México para utilizar el dinero en obras de reconstrucción[16].

La concepción del cuerpo como espacio sagrado también se puede justificar en su relación con la tratadística arquitectónica. Y es que no podemos olvidar las analogías antropométricas que existían desde la Antigüedad, sobre todo en los tratados de arquitectura del romano Vitruvio (90-20 A.C.), quien influyó directamente en Alberti y Villalpando. Si ya Vitruvio afirmó que el templo salomónico estaba diseñado según las dimensiones del cuerpo humano, Villalpando va más allá y presenta grabados que muestran dichas proporciones. Según el editor de la obra de Villalpando, a esto se le suma el platonismo agustiniano que une esta analogía antropomórfica con el ideal teológico: «Para San Agustín, el hombre ideal es Cristo, imagen de la iglesia, de aquí el valor simbólico de la analogía entre la forma del cuerpo humano y las trazas de las iglesias al que nos remite el grabado de Villalpando» (Villalpando 1990: 62). Según José Corral, el templo salomónico, como muestra de arquitectura de inspiración divina, tenía que demostrar «conceptos de orden superior, tales como el orden cósmico o la armonía del propio cuerpo humano, imagen de Dios y del Universo» (Villalpando 1990: 61). Esta analogía antropomórfica se da también en el diseño del arca de Noé de Arias Montano de Alberti y de Kircher (1660: 61-62). Según las teorías neoplatónicas el cuerpo humano era concebido como el microcosmos del universo y por lo tanto las dimensiones del hombre y sus proporciones eran las ideales para reconstruir la arquitectura divina. El cuerpo humano, por lo tanto, era visto como un paradigma del orden divino. En su estudio sobre la arquitectura del Templo de Salomón, Villalpando asocia, por ejemplo, las vigas (epistilos) con los hombros (Libro IV, Cap. 9); la mano derecha de Cristo, con la puerta meridional; las extremidades, con las puertas (Libro V, Cap. 9). Cuerpo y

[16] *Cfr.* Reyna (1990); Amerlinck (1995).

templo están, por lo tanto, unidos al concepto de divinidad. Ramírez explica la analogía del templo con las partes de los edificios cristianos y especifica así:

> Cada parte del Templo tendría así su equivalente en los edificios cristianos: el claustro conventual podía asimilarse al antiguo pórtico, el altar donde se celebra la misa equivaldría a la suma de las aras judaicas (holocaustos, perfumes y panes de la proposición), y la pila bautismal al mar de bronce. [...] Pero ningún elemento suelto ha representado al conjunto del Templo con tanta eficacia y persistencia como las columnas. Esto se debe fundamentalmente a que los soportes, su forma y proporciones, han tenido un papel clave en toda la historia de la arquitectura (1991: 17).

Ejemplos de la asociación del templo con el cuerpo humano los tenemos en la arquitectura novohispana, específicamente en la proliferación de soportes antropomorfos, es el caso de la Casa de los Mascarones, el Parroquial de San Miguel, el Palacio del Conde Heras Soto, todos en Ciudad de México, o el caso, por ejemplo, de la Iglesia de la Compañía en Morelia o la Iglesia de la Congregación de Nuestra Señora de Guadalupe en Querétaro (Gómez Martínez 1997: 91-100). Como lo afirma Biruté Ciplijauskaité en su edición sobre los sonetos de Góngora, en la tradición petrarquista era común comparar a la mujer con un templo (111). Más aún, se hacía una analogía entre sus partes y las del cuerpo femenino. Éste es el caso del soneto «De pura honestidad templo sagrado» de Góngora.[17] Ya sea siguiendo la tradición de los tratados arquitectónicos, guiándose por los modelos petrarquistas o como imitación de Góngora, Sor Juana representa al cuerpo femenino en forma equivalente a la de un templo sagrado (cfr. capítulos dos y tres de este trabajo).

Independientemente de que se trate o no de un conocimiento científico o de uno especulativo, podemos concluir que la visión de Sor Juana, su modo de visualizar y aprehender las imágenes está directamente relacionada con los descubrimientos científicos de la

[17] Le agradezco esta asociación a Raúl Álvarez.

época. El desarrollo de la teoría de la perspectiva, la tratadista arquitectónica y la geometría proyectiva nos permiten entonces hacer un paralelo con el arte sorjuanino. La visualización de la pirámide mental parte de una localización arquitectónica concreta, el espacio habitado por sí misma y esa imagen mental está representada metafóricamente gracias a monumentos arquitectónicos específicos, como las pirámides de Egipto. El punto de fuga único de la perspectiva renacentista, así como la posición cartesiana para hacer del arte una ciencia, están ligados a una iconología en la que no es posible dejar de lado la cultura, la historia y las producciones fisiológicas del cuerpo.

1.1. Estrategias de emplazamiento

Desde la unificación de los reinos de Castilla y Aragón y la culminación de la Reconquista en 1492, el poder político en España se consolidó a partir del eclesiástico. En los inicios de la Conquista, sin embargo, el descubrimiento de las nuevas tierras no tenía como objetivo la evangelización de los paganos[18]. Las miras eran el poder, el afán de lucro, la liberación de presos del viejo continente, etc. Al indio descubierto se le explotó y se le trató como bestia de trabajo y el producto fue el enriquecimiento inmediato de Europa así como la destrucción de las culturas autóctonas[19].

La Iglesia católica se vio enfrentada a una situación incontrolable de expansión misional. ¿Cómo podrían los reyes asumir la difusión de la fe sin recurrir a las organizaciones laicas o a las órdenes religio-

[18] Richard Konetzke trae a colación la Reconquista medieval de la Península y afirma que el espíritu de cruzada y apostólico no había caracterizado necesariamente a los españoles y portugueses. Los mudéjares, españoles musulmanes que se sometían a los cristianos, podían libremente profesar su fe mahometana. No era de interés monárquico la conversión de los infieles (1968: 225-227).

[19] *Cfr. Los comentarios reales del Inca Garcilaso de la Vega.* Especialmente Libro I, cap. III-VIII, donde se describe la situación financiera de España antes y después de la conquista del Perú.

sas? Es así como a finales del siglo XV algunos conquistadores empezaron a incluir a misioneros franciscanos en sus expediciones. Las crónicas e historias de la Conquista relatan detalles de las encomiendas como apoyos laicos para la evangelización. Las Leyes de Burgos del año 1512, por ejemplo, obligaban a que los encomenderos llevaran consigo su «propiedad humana», de tal forma que a ellos también se les adoctrinara en la fe cristiana.

La primera iglesia propiamente dicha construida en el México de Cortés fue la edificada por los franciscanos en 1525. A este acontecimiento institucional de gran repercusión en la Colonia, le siguió la edificación de la iglesia de Texcoco (Orozco y Berra 1938: Vol. 1, 155). A lo largo de este período de propagación de la fe cristiana, hubo bautizos masivos, y por órdenes de Cortés se substituyeron los ídolos paganos por el símbolo de la cruz o la imagen de la Virgen María[20].

Lo mismo se dio en el ámbito de la arquitectura. Los monumentos paganos fueron substituidos por construcciones coloniales. Las iglesias cristianas se construyeron, adrede, sobre las bases de los templos indígenas. El caso más famoso en el virreinato del Perú es el templo cuzqueño del Coricancha (el corral de oro o templo del Sol), el mismo que sirvió literalmente de fundamento al monasterio de Santo Domingo construido en el siglo XVI. La intención era clara: desde un principio se planificó una estrategia para cartografiar el espacio sagrado, delimitarlo y cercarlo por medio de una superposición de culturas que supuestamente, a lo largo del tiempo, iría desapareciendo. En otras palabras, el indígena olvidaría sus creencias puesto que a fuerza de confrontarse con sus dioses ahora «verdaderos» iría adquiriendo progresivamente la sensibilidad para la nueva religión. Los resultados, sin embargo, reflejan un impresionante sincretismo cultural.

Si observamos este fenómeno desde un punto de vista lingüístico, el templo, como signo, está constituido por el significante (construcción en forma de pirámide o iglesia) y el significado (lo denotado por

[20] El caso de Alonso de Ojeda (Konetzke 1968: 228).

los ídolos y las imágenes religiosas). Para los conquistadores, el nuevo templo podía erigirse manteniendo características del antiguo, pero el significado debía ser totalmente substituido por otras imágenes. Para los indígenas, el contenido del templo —el recuerdo de sus ídolos destruidos— se incluye ahora en el significante. La vaciedad del significado (ausencia de imágenes paganas) ha sido substituida y ahora es paradigmática a la concepción cristiana de Dios. Es decir, que la intención de anular el significado de la religión indígena por parte de los conquistadores fracasa en la medida en que el nuevo significante (Iglesia) amplía el significado a uno nuevo con contenido sincrético, en vez del antiguo (Templo).

Si utilizamos la terminología de Michel Certeau, esta apropiación del lugar por parte de los conquistadores podría considerarse una estrategia, dado que hay un intento por dominar al más débil. Según este crítico, la estrategia asume un lugar que puede ser circunscrito como propio y así llega a servir como base para generar relaciones con un exterior diferente a sí mismo (1984: xix). Es a partir de ese lugar supuestamente propio desde el cual se intenta lograr la conquista espiritual de los indígenas. La táctica de los indígenas se manifiesta en la forma de utilización del templo. Ese espacio se convierte en un modo diferente de adoración, pues no se considera como propio. No se modifica ni se rechaza esta imposición espiritual, sino que simplemente se utiliza de modo diferente. Es decir, que la táctica utiliza y manipula los espacios. Este nuevo templo es un lugar que pertenece a la Iglesia católica, pero llegar hasta allí para adorar a sus dioses como lo propone Certeau, insinuándose en el lugar del otro, es una táctica que, como veremos en el caso de la pirámide de Cholula, depende del tiempo (1984: 39).

El ejemplo menos conocido e incluso más relevante para nuestro tema es la historia de la Virgen de Guadalupe. La aparición mariana al indio Juan Diego el 9 de diciembre de 1531 sucedió en la colina de Tepeyac, lugar donde posteriormente se ubicaría el santuario que le está dedicado. De acuerdo a Peñafiel, Tepeyac se compone de «*tepetl*, cerro y , *yacatl*, nariz, y la final *c*, que indica lugar» (1966:163). Según el mismo autor, el signo gráfico remite a «monte con nariz» y la etimología a «cerro saliente de la cordillera» (*Ibíd.:* 163). En esta misma colina, sin embargo, los aztecas adoraban a Tonantzin, la madre de todos los dioses. De acuerdo a Eduardo del Río, no se trataba de una sola deidad, sino «de un complejo ritual que comprendería todas las fuerzas fértiles de la naturaleza, personificadas por varias advocaciones» (1996: 18). Tonantzin era considerada la diosa azteca que incluía la veneración a la tierra, la maternidad, e implicaba la superioridad del elemento femenino frente al masculino en la medida en que personificaba a la madre de Dios. Es decir que, gracias a las apariciones de una Virgen morena de rasgos indígenas, el santuario de Tonantzin pasó a convertirse en el recinto de una nueva veneración: la Guadalupana. El *locus* físico de la diosa azteca fue substituido por el de la nueva advocación mariana mexicana.

Francisco de la Maza nos narra la aparición:

> Todo fiel cristiano mexicano sabe que, de los días 9 a 12 de diciembre de 1531, se apareció la Virgen María al indio Juan Diego en el cerro del Tepeyac y le mandó dijese al obispo de México, don fray Juan de Zumárraga, que le erigiese un templo. Dudó el obispo y pidió una señal al indio mensajero, el cual, por orden de la Señora, cortó rosas y flores del lugar y las llevó al prelado, admirándose los dos de que, al abrir la capa en que las llevaba envueltas, apareciese milagrosamente pintada una imagen que hoy México venera con el nombre de Nuestra Señora de Guadalupe (1984: 9).

Desde sus inicios, la historia de la Virgen ha dado pie a mucha controversia. El mismo Francisco de la Maza en *El guadalupanismo mexicano* señala que la primera reacción del obispo Zumárraga fue de incredulidad, y este crítico atribuye su negación a la condición de erasmista del obispo, pues esto lo predisponía a no aceptar milagros (1984: 14). Es el mismo Zumárraga quien posteriormente difundirá el mito de la Virgen y sus supuestas apariciones, como la leída por el franciscano don Pedro Mezquia en el convento de Vitoria. Sin embargo, como ha demostrado García Icazbalceta, no hay evidencia de que Zumárraga hubiera mencionado la aparición en ninguno de sus escritos (1952: 24). Incluso 90 años después de la supuesta aparición, ningún escritor había afirmado tal milagro (*ibíd.*: 27).

En 1556, el segundo obispo de la Nueva España, don fray Alonso de Montúfar ordena una contestación al sermón de fray Francisco de Bustamante, y este documento es conocido como la *Información*. El sermón del franciscano incluía un ataque abierto al culto a la Virgen de Guadalupe, e incluso se pedía severos castigos para aquél o aquéllos que hubieran diseminado tales milagros (García Izcalbaceta 1952: 40). Este mismo crítico afirma que Bustamante especificó explícitamente que la imagen había sido pintada por el indio Marcos Cipac de Aquino (1952: 40). Más importante incluso es el hecho de que el culto a la imagen pintada por un hombre, podía considerarse una idolatría[21]. Se sabe que la polémica entre Bustamante y Montúfar se agudizó e incluso, según De la Maza, la verdadera razón por la que se redactó la *Información* fue porque Bustamante atacó a Montúfar debido a la ligereza al aceptar milagros sin tener base de credibilidad, y no por criticar en sí mismo el culto guadalupano. Sin embargo, como hace notar el mismo crítico, no hay ninguna mención en la *Información* de que la Virgen se haya aparecido. Tampoco se niega que la imagen hubiera sido pintada por el indio Marcos, y como resalta De la Maza, ni el mismo pintor, admirado por Bernal Díaz, se opuso a este hecho (1984: 15-16).

Lo que queda claro de la disputa entre Bustamante y Montúfar es que la apropiación territorial del cerro de Tepeyac donde habitaba la diosa azteca fue llevada a cabo. La Virgen de Guadalupe substituyó literalmente a la Tonantzin prehispánica y poco a poco esta nueva Virgen fue convirtiéndose en la madre de México. Una de las consecuencias de esta substitución del espacio físico se resume en la congregación de indígenas y españoles en el mismo lugar para venerar un sincretismo cultural.

[21] Esta discusión podría leerse en el marco del debate entre iconólatras e iconoclastas.

Es aceptado el hecho de que la Virgen de Guadalupe es oriunda de México, pero debemos recordar que en la provincia de Cáceres, en Extremadura (España), ya existía una Virgen con el mismo nombre, y que la imagen de esta misma advocación mariana estaba representada en los estandartes de Hernán Cortés. De acuerdo a la información del *Diccionario Enciclopédico Espasa*, la imagen de María, pequeña y morena, se atribuye a San Lucas, que la copió directamente de la Virgen (1996: 93). En 1388, Alfonso XI mandó levantar un templo gótico-mudéjar y él fue quien le atribuyó a la Virgen de Guadalupe la victoria en la batalla del Salado, en 1340, en la que las huestes castellanas derrotaron a la coalición formada por los benimerines norteafricanos y el rey de Granada Yusuf I. El monarca castellano creó así un priorato secular que marcó las tendencias espirituales del santuario hasta el año 1389, fecha en la que el monasterio pasó a manos de los Jerónimos. Según De la Maza, el nombre de la Virgen mexicana fue el resultado de la colocación de una imagen de la advocación española en el mismo lugar de la diosa azteca. Más incluso, ya Torquemada había afirmado: «nuestros primeros religiosos determinaron de poner iglesia en Tonantzin a la Virgen que es Nuestra Señora y Madre» (De la Maza 1984: 19).

Las coincidencias son muchas y el lector imparcial se preguntará por los elementos de la historiografía que incluyen ficción y construcción de ciertos hechos. Gracias a esta «indigenización» de la Virgen se logró lo que ha sido llamado la conquista espiritual de México[22]. Curiosamente, y como resalta García Icazbalceta, ninguna crónica ni ningún documento nos narra la aparición de la Virgen de Guadalupe hasta el año 1648 cuando se encuentran las primeras menciones: el libro de Miguel Sánchez: *Imagen de la Virgen María, Madre de Dios de Guadalupe* [...] y el *Nican Mopohua*, escrito en náhuatl y atribuido en una primera instancia al padre español Luis Lasso de la Vega (1952: 41). Posteriormente se ha descubierto que este libro se elaboró en el Taller de Redacción del

[22] Robert Ricard (1986), sin embargo, se concentra casi exclusivamente en la Orden de los Franciscanos, Dominicos y Jesuitas.

Colegio Imperial de Santa Cruz de Tlatelolco, creado por Bernardino de Sahagún entre 1564 y 1570. La obra *Nican Mopohua*, que en español significa «Aquí se cuenta», «Aquí se narra», fue concebida como una pieza de teatro inspirada en la aparición de la Virgen de Guadalupe de España. Francisco de la Maza menciona, asimismo, el *Tratado de las Indias* de Juan Suárez de Peralta, cuyo manuscrito de 1589 sí menciona la aparición (1984: 26). Esta primera afirmación española queda relativizada por De la Maza, pues el autor era considerado un hereje tenía problemas con la Inquisición. No se trata, afirma el crítico, de un tratado de las Indias, sino más bien de una apología de amistades personales (*ibíd.*: 26-27). García Icazbalceta afirma incluso que en 1648, antes de la publicación del libro de Sánchez, «nadie sabía de la Aparición, nadie conocía ya la imagen; la imagen había acabado por completo» (1952: 41), pero que el libro fue aceptado debido a la necesidad espiritual de la época (*ibíd.*: 43). Más aún, en este texto, Sánchez confiesa que la historia se escribió sin haber encontrado ninguna fuente ni ningún documento que corroborara la aparición, pero que tenía que hacerlo «porque tenía de su parte la tradición» (*ibíd.*: 42). Jaime Cuadriello atribuye la exitosa recepción al hecho de que Sánchez pudo coordinar y sincronizar las revelaciones del *Apocalipsis* hechas a San Juan con los hechos históricos de la época (1995: 13).

Es interesante que ni Bernal Díaz del Castillo en su *Historia verdadera de la Conquista de la Nueva España* (De la Maza 1984: 34), ni Sahagún en su *Historia de las cosas de Nueva España*, mencionen la aparición de la Virgen a Juan Diego (García Icazbalceta 1952: 27-28). La historia de la aparición de la Virgen de Guadalupe mexicana se revela, entonces, como una invención que pretendía imponer su veneración a la de la Virgen de Guadalupe de España, y que para lograrlo —gracias a la ayuda del obispo Juan de Zumárraga— se creó la historia de la aparición de la Virgen a un indígena[23]. A esta versión

[23] Según el *Nican Mopohva*, la Virgen de Guadalupe se le apareció primero al indio Juan Diego y después al obispo don Juan de Zumárraga. Así consta en el título de la obra náhuatl: *Acattopa quimottititzino çemaçehualtzintli itoca Iuan*

se suma la historia de una supuesta aparición de la Virgen de Guadalupe en una pared de uno de los sótanos del convento de San Jerónimo alrededor del año 1676, versión documentada tanto en la *Gazeta de México* de 1729, como en el *Escudo de armas de México* publicada originalmente en 1746 (Juárez 1998: 287).

Otro elemento controvertido sobre la historia de esta Virgen está ligado a su origen a partir de las flores. Como ya sabemos, la tilma del indio contenía las flores para el obispo Zumárraga y éstas se transformaron en la imagen de María. De la Maza nos narra que era común la existencia de imágenes florales (1984: 21), pues en ese entonces estaba prohibida la reproducción escultórica de la Virgen guadalupana española en la Colonia (*ibíd.*: 19):

> Es posible pensar también que hubo al principio una imagen hecha de flores, costumbre que se usó al inicio de la Conquista para sustituir la falta de pintores y escultores. Una Virgen hecha de flores nos lleva, sin querer, a recordar la parte central de la hermosa tradición de que la guadalupana se pintó de flores, y es dato éste, de ser cierta mi suposición, de suma importancia, pues justifica que no fue una «invención» consciente y hasta política de los primeros frailes como quieren neciamente algunos antiaparicionistas, sino que hubo una Virgen hecha, en efecto, de flores, que se fue transformando, en plena poesía creadora, en la estampación divina del ayate juandieguino. Primero una imagen guadalupana española que dio el nombre; después una imagen de flores que se cambió por la pintura (*ibíd.*: 21).

Hasta cierto punto De la Maza relativiza la substitución consciente o planificada y concluye que el reemplazo de una Virgen por otra pudo haber sido un proceso largo que partió de una relación sinecdóquica entre una imagen hecha de flores de la Virgen española y el templo de Tonantzin en el cerro Tepeyac. Relación que paulatinamente trajo como consecuencia la estampa en la tilma de Juan Diego.

Diego; Auh çatepan monexiti initlaixipltlazin ynixpan yauncuican Obisfpo D. Fray Iuan de Sumarraga. Ihuan inixquich tlamahitçolli ye quimochihuilia. Cfr. la única edición existente de 1649.

Recordemos, asimismo, que el uso de telas en las pinturas sagradas tiene una larga tradición. Específicamente en la España del siglo XVI y XVII era común la existencia de las Verónicas en las iglesias y los conventos. El nombre de Verónica viene de la santa italiana del mismo nombre. Existen diferentes versiones, pero se dice que durante su travesía hacia el Calvario durante la Pasión, ésta le dio a Cristo una toalla para que se enjuagara el rostro. En esa tela se impregnó la imagen de Cristo, y posteriormente fue venerada. El mismo nombre de Verónica, que equivale a icono verdadero, apunta hacia la veracidad de la imagen. Famosas fueron, entre muchas otras, las de Zurbarán y El Greco. En su estudio sobre la pintura española del Siglo de Oro, *El ojo místico*, Víctor Stoichita concluye que estas telas eran utilizadas para «engendrar un estado extático-visionario» (1996: 65) y que en la pintura española sí se puede hablar de una «poética del *trompe l'œil sacro*» (*ibíd.*: 66) puesto que a la pintura se le atribuyó una serie de posibilidades ilusionistas, como por ejemplo, «la pintura como prolongación del espacio, de la luz real, la pintura como objeto engañoso y la pintura como resultado de una visión» (*ibíd.*: 66). Citando los libros de pintura de la época, Stoichita demuestra que la retórica de los pintores apunta hacia esta ficción estratégica que produce ilusiones ópticas en los espectadores. Por ejemplo, con un Cristo pintado en perspectiva de brazos en Cruz en semicírculo, el espectador tiene la impresión de que parece más una escultura que una pintura (*ibíd.*: 66). Es bien sabido que las imágenes religiosas se utilizaron para difundir el catolicismo y combatir la Reforma. En este caso, las Verónicas, también fueron una estrategia utilizada por la Iglesia católica en España para convencer a los creyentes de las visiones y la veracidad de los milagros. No está muy lejos, por lo tanto, de la historia de la tilma guadalupana. Como la tela de las Verónicas, la guadalupana tenía una textura flexible capaz de generar visiones. Una tela impregnada con flores, bien pudo crear la ilusión óptica de una imagen sagrada, una visión o una aparición.

Otro ejemplo paralelo de substitución lo constituye el caso de la Virgen de la Candelaria, la cual fue utilizada para completar la cristianización de los guanches en las islas Canarias. Por medio de apariciones de una Virgen morena a estos pastores, se logró el sincretismo cultural que posteriormente fue realizado en Bolivia.

Es sabido que durante el proceso de registro de la historia y elaboración de los documentos de Conquista, los cronistas españoles intentaron trasponer sus experiencias en las Indias desde un punto de vista de traductores de culturas. Se trataba de representar lo que para ellos hasta entonces había sido irrepresentable. Esta labor, por supuesto, debía llevarse a cabo tratando de eliminar la distancia entre la experiencia personal y el texto. Desde la cultura europea se debía adaptar lo «otro» de la cultura indígena a los ojos familiares. Pues bien, lo que sucede en el caso de nuestra Virgen es el proceso inverso. Se trata de adaptar la religiosidad española a la población indígena. Es la Virgen de los estandartes de Cortés la que se convierte en la sagrada Guadalupe.

A un nivel iconográfico, por otro lado, la imagen es pintada por un indígena que adapta su visión de Tonantzin, la diosa azteca, a las formalidades de la escuela pictórica europea. Es decir que en un primer nivel, la Guadalupe española es percibida visualmente por el artista. Éste traspone la imagen al espacio geográfico y la representa de acuerdo a su experiencia de lo sagrado, pero tratando de mantener el formalismo europeo. Hay, por lo tanto, un permanente intercambio dentro del icono que nos recuerda la dialéctica entre significado y significante del espacio geográfico de los templos. Ya no se traduce para los españoles, sino que se pretende traducir para el indígena. Ya no se construye sobre las bases indígenas, sino que es la Virgen europea sobre la que se rediseñará la Guadalupe americana.

Llama la atención el hecho de que en el interior del templo de Santa Paula de la Orden de los Jerónimos, espacio que escogiera Sor Juana para profesar su voto de clausura, existía una réplica (maqueta) del templo de la Virgen de Guadalupe (Benítez 1985: 63)[24]. En el

[24] Como afirma Daniel Juárez, al igual que en la Orden jerónima, el convento de Santa Paula también veneraba a la Virgen de Guadalupe. Prueba de esto se menciona en la nota de Cayetano Cabrera y Quintero de 1746 publicada en las *Gazetas de México*, así como en su *Escudo de armas de México* (1989: 86).

interior del convento se producía todo un ritual, pues las religiosas, literalmente, recorrían la distancia física que las separaba de los templos reales. La reclusión obligatoria, por lo tanto, no era impedimento para tener acceso virtual al templo de Guadalupe. Es decir, que dentro del espacio conventual se producía una escenificación de religiosidad ligada a la arquitectura, pues las monjas recorrían la misma distancia dentro del convento que si estuvieran dirigiéndose al templo real. La arquitectura, en este caso virtual, contribuía a la representación del templo. No se le consideraba el templo verdadero, sino sólo una representación. Por otro lado, gracias a la maqueta arquitectónica se producía una representación de la religiosidad, ya no sólo literal, sino también metafóricamente (a través de la caminata y llegada al templo). Lo mismo se podría decir de la costumbre de ejecutar una coreografía doméstica al «dormir en cruz los lunes y miércoles», descrita por el obispo Fernández de Santa Cruz (Glantz 1998: 283). En este caso, la actividad de la vida cotidiana del dormir está ligada a la representación y es a través de la posición del cuerpo que se logra la similitud arquitectónica con la cruz.

El replicar una distancia entre dos objetos también se puede asociar con otros monumentos guadalupanos. En su estudio sobre la arquitectura barroca novohispana, Javier Gómez Martínez enumera las construcciones mexicanas dedicadas a la Virgen: el santuario de la Congregación de Guadalupe en la ciudad de Querétaro (1673-1680), las ocho estaciones conservadas del conjunto de los 15 Misterios de Rosario en la calzada que enlaza la Ciudad de México con el cerro de Tepeyac, el monumento en el mismo Tepeyac, el santuario de Guadalupe en las afueras de la ciudad de San Luis Potosí (1772-1806) y la capilla del Pocito (1777-1791), ubicada al pie del cerro. El santuario de San Luis Potosí estaba ubicado respetando analógicamente la distancia entre la Ciudad de México y el santuario de la Virgen (Gómez Martínez 1997: 174-176). La réplica de la guadalupana tampoco constituía una excepción, pues como afirma Benítez, el caso de la ermita dentro del convento de los Jerónimos no era el único, pues las monjas, «impedidas de salir, se hacían pintar los santuarios lejanos, calculaban su distancia y recorrían enormes espacios dando vueltas alrededor de sus claustros» (1985: 63).

Los documentos escritos por las monjas, así como los textos doctrinales y otros escritos nos dan una idea clara del modo de caminar de las monjas dentro de los conventos. Éste es el caso, por ejemplo, del *Paraíso occidental* de Sigüenza y Góngora. Allí se relata el caso de la madre Marina de la Cruz:

> Pasaba las noches en el dormitorio común, desde donde prevenía al día para irse al coro, gastando en él no sólo el tiempo de prima y las oras restantes, sino el que se tardaban los capellanes y otros sacerdotes en decir misa, que oía siempre de rodillas con singular devoción y mayor modestia. Íbase desde aquí a su torrecilla, de donde no salía sino algunas veces al refectorio, no para comer en él, sino para mortificarse en aquel lugar público con extraordinarias penitencias, y otras a visitar y consolar a las enfermas y atribuladas, de quienes se compadecía siempre con entrañable ternura. Gastaba el tiempo restante en exhortar y guiar por el camino de la virtud y de la oración a algunas amigas suyas que subían a visitarla, y eran aquéllas en quienes había cogido con sus amonestaciones agradables frutos (1995: 158).

Podemos observar el recorrido de la madre Marina: del dormitorio al coro, de allí a su torrecilla y después o al refectorio para hacer penitencia o a visitar a sus amigas para instruirlas. Este acto voluntario de caminar, como hemos afirmado anteriormente, ha sido descrito por Certeau como una práctica de la vida cotidiana que implica una táctica de resistencia o subversión. Las monjas, como el caso de los indígenas, se circunscriben al espacio que les es permitido. A diferencia del habitante de la ciudad, el caminante conventual imagina la ciudad dentro del propio espacio religioso, la traspasa, y como él, va dejando su propia huella. Sin embargo, este acto de caminar está condicionado culturalmente por la ideología religiosa y la tradición individual. En el caso de la madre Marina podemos apreciar que ella escoge el coro o espacio sagrado del convento para permanecer el mayor tiempo posible en él. Al abandonar ese espacio se refugia en su propia torrecilla y si abandona ese espacio es para prevenir el pecado, ya sea haciendo penitencia con su propio cuerpo o a través de la instrucción doctrinal a los demás. El cuerpo se desplaza pero éste va delineando su propia escritura.

En el caso mencionado anteriormente se trata no necesariamente del movimiento físico, sino más bien del posicionamiento del cuerpo dentro del convento y de su relación espacial respecto de la ermita guadalupana. Las monjas no se niegan a la peregrinación. Lo que cambia y por eso es un procedimiento táctico, es el modo operativo. Se trata de una peregrinación real en la que coinciden los puntos deícticos. Se está aquí y allá: en el convento y en el camino de peregrinación real, pero a la vez no se está, pues el cuerpo está en movimiento. Según Jonathan Culler, la presencia del movimiento sólo puede aprehenderse en la medida en que el momento dado no se concibe como un hecho, sino más bien como un producto, un resultado dialéctico de las relaciones entre pasado y futuro (1982: 105). El cuerpo del caminante conventual, por lo tanto, podrá concebirse como presente si consideramos su acondicionamiento cultural colonial y su destino final futuro, en este caso el éxtasis de la peregrinación y su estado posterior. Como en la teología apofática, la negación del cuerpo a través del movimiento (se está y no se está), llevará al sujeto conventual a la *unio mystica* en el momento de alcanzar y recorrer la distancia real que separa los dos marcadores deícticos de localización.

La iconografía del arte colonial, como han demostrado los estudios de Jaime Cuadriello, asocian a la Virgen de Guadalupe con el águila del Apocalipsis. Ya desde el libro de Sánchez, aparecido en 1648, tenemos evidencia al respecto: allí se encuentra el «Emblema de la Arquidiócesis de México» impreso en grabado de madera. En esta xilografía dedicada a don Pedro de Barrientos, podemos identificar claramente las alas de águila similares a la mujer águila de la isla de Patmos (1995: 14-15). Más aún, el emblema originario del antiguo reino de México incluía una prosopografía de características similares: *Et datae sunt mulieri alae duae Aquilae magnae* (*ibíd.*: 15). En una imagen presentada por Cuadriello de un óleo anónimo del siglo XVII, se puede apreciar a la

Virgen de Guadalupe con los arcángeles Miguel y Gabriel. La Virgen está posicionada en el centro del cuadro y a su derecha se puede ver a San Juan quien en ese instante está contemplando la visión de la guadalupana. Además de la Escala de Jacob se encuentran las armas mexicanas, también con alas de águila a punto del despliegue[25]. En el soneto que alaba el certamen poético del Padre Francisco de Castro (Méndez Plancarte I, 310), sor Juana describe la aparición de la Virgen de Guadalupe en México y establece, asimismo, una relación paradigmática entre esta Virgen y la mujer de Patmos:

> La compuesta de flores Maravilla,
> divina Protectora Americana,
> que a ser se pasa Rosa Mejicana,
> apareciendo Rosa de Castilla;
>
> la que en vez del dragón —de quien humilla
> cerviz rebelde en Patmos —huella ufana,
> hasta aquí Inteligencia soberana,
> de su pura grandeza pura silla[26]
> (vv. 1-8).

[25] Cuadriello también analiza imágenes de fecha posterior, como el óleo anónimo de la Colección de la Basílica de Guadalupe, un relieve del templo del Oratorio de San Felipe Neri, un grabado en metal de Miguel de Villavicencio de la Colección de la Biblioteca Nacional y otros (1995: 12-23). La primera aparición sucede cuando éste se dirige hacia la parroquia de Santiago Tlatelolco. Es atraído por el canto de unas aves situadas en el cerro Tepeyac. Por primera vez se envía el mensaje para que se le construya un templo en ese lugar. La segunda aparición se lleva a cabo en el mismo lugar, y esta vez se incluye al tío de Juan Diego. La tercera trae la noticia de la curación de Bernardino, momento en que le pide recolecte las rosas para el obispo Zumárraga. La última aparición se da en el instante cuando se despliega la tilma (*ibíd*: 28, 34).

[26] Reproduzco aquí los dos últimos tercetos:

> Ya el Cielo, que la copia misterioso,
> Segunda vez sus señas celestiales
> En guarismos de flores claro suma: /.../

El verso «apareciendo Rosa de Castilla» y la mención explícita de Patmos demuestran que a la Décima Musa, la historia de la Virgen española y la asociación con la mujer águila del Apocalipsis le eran totalmente familiares. Asociar a la Virgen de Guadalupe con el águila del Apocalipsis, sin embargo, demuestra la importancia de esta figura religiosa en un texto tan relevante como el *Primero sueño*. Allí, el sujeto vivencial asume las características de águila, quien pudiendo mirar el Sol sin cegarse, pretende lograr el conocimiento absoluto, o por lo menos, como un dios *voyeur*, pretenderlo: «Y al sol bebe los rayos pretendiendo/ entre sus luces colocar su nido» (vv. 332-333). De la misma manera que las monjas recorren el camino para llegar a la ermita, el águila del *Primero sueño* vuela recorriendo el espacio que le permitirá alcanzar la perfección. Si la caminata de las monjas en el interior del claustro implica una escritura con el cuerpo, el vuelo del águila también teje un recorrido narrativo. Sus modos de vuelo adquieren, asimismo, variedades tácticas certeaunianas:

> Llegar; bien que esforzando
> más que nunca el impulso, ya batiendo
> las dos plumadas velas, ya peinando
> con las garras el aire, ha pretendido,
> tejiendo de los átomos escalas,
> que su inmunidad rompan sus dos alas
> (vv. 334-339).

El sujeto se esfuerza, se impulsa, bate, peina con garras, pretende, teje el universo y este vuelo, movimiento o táctica, similar al caminar de las monjas dentro del convento, crea una escritura que está condicionada por la localización física, el espacio y las fuerzas de poder.

/.../ Pues no menos le dan traslado hermoso
Las flores de tus versos sin iguales,
La maravilla de tu culta pluma.

Para un análisis de este soneto, *cfr*. George H. Tavard 1991: 96.

Al hablar de Sor Juana, Margo Glantz afirma que «el ejercicio de la escritura, 'el lustre de su habilidad', ese oficio gracias al cual ha ascendido, construye paradójicamente el espacio de la persecución» (1996: 163). La fama la ha elevado en el espacio, pero también la ha situado en la mira de sus confesores y superiores. Su escritura, como la del águila, se convierte entonces en una táctica, un modo de operación o una práctica cotidiana que le permitirá cierta libertad individual.

George Kubler señala la importancia de los condicionantes políticos y económicos para el emplazamiento de las nuevas construcciones en Nuevo México, sobre todo en su relación con el urbanismo indígena (1940: 15). Si bien en sus inicios se continuó con el sistema de tradición indígena de *reducciones* por medio del cual se concentraba a la población en un mismo espacio con fines de protección frente a la población nómada, en el siglo XVI, sobre todo después de 1529, sí hubo algunas imposiciones urbanísticas hispanas en territorios del Nuevo México, el caso de Acambaro o Huejotzingo (*ibíd.*: 17). Sin embargo, como demuestra un mapa de la zona que ha sido conservado, la distribución de la iglesia en esa zona respetaba los diseños prehispanos pues ésta había sido asignada a la zona periférica de la ciudad. Otra excepción la constituye el asentamiento español de Santa Fe, fundado en 1609, cuya construcción seguía las reglas urbanísticas de Felipe II dictaminadas el 3 de julio de 1572. En San Diego de la Congregación de Jemez se instaló el convento en la zona central del pueblo dada su condición de puesto fronterizo (*ibíd.*: 22).

Construir una iglesia o un convento en el nuevo territorio debía hacerse estratégicamente. En el interior del convento de San Jerónimo existía una disposición arquitectónica jerárquica basada en componentes políticos y económicos. Existían las «celdas» o casas de dos pisos que pertenecían a las monjas de mayor poder adquisitivo; éstas se vendían o alquilaban de acuerdo a las circunstancias. En la planta baja de estas celdas se ubicaba la cocina, la tina de baño, los lavaderos, una bodega, un jardín pequeño, un gallinero, así como las habitaciones de las esclavas o criadas. La planta superior cobijaba las celdas de las monjas privilegiadas quienes podían decorar sus habitaciones con todo tipo de arte y objetos. Dentro del mismo convento también existían los «claustros», los cuales también replicaban este modelo jerárquico: el claustro bajo incluía la cocina, la capilla y portería en la cual se encontraban los tornos. En el claustro alto se ubicaban las celdas de la priora, la vicaria, monjas y diversas salas para instrucción[27].

Queda claro que el emplazamiento y la distribución no sólo mantenían criterios jerárquicos eclesiásticos, sino que también la disposición arquitectónica del convento ya estaba condicionada por criterios de poder. El espacio de las monjas, por lo tanto, también alcanzaba esos condicionantes y en consecuencia el acto de caminar y la ruta estaban, asimismo, marcados por los mismos factores. La arquitectura es espacio habitable que se experimenta en el tiempo, y como arte responde o plasma los contenidos de los pensamientos de la época en que se crea. La escritura, producto de las prácticas de espiritualidad dentro de ese mismo espacio, tenía que verse afectada directamente. El acto de caminar enuncia, manifiesta una escritura que no puede ser leída por las monjas. El recorrido de las eclesiásticas dentro del convento forma huellas, trazos recuperables en un mapa. Ellas avanzan por esas estructuras de poder y al hacerlo van formando su propia escritura. Recorrer literalmente la distancia a la ermita virtual de la Virgen y llegar a ella es, por lo tanto, escribir la historia de la peregrinación.

En su estudio sobre el México colonial, Sylvestre Baxter señala la pirámide de Cholula como uno de los sincretismos arquitectónicos más interesantes. Antes de la llegada de los conquistadores, la ciudad indígena estaba construida alrededor del santuario dedicado al dios Quetzalcóatl. Al ser descubierta, esta pirámide fue reemplazada por el templo cristiano (1934: 217). Como en el caso del Coricancha cuzqueño, se conservó la base de estructura precolombina.

Orozco y Berra (1938) relata las tácticas subversivas de los indígenas de Cholula cuando se procedió a la aniquilación de sus imágenes.

[27] *Cfr.* los estudios de María del Carmen Reyna (1990), Daniel Juárez (1989) y de Antonio Benítez (1985).

Al destruirse los templos, los ídolos se enterraban celosamente al pie de la cruz para engañar a los cristianos y poder adorar así a sus verdaderos dioses. Según los cronistas franciscanos, la pirámide de Cholula, en cuya cúspide se había construido un *teocalli* (templo indígena), ejemplifica las dificultades de la Conquista religiosa. La cruz erigida en la cúspide de esta pirámide fue despedazada por un rayo algunos años después. Pero la historia se repitió dos y tres veces, hecho que inquietó a los conquistadores puesto que temían una repercusión negativa en la población nativa. Los procesos de destrucción por medio de fenómenos naturales atemorizaron a los conquistadores, pues como instancia estratégica de poder perdían el dominio frente a la naturaleza. Fue después de la destrucción de la tercera cruz que los franciscanos decidieron cavar al pie de la misma. Encontraron allí los dioses paganos que eran secretamente venerados (Orozco y Berra 1938: Vol. 1, 157). Aceptar la veneración en el cerro y seguir adorando en el mismo lugar, supuestamente dominado, es una táctica certeauniana que demuestra la importancia del modo de operación. Los indígenas continuaban venerando en un lugar ya no considerado propio, y lo hacían con el mismo ímpetu ferviente, pues sabían que sus ídolos estaban enterrados en el mismo cerro. El espacio físico, la arquitectura, estaba habitada y compartida por los ídolos y las deidades cristianas. El elemento tiempo ha permitido un sincretismo cultural y el uno no ha sido absorbido por el otro.

Leer la delimitación topográfica del espacio sagrado indígena como instancia subalterna circunscrita dentro de los márgenes colonizadores nos permitiría, pues, hacer un paralelo entre la substitución y marcación espacial por un lado y el proceso de elaboración de las crónicas, por el otro. Nuevamente la arquitectura está ligada a la escritura, en la medida en que escribir y relatar los hechos implicaba reducir el espacio geográfico y cultural de lo 'otro' a las propias experiencias. Éste fue el caso de Colón e incluso el de Las Casas. La historia personal de Las Casas empieza en forma algo oscura, puesto que él mismo pasó tiempo en las Indias como colonizador y encomendero, y en el transcurso de su vida se volvió el defensor más impetuoso de los indios. Entre sus obras tenemos *Historia de las Indias* (1527-1559), la *Apologética historia sumaria* (1551) y la *Brevísima relación de la destrucción de las Indias* (publicada en 1552).

En un ensayo bastante polémico, Anthony Pagden relativiza la credibilidad y la autoridad de los escritos de Las Casas. Afirma que su afán de resaltar los marcadores de enunciación 'yo vi', 'yo escuché', 'yo lo viví', se debe a la intención de que su obra se considerara la única verdadera, la versión no contaminada y la única confiable. Según Pagden, la supuesta transparencia intentada por Las Casas estaba marcada por el canon de los discursos teológicos neotomistas en los que había basado su educación: «Since his project was to establish the unique status of his voice, most of his writings are, implicitly or explicitly, autobiographical» (1993: 89-90). Es así como Pagden retoma la teoría de Schleiermacher sobre el círculo hermenéutico y afirma que el autor de la *Brevísima relación* permanece dentro de una dialéctica entre los textos canónicos y una experiencia directa del mundo exterior, la cual, en una primera instancia, era considerada el único instrumento para una aproximación a la verdad.

La noción de la historiografía ha ido modificándose a lo largo de la historia, desde los griegos hasta la desconstrucción del *logos* y la supresión de los grandes relatos y las metanarrativas. En las últimas décadas se visualiza una tendencia a la textualización de la historia. Hayden White, uno de los primeros en llevar la discusión de la historiografía y la crítica literaria a un marco cultural, analiza la relación entre la historia y las crónicas:

> Yet, I would argue, histories gain part of their explanatory effect by their success in making stories out of mere chronicles, and stories in turn are made out of chronicles by an operation that I have elsewhere called 'emplotment'. By emplotment I mean simply the encodation of the facts contained in the chronicle as components of specific kinds of plot structures, in precisely the way that Frye has suggested is the case with fictions in general (1985: 46).

Es decir, que White propone una lectura de las crónicas y, por ende, de la historia, sobre la base de la identificación de ciertos elementos siguiendo la estructura de un *plot* narrativo. Su concepto de metahistoria resalta la estructura de la misma sobre la base de tropos: metáforas, metonimias, ironía, etc., y confirma el carácter ficticio de sus componentes. La historia, por lo tanto, se revela como una construcción imaginaria que ignora determinados elementos y familiariza otros. La marginalidad de los mismos estaría basada no tanto en hechos históricos, sino más bien en determinados valores morales y estéticos de un historiador específico.

Esta selección de los eventos a la que apuntan White y otros teóricos coincide con la asumida por Michel Foucault, para quien el autor de un texto constituye el principio de reducción en la proliferación de significados. De la inmensa magnitud de posibles sentidos, connotaciones e interpretaciones, el escritor/autor escoge, selecciona, limita. La posición de este teórico francés subvierte, así, la concepción tradicional del autor en la medida que éste ya no es visto como la fuente infinita de posibilidades: «The author does not precede the works; he is a certain functional principle by which, in our culture, one limits, excludes, and chooses; in short, by which one impedes the free circulation, the free manipulation, the free composition, decomposition, and recomposition of fiction» (Foucault 1984: 118-119).

Esta afirmación, por lo tanto, implica que los eventos históricos que representa el autor son una sinécdoque de la Historia. Este acto de reducción metonímica subraya la manipulación de la escritura y esta forma de historiografía se revela como una estrategia certeauniana. La visión crítica de las crónicas y de los testimonios de la Conquista en este trabajo se basa, así, en una epistemología que desde la posmodernidad contemporánea pretende aprehender el pensamiento premoderno.

1.2. La Orden de los Jerónimos

Los dominicos llegaron al Nuevo Mundo aproximadamente un decenio y medio después que los franciscanos. El sermón de Adviento pronunciado en 1511 por Antonio de Montesinos constituyó uno de los puntos cumbres de fricción entre colonizadores y religiosos, puesto que esta hermandad protestaba por la estratificación y la explotación de los colonizados (Konetzke 1968: 237). A esta institución le siguió la de San Agustín y, por último, la de la Merced. El resto de agrupaciones religiosas no fue admitido en el Nuevo Mundo por mandato de Felipe II, y el Consejo de Indias limitó a cuatro el número de órdenes permitidas en el territorio conquistado. Los intentos de los benedictinos, los jesuitas y los carmelitas descalzos fracasaron por muchos años dada la negativa del Papa a otorgar su aquiescencia. Recién en 1566 Felipe II permitió que la Compañía de Jesús fuera incluida como acompañante en las expediciones, motivo por el cual los padres de esa institución no llegaron a México hasta 1572.

La Orden de los Jerónimos, desde su expansión en España a mediados del siglo XIV, se caracterizó por su práctica religiosa internalizada y contemplativa: «Late-medieval religious ferment, though certainly not involving most of the clergy and the faithful, was manifested in new ideals of interiorism and antisacramental mysticism, and also a growing vein of apocalypticism» (Payne 1984: 31). El cardenal Cisneros escogió esta comunidad para reorganizar la situación administrativa de la Colonia. Ellos fueron los asignados para llevar a cabo las peticiones al rey, alfabetizar a los hijos de los caciques e introducir y fomentar la lengua española entre la población indígena. Cisneros, asimismo, designó a Las Casas como asesor de los Jerónimos y su misión principal fue la de proteger al indígena. Las Leyes Nuevas de 1542-1543, conseguidas gracias al esfuerzo de Las Casas, constituyen la reformación teórica de las Indias, la misma que debería haberse llevado a cabo con ayuda de los Jerónimos.

Interesante en este contexto es la información proporcionada por Las Casas. En su *Historia de las Indias*, nos informa con detalle sobre las instrucciones que llevaron los Jerónimos, las cuales incluían desde las primeras estrategias de reunión al momento de llegada, la organización de los pueblos, la distribución del trabajo para los indígenas, la autoridad eclesiástica, etc. (1951: Vol. III, cap. LXXXIX).

Los monjes Jerónimos enviados para tal empresa de reforma fueron eliminados figurativamente en las Antillas por los colonos, puesto que éstos no querían renunciar a la repartición de los indios y, así, la reorganización en las Indias no pudo llevarse a cabo. Según Las Casas, los españoles no estaban de acuerdo con el trato humanitario hacia los indígenas:

> La sustancia y orden de todos estos capítulos e instrucción, que los religiosos de Sant Hierónimo llevaron, dió y ordenó el susodicho clérigo Casas, pero muchas cosas en ella el cardenal y los que del Consejo que arriba se nombraron para esto llamó, añadieron y alteraron, oídas algunas informaciones de los españoles que a la sazón en la corte se hallaron, y contra el clérigo y contra los indios blasfemaban rabiando, como fué aquello que anduviesen siempre en la minas la tercera parte de los hombres de trabajo sacando oro, porque debiérase de considerar que estaban los tristes indios molidos y deshechos y al cabo de las vidas, de haber andado tantos años [...]. Manifiesto es que se les habían de dar las haciendas y los ganados y lo demás de balde, para que comenzaran a respirar y saber qué cosa era libertad [...] (*ibíd.*: Vol. III, Cap. LXXXIX, 130s)

La bula *Sublimus Deus*, del papa Pablo III, donde se consideraba a los indios hombres 'verdaderos' permitió a Las Casas redactar una serie de memorias en las cuales no sólo relata las crueldades e injusticias de la Conquista, sino que también condena las encomiendas y la esclavitud.

Si analizamos la situación de la Orden en España, vemos que la liberalidad de la misma parece estar ligada a la protección de los conversos. En el ámbito antisemita de la España del siglo XV, fueron los Jerónimos los que protestaron, refutaron y fustigaron la Sentencia-Estatuto de 1449, documento que denunciaba la diferencia entre los cristianos y judíos. Uno de los primeros ataques hacia este escrito fue hecho por Alonso Díaz de Montalvo, quien argüía que la madre de Dios y de todos los apóstoles había sido judía (Kamen 1971: 125).

En su tratado *Defensorium unitatis christianae* (1449-1450), el converso Alonso de Cartagena atacó definitivamente la Sentencia. A estos hechos le siguieron los esfuerzos del obispo de Burgos. Más radicales, según Kamen, fueron los argumentos de Alonso de Oropesa, general de los Jerónimos, quien en su tratado *Lumen ad revelationem gentium* propugnaba la unión de la Iglesia: «The liberality of the Jeronimites makes it all the more tragic that theirs was the first religious order to adopt a statute of *limpieza*. The main reason for this was the several houses of the order turned out to be nests of judaizers» (Kamen 1971: 125).

Queda claro que los Jerónimos habían brindado protección a los conversos. Muchos de sus miembros, incluso, practicaban ritos judaizantes y esto fue motivo para la realización de autos de fe y quemas públicas. Kamen cita dos casos famosos, el de fray García de Zapata, abad del monasterio de Toledo, y el de fray Diego de Marchena, en el monasterio de Guadalupe. García de Zapata no se ajusta a los ritos eclesiásticos y, en la celebración de la misa, hace uso irónico del dicho «Levántate Pedrito y deja que te miren» al momento de levantar la hostia. El caso de Diego de Marchena, por otro lado, fue uno de los que más llamó la atención —especialmente de los Franciscanos— y tuvo, asimismo, las mayores repercusiones, pues Marchena había sido aceptado en la Orden sin cumplir con los requisitos mínimos del bautismo (Kamen 1971: 126).

Américo Castro describe esta Orden como el semillero de la intranquilidad; pero, afirma, las razones no quedan claras:

> Lo indudable es que Guadalupe, la Sisla y otros monasterios Jerónimos fueron centros de inquietud religiosa en el siglo XV, lo mismo que en el siglo XVI habría de serlo el convento de San Isidoro de Sevilla. Algo debió haber en el ambiente Jerónimo para hacer posibles hechos tan llamativos. Si los conociéramos internamente, se explicaría mejor el paso de la espiritualidad medieval al momento del erasmismo (1942: 107).

En su *Historia de la Orden de San Gerónimo*, José de Sigüenza (1544-1606) nos relata la adjudicación de la casa de Nuestra Señora de Guadalupe (España) a los Jerónimos. El rey se dirige a Fernando Yáñez, quien asumiría la dirección del claustro, con las siguientes palabras:

> Prior, la Iglesia de nuestra Señora de Guadalupe es vna cosa en que yo tengo puesta particular devocion, en donde, como aureys entendido, la misma Señora se muestra marauillosa en su imagen con los muchos milagros que en mis reynos y fuera dellos haze. No es seruida ni reuerenciada de los que allí hemos puesto hasta agora con la decencia que es razon, y yo desseo: ruegoos no os sea dificultoso encargaros della, y seruilla, porque creo hareys en esto mucho seruicio a Dios, y a su madre (Sigüenza 1907: 86).

Es decir que el ambiente subversivo en el santuario estaba dado antes de esta Orden. A él concurrían personas de diversos orígenes, costumbres y religiones:

> Querian si pudieran, que tambien aquel Santuario fuesse cueua de ladrones, como otro tiempo hizieron sus padres, el templo de Hierusalen, cometiendo mil linages de vsuras con los que en la una y otra parte venian a hazer sus votos y ofrendas. Pegose tambien este mal a los Christianos viejos que viuian en aquella puebla, aprendiendo estos tratos ilicitos de los Iudios, viendo que enriquecian con ellos: y lo peor, que tras esto judayzauan muchos, porque se va tras las costumbres la fe (Sigüenza 1907: 84).

Las declaraciones posteriores de Sigüenza dejan en claro que el monasterio fue reformado. Sin embargo, como afirma Américo Castro, a este español le enojaba que a su Orden se le atribuyera ser un asilo para conversos (1942: 68). El primer auto de fe se llevó a cabo en 1485 y un año después se decidió, por junta general, no aceptar en la Orden de los Jerónimos a ningún descendiente de judíos. Hubo en total siete autos, pero según Castro «no se sabe en qué consistiesen las herejías judaicas penadas por la Inquisición» (*ibíd.*: 106), pues «algo debió de haber en el ambiente Jerónimos para hacer posibles hechos tan llamativos» (*ibíd.*: 68). La elección de la Orden por parte de los conversos resulta un hecho interesante en la medida que éstos se sentían atraídos «no sólo por la opulencia de la Orden, sino por ser 'pequeña, humilde, escondida y recogida'» (*ibíd.*: 67).

No se debe olvidar que los conversos fueron grandes impulsores del humanismo cristiano. La Orden de los Jerónimos reconoció este hecho y es justamente allí donde aparece fray Alonso de Oropesa, uno de los defensores más impetuosos de los conversos. Nombrado general de los Jerónimos en 1457, fray Alonso publica *Lumen ad revelationem gentium* en 1465. En dicho libro, inédito y citado en parte por Sigüenza, defiende la igualdad de derechos en la medida que afirma que la unidad de los cristianos reside en el espíritu de Cristo (Castro 1942: 69).

Se sabe que San Jerónimo y Santa Paula formaban parte de los santos favoritos de la Décima Musa (Cruz 1995: 516). ¿Acaso la monja mexicana también se sintió atraída por la copiosidad de la Orden y por los antecedentes históricos de la misma? ¿Fue ésta la percepción de la novohispana para decidirse a dejar la Orden de los Carmelitas y profesar su voto en los Jerónimos? Bénnasy-Berling afirma al respecto:

> Es muy probable que sólo la casualidad de un lugar disponible haya hecho que nuestra poetisa profesara en la Orden de San Jerónimo, en un convento que se llamaba Santa Paula y cuya iglesia estaba consagrada a San Jerónimo. Esta casualidad hizo muy bien las cosas puesto que, por una parte, el antiguo padre de la Iglesia había sido un hombre especialmente apegado a las antiguas letras, quizás más de lo que él mismo hubiera querido, que, por otra, estuvo rodeado de discípulas femeninas: Marcela, Santa Paula y sus hijas Blesilla y Santa Eustaquia (1983: 75-76).

Veamos lo que dice Sor Juana en su *Respuesta*:

> Entréme religiosa, porque [...] para la total negación que tenía al matrimonio, era lo menos desproporcionado y lo más decente que podía elegir en materia de la seguridad que deseaba de mi salvación; a cuyo primer respeto [...] cedieron y sujetaron la cerviz todas las impertinencillas de mi genio, que eran de querer vivir sola (1995: 446-447).

Queda claro que Sor Juana entró al convento gracias a una táctica elegida que le permitiría su propia instrucción, poseer una biblioteca propia, tener a su disposición los equipos técnicos que urgía para sus experimentos y, sobre todo, tener un espacio para su propia escritura:

> ¡Oh, si hubiese sido por amor de Dios, que era lo acertado, cuánto hubiera merecido! Bien que yo procuraba elevarlo cuanto podía y dirigirlo a su servicio, porque el fin a que aspiraba era a estudiar Teología, pareciéndome menguada inhabilidad, siendo católica, no saber todo lo que en esta vida se puede alcanzar, [...] y más siendo hija de un San Jerónimo y de una Santa Paula, que era degenerar de tan doctos padres ser idiota la hija. Esto me proponía yo de mí misma y me parecía razón; si no es que era (y eso es lo más cierto) lisonjear y aplaudir a mi propia inclinación, proponiéndola como obligatorio su propio gusto (1995: 447).

Pero la pregunta sigue latente. ¿Hubo otras razones además de su débil fortaleza física para desistir de la dureza de los carmelitas? Al analizar la *Vida de San Jerónimo* vemos incluso otros motivos que podrían haber llamado la atención de la monja mexicana[28]. San Jerónimo (340?-420) compartía con ella su afición por la sabiduría y su afán por lograr sus metas propuestas. Tuvo una formación latina bastante completa que se asemeja a la adquirida por la monja en la biblioteca de su abuelo. Jerónimo decide huir al desierto de Siria donde permanece alrededor de tres años. Es allí donde recibe su famosa visión: el demonio, después de alejar a sus amigos del desier-

[28] Recuérdese que Sor Juana cita la obra de San Jerónimo en su *Respuesta a Sor Filotea*, 1995: 146, 469.

to causándoles muerte y penurias, logra dejarlo solo. Jerónimo despierta rodeado de sus colegas y promete alejarse de los libros gentiles. A las protestas y acusaciones de que no cumple lo prometido puesto que lee obras ciceronianas, Jerónimo responde que se trata de un 'rapto'. Sor Juana, por otro lado, es forzada a abdicar y más de una vez su biblioteca fue motivo de sospechas.

San Jerónimo, por su parte, tras penurias, sacrificios y ayunos había logrado aprender el hebreo, estudio que culminara con la traducción de las Sagradas Escrituras del hebreo al latín: la *Vulgata*. José de Sigüenza nos relata los pormenores de esta versión, puesto que la Iglesia, hasta la aprobación del texto de Jerónimo en el Concilio de Trento (decreto del 8 de abril de 1546), se había guiado por la versión de los Setenta y Dos. Según Sigüenza, fueron 72 los eruditos que se reunieron para traducir diversos pasajes de la Biblia del hebreo al griego, y sus versiones apenas diferían una de la otra. Hasta ese entonces, dicho texto había sido considerado el único válido por la Iglesia, pero de acuerdo a las declaraciones de Jerónimo, la versión de los Setenta y Dos había pasado por muchas manos y había perdido su pureza:

> Para mí es el más fuerte argumento de todos y el que me convence á creer que en la Iglesia santa no tenía en su escritura la fidelidad y limpieza que se requería, ver el impulso grande del Espíritu Santo que movió con tanta fuerza á este doctor á emprender trabajo tan grande: empresa tan difícil [...] Vese esto ser así, pues vino á dejar la Iglesia lo que tantos años habia tenido, con lo que habia nacido y sustentado, que era la traslación de los Setenta y Dos, y otras muchas que pudieron apoyarla y detenerla, de que estaban aquellos tiempos tan abundantes, y abrazó la de un solo Gerónimo (Sigüenza 1907: 253).

San Jerónimo fue denominado *Doctor maximus in interpretandis Sacris Scripturis* por la Iglesia, pero al igual que Fray Luis de León, este santo también tuvo que luchar por el reconocimiento de la validez de su texto, puesto que fue acusado de incurrir en un intento de rebajar a la Iglesia en beneficio de la ciencia judía (Curtius 1995: 113). La *Vulgata* de Jerónimo fue un trabajo por partes. Primero corrigió la versión latina del Salterio, según la edición griega; después corrigió el mismo Salterio y otros libros del Antiguo Testamento de acuerdo a la edición hexaplar de Orígenes; y finalmente tradujo del hebreo los libros del canon judío, así como los libros de Tobías y Judit del arameo (*ibíd*: 9). Si bien Sor Juana estaba consciente de que San Jerónimo era el más erudito de los Padres de la Iglesia, resulta peculiar el hecho de que Jerónimo sea acusado de leer libros gentiles y que la Orden justamente permita este tipo de subversión en la persona de Sor Juana.

Además del esfuerzo del padre Jerónimo por darle credibilidad a su *Vulgata* y de las acusaciones en torno a su traducción, éste también estuvo involucrado en problemas con el sexo opuesto. En la Carta XLV, dirigida a Asella y escrita en Ostia en agosto de 385 d. C., Jerónimo se lamenta de los cargos que le atribuyen:

> I a scandal, I a slippery turncoat, I a liar using Satan's art to deceive! Which shows the greater subtlety, I wonder, to believe these charges (perhaps even to invent them about an innocent man), or to say: «I do not wish to believe them even though he is guilty'? (Jerónimo 1933: 180-181).

Su relación con las mujeres fue siempre bien vista por la sociedad romana. Como afirma en la misma carta, siempre estuvo rodeado de vírgenes, con quienes leyó y estudió las escrituras: «I often discoursed on the Scriptures to the best of my ability: study brought about familiarity, familiarity friendship, friendship confidence» (*ibíd.*: 181). Fue, sin embargo, a partir de su amistad con Paula, cuando se debilitó su imagen de noble y santo varón: «Before I became acquainted with the households of the saintly Paula, all Rome was enthusiastic about me. Almost everyone concurred in judging me worthy of the highest office in the Church [...] Men called me saintly; men called me humble and eloquent» (*ibíd.*: 183).

Si bien Jerónimo reconoce que a partir de los estudios con las mujeres se desarrollaron amistades más íntimas y confidenciales, también se pregunta si acaso hubo otros motivos adicionales a la lujuria: «Have I taken anyone's money? Have I not disdained all gifts great or small? Has the chink of anyone's coin ever been heard in my hand? Has my conversation ever been ambiguous, or my eye wanton? Nothing is laid to my charge except my sex, and that only when Paula is likely to set out for Jerusalem» (*ibíd.*: 181).

Paula era una patricia adinerada, de padres cristianos y de marido pagano. A raíz de la muerte de éste, aproximadamente alrededor del año 379, ella escoge la vida conventual, estilo que contrasta con la riqueza previa a su momento de viudez. Lo interesante de Paula es su posición frente a la religiosidad de su familia dentro de la sociedad romana. Crió a sus hijos en la convicción cristiana, pero no todos siguieron o pudieron seguir el mismo camino[29]. Jerónimo describe su relación con Paula no sin un erotismo batailleano. Es el sacrificio y la muerte lo que llamó la atención del padre:

> Did I ever enter the house of any woman who was inclined to wantonness? Was I ever attracted by silk dresses, flashing jewels, painted faces, display of gold? No other matron in Rome could dominate my mind but one who mourned and fasted, who was squalid with dirt, almost blinded by weeping. All night she would beg the Lord for mercy, and often the sun found her still praying. The psalms were her music, the Gospels her conversation; continence was her luxury, her life a fast. No other could give me pleasure but one whom I never saw munching food. But when, recognizing the holiness of her life, I began to revere, respect, and venerate her, all my good qualities at once forsook me (Jerónimo 1933: 183).

Pero su posición no queda lo suficientemente clara: Paula le brindó placer —místico, espiritual, y suponemos que erótico—, y ella,

[29] *Cfr.* el apéndice a las cartas de San Jerónimo, (1933: 489).

por otro lado, abandonó a su hijo Toxotius y a su hija menor para seguir a Jerónimo en un viaje espiritual a Belén. Incluso se afirma que Paula y sus hijas tenían conocimientos del hebreo y que fueron ellas y sus otras amigas romanas del círculo de Marcela quienes ayudaron a Jerónimo a traducir su Biblia a la lengua vulgar (*ibíd.*: 489). Ellas inspiraron la veneración de Jerónimo de la misma forma que Jerónimo y Paula influyeron en Sor Juana. El mismo convento de la Nueva España que escogiera Sor Juana llevaba el nombre de Santa Paula de la Orden de San Jerónimo. En su *Respuesta*, la Décima Musa cita las palabras con que Jerónimo describe su relación con Paula: «Si todos los miembros de mi cuerpo fuesen lenguas» (Cruz 1995: 461), éstas no bastarían para seguir alabando a su acompañante romana.

Se sabe que la Orden de los Jerónimos fue una de las primeras en preocuparse por su propia historiografía. Ya en el año 1468 se ordenó que los religiosos escribieran sobre las vidas de los hombres notables que habían profesado en esa Orden. El mismo Jerónimo se destacó por su obra literaria; es el caso de su traducción de *Las homilías sobre Lucas* de Orígenes y su traducción de la Biblia.

Nuestras preguntas o mejor dicho, las aporías respecto de la voluntad de la monja, continúan aún: ¿se sintió atraída Sor Juana por esta tradición literaria en la Orden y en la persona de Jerónimo? ¿Qué opinaba verdaderamente Sor Juana del sincretismo guadalupano-Jerónimo español que ya de por sí existía a un nivel arquitectónico dentro del espacio conventual?[30] ¿Acaso estaba de acuerdo con aquellos que protestaron frente a la Sentencia-Estatuto de 1449 y que declaraban a una mujer judía como la madre de Dios? ¿Constituía un ejemplo el hecho de que Jerónimo estudiara las escrituras con mujeres romanas vírgenes? No tenemos certeza de una causa única, pero lo que sí podemos afirmar son las coincidencias entre puntos específicos de la historia de la Orden y la idiosincrasia sorjuanina.

[30] Para una mayor especificación del sincretismo teológico indígena-español, *cfr.* el capítulo sobre la iconografía del embrión. Hago referencia explícita a la loa del *Divino Narciso*.

Se sabe que la Orden jerónima nunca se estableció en el continente americano. Sin embargo, sí se fundaron algunos conventos ligados a esta institución. Éste es el caso del convento de Santa Paula donde vivió la Décima Musa. El impulso de una mujer como doña Isabel Guevara permitió obtener la bula aprobatoria para la fundación del convento. Con el apoyo de su madre y hermano, en 1584 doña Isabel adquirió el inmueble y la fundación fue aprobada por el arzobispo don Pedro Moya de Contreras unos meses después. El convento en sí funcionó como albergue de monjas entre 1585 y 1857, año en que se dictan las leyes de exclaustración (Carrasco Vargas 1990: 33). Como explica María Concepción Armelinck (1995) en su estudio sobre los conventos en el México virreinal, el nombre original de esta institución fue Nuestra Señora de la Expectación, pero esta denominación no tuvo acogida. En 1619 se consiguió la ayuda de un nuevo patrono, don Luis Maldonado del Corral, quien ayudaría a contratar y financiar las nuevas construcciones. Durante este periodo se contrató a Alonso Martínez López, quien tuvo a su cargo la construcción de un segundo templo y del retablo mayor. En 1665, el arquitecto Cristóbal de Medina Vargas Machuca construyó un nuevo campanario y en 1685 se construyó un nuevo claustro. El convento sufrió daños estructurales debido a las inundaciones y temblores a lo largo de los siglos. Gracias a las actividades de reconstrucción llevadas a cabo en el convento desde 1964, se ha llegado a visualizar cómo era en la época de Sor Juana y, además, se han podido aclarar los diversos periodos de construcción del edificio. Sin embargo, hasta ahora no tenemos información exacta sobre la celda privada en la que vivió la monja[31].

[31] Para más información sobre la vida conventual, *cfr.* el capítulo sobre la discursividad conventual en este trabajo.

1.3. Santa Teresa y otras escritoras carmelitas

Si prestamos atención a la Orden en la cual Sor Juana permaneció un lapso de dos meses, veremos que al igual que en los Jerónimos, la monja mexicana se pudo haber sentido atraída por los modelos visionarios que representaban las figuras de Santa Teresa de Ávila (1515-1582) y otras monjas seguidoras de la abulense menos conocidas: es el caso de Ana de San Bartolomé (1549-1626) y María de San José (1548-1603). Ambas se encargaron de difundir la doctrina de Teresa, y como consecuencia sufrieron persecuciones por parte de la instancia inquisitorial. Durante el tiempo que ejerció su labor reformadora de la Orden, Teresa de Ávila llegó a fundar 32 conventos, algunos de ellos gracias a la colaboración de San Juan de la Cruz (1542-1591), con quien mantuvo una estrecha relación espiritual. Su obra *El libro de las fundaciones* incluye una descripción de la constitución de los conventos durante el periodo que va desde 1573 hasta 1582.

Alrededor de los años 1554-1560, la monja Carmelita recibe una de sus experiencias místicas más llamativas: la del desposorio espiritual con Cristo. Para la Inquisición, por otro lado, tales visiones debían ser vistas con cautela, pues se sospechaba de la influencia de las fuerzas demoníacas sobre el entendimiento. Por estas razones, así como por su supuesta conexión con el movimiento de las alumbradas, Santa Teresa estuvo en constante vigilancia por parte de la instancia de poder. Su visión más conocida la narra en el *Libro de la vida* (1577) donde, en un momento de éxtasis, la monja Carmelita experimenta lo que hoy conocemos como la transverberación:

> En esta visión quiso el Señor le viese [el ángel] ansí: no era grande sino pequeño, hermoso mucho, el rostro tan encendido, que parecía de los ángeles muy subidos, que parece todo se abrasa [...] Veíale en las manos un dardo de oro largo, y al fin del hierro me parecía tener un poco de fuego. Este me parecía meter con el corazón algunas veces, y que me llegaba a las entrañas: al sacarle me parecía las llevaba consigo, y me dejaba toda abrasada en amor grande de Dios (1990: 165-166).

Esta visión fue decisiva para el arte europeo posterior. No sólo Bernini lo ha expresado así en su pieza escultórica de 1647-1652, sino también otros artistas del siglo XVII, como es el caso de Alonso Cano (1601-1667) y muchos otros pintores tanto de España como de la Colonia. En la Ciudad de México también se encuentran piezas artísticas que representan la visión de la Carmelita: la obra de Cristóbal de Villalpando, Baltasar de Echave y Rioja, Juan Correa, y otras esculturas anónimas de iglesias y monasterios del siglo XVIII y posteriores.

Ana de San Bartolomé y María de San José fueron discípulas de Santa Teresa, y su labor contribuyó en gran medida al desarrollo de la Orden, así como a la difusión de la obra teresiana. Ana corporeiza la inclinación a la simplicidad de la madre Teresa y su posición, de tendencia positivista, le atribuye primacía a la experiencia vivida sobre la adquirida en los libros (Arenal/Schlau 1989: 19). La *Autobiografía* de Ana, por otro lado, presenta algunos elementos comunes con el *Libro de la vida* de Teresa, pero lo que más llama la atención es la atribución de milagrosidad póstuma a la madre Teresa. Durante su estadía en el convento de las Carmelitas de Madrid, Ana de San Bartolomé recibe la siguiente visión:

> En este convento de Madrid había una religiosa, estando yo allí, que era muy devota e inclinada a la penitencia; la daban algunas licencias trasordinarias de hacerlas por satisfacer a sus deseos, y vino a enloquecerse y estuvo siete meses muy furiosa. La teníamos atada con cadenas y las quebraba. Teníamos apenas para curar de ella. Y al cabo de estos siete meses, un día en mi semana, estuvo tan fuerte que mandó la prelada la castigasen. Y después que la azotaron fuertemente, la dejamos cerrada como solíamos. Y al amanecer yo dormía, y parecía que me llamaban y desperté. Y vi a nuestra Santa a la puerta de la celda como si estuviera viva, que me llamaba con la mano si[n] hablar. Yo me levanté y me fue [*sic*] en pos de ella y me llevó hasta la puerta de la que estaba loca y desapareció. Yo no la osaba abrir. Y como ella me sentía, me dijo: Abra, no tenga miedo, que estoy sana. Yo abrí, que estaba con llave, y la hallé sana y muy alegre. Y me dijo: Aquí ha estado la Madre de Dio[s] y nuestra

santa Madre y *me han sanado*. Y nunca más tuvo aquella enfermedad (Arenal/Schlau 1989: 50)[32].

Es Teresa de Ávila la que lleva a Ana de San Bartolomé a la celda de la religiosa enloquecida y es ella la que junto con María, la Madre de Dios, le otorga el poder de salvación. María de San José, por otro lado, ejemplifica la posición de una cristiana nueva. Su estilo irónico y fundamentado en el aprendizaje textual revela también —como en el caso de Teresa— momentos de éxtasis espiritual:

> Peno por penar conio,
> Y gózome en el tormento,
> Y siento porque no siento
> Un no sé qué, por el tino
> Queda a veces t[r]emulento,
>
> Con un lenguaje encubierto,
> De entender dificultoso,
> Porque el penar es gustoso,
> Y el gusto a veces revuelto
> Viene y se hace penoso
> (Arenal/Schlau 1989: 520).

Respecto de las otras escritoras de la Colonia, Santa Teresa siguió siendo la fuente y la justificación de visiones, es el caso por ejemplo de la religiosa peruana Antonia Lucía del Espíritu Santo (Arenal/Schlau 1989: 301-303). La misma Sor Juana también recurre al poder teresiano en su *Respuesta* y es ella la que trae a colación las coincidencias entre la vida de Teresa y la suya propia: el rechazo al matrimonio, la retórica teresiana[33], el afán de instrucción y sabiduría, etc.

[32] Subrayado mío.

[33] Para entender la retórica teresiana, *cfr*. Alison Weber (1990). Al considerar la obra de la Carmelita, Weber demuestra que la aparente simplicidad de su estilo es en realidad una contestación, estrategia o, si queremos considerar la terminología

En su *Paraíso occidental,* Sigüenza y Góngora nos cita un escrito de la V. M. Inés de la Cruz sobre la fundación del convento de las Carmelitas en la Ciudad de México:

> Publicándose como se hacía este convento, vino de muy lejos un beneficiado hombre de edad y habló con el doctor Quesada, que estaba haciendo la obra. Cogióle a la puerta, le abrazó y dijo que venía de su partido a sólo darle estas buenas nuevas: que él se halló con nuestra santa madre Teresa de Jesús, que andaba haciendo las fundaciones, vio que fueron de México a pedirle fundación y que la santa prometió dar religiosas, y, después, vio que se venían sin traerlas y que preguntó por qué. Le respondieron que decía la santa que ahora no era voluntad de Dios que se hiciese, que andando el tiempo se fundaría como si ella lo hiciese (Sigüenza y Góngora 1995: 256).

Sigüenza apunta a la comparación indirecta entre Santa Teresa y la monja fundadora del convento de las Carmelitas: «Véase ahora si profetizar la gloriosa Santa Teresa el que se fundaría en México convento de carmelitas de la misma manera que si ella lo hiciese dio bastante margen para poderse comparar con ella quien lo fundaba» (*ibíd.*: 256-257). No son pocos, pues, los ejemplos de deseos de imitación y comparación con Santa Teresa en los escritos coloniales.

La monja Carmelita estructura parte de su *Vida* sobre la base de la alegoría de las cuatro aguas. Para ejemplificar las diversas formas de cómo alimentar el espíritu, Santa Teresa crea la metáfora del huerto. La conservación de esa parcela de tierra se puede hacer por medio de cuatro modalidades diferentes de riego: sacando agua con un cubo, por medio de una noria, con el agua de una corriente o, por último, a través de la lluvia del cielo. Estas actividades, por otro lado, nos recuerdan las prácticas de la vida cotidiana de las que habla Certeau.

de Michel Certeau, una táctica que responde a las tendencias misóginas, inquisitoriales y culturales de la época. Se mencionan, sobre todo, la retórica de humildad, de ironía, de ofuscación y de autoridad. Una frase sorjuanina tan conocida como «yo, la peor de todas» sigue, sin duda, las enseñanzas de la mística renacentista.

Lo importante es la forma de operar, el modo de hacerlo, en este caso de alimentar el alma, regar el huerto, orar o crear la propia narratividad. Estas prácticas cotidianas están ligadas a la forma de oración y la una nos conduce a la otra a través de un camino progresivo. En la primera agua se sitúan los principiantes, los que utilizan las manos y los que caen en la tentación. La segunda agua, llamada también «oración de quietud», contiene estados pasivos y activos del alma. La tercera es denominada «el sueño» de las potencias. Si bien el alma se une o va en camino a la unión con Dios (lo cual se logra en la cuarta agua), las potencias permanecen activas y tienen la libertar de poder dedicarse a las prácticas cotidianas. En el *Primero sueño* el sujeto duerme y el alma emprende un viaje epistemológico. El cuerpo, por lo demás, continúa con sus actividades cotidianas de digestión y las potencias posibilitan la imaginación y la escritura.

Otra de las grandes influencias de Santa Teresa en la jerónima es el papel que Sor Juana le atribuye al órgano del corazón. Así como en la monja de Ávila este miembro corporal es el lugar de la transverberación, en la Décima Musa, como lo veremos más adelante, el corazón se convierte en el útero donde se encarnaría la palabra divina. Sor Juana va incluso más allá en la medida que delinea una escritura alegórica con este miembro. El corazón-útero, al igual que los pulmones (v. 214), se «contrae» y se «dilata» y produce una voz poética que no sólo es la palabra de Dios encarnada en el hombre, sino que aquélla se revela como la misma escritura del *Primero sueño*[34]. En su excelente artículo sobre la espiritualidad en el claustro novohispano del siglo XVII, Asunción Lavrin estudia algunas obras escritas por y para las monjas de la Colonia. Así, Lavrin resalta el papel de los escritos como los ejercicios espirituales dirigidos a las religiosas y los creyentes, las oraciones y meditaciones, así como los exámenes de asuntos de fe (1995: 155-8). Llama la atención el papel que cumplió el Corazón de Jesús. De acuerdo a Lavrin, en el siglo XVII, las monjas de la Colonia empezaron a considerar el Corazón de Jesús como un

[34] *Cfr.* el capítulo dedicado al cuerpo en este estudio.

objeto de visiones al que le debían ofrecer su veneración. Se desarrolló un culto al corazón que trajo como consecuencias actos de devoción muy peculiares. Lavrin nos cita el ejemplo mencionado por el cronista fray Agustín de la Madre de Dios. En Puebla hubo una devoción muy especial instituida precisamente por el obispo Manuel Fernández de Santa Cruz, confesor de Sor Juana. Las Carmelitas de dicha ciudad poseían una reliquia del corazón de Santa Teresa. En 1618 una de sus monjas tuvo una visión del rostro de esta santa, y dicha visión se repitió con el resto de la comunidad, pues fueron muchas las que pudieron visualizar el rostro ensangrentado de Jesús (Lavrin 1995: 161). Lo interesante de las visiones en la comunidad es que, según los historiadores, éstas eran tridimensionales y no representaciones planas (*ibíd.*: 162), detalle que bien podría apuntar al uso de pinturas con técnicas conscientes para la producción de visiones. Para Lavrin no se sabe si hubo entre las Jerónimas alguna cultivadora del corazón, pero para Tapia Méndez, la cubierta del libro de la fundación de dicho convento incluye a una monja arrodillada ante el emblema de la Eucaristía, y ésta tiene un corazón en llamas entre sus manos (*ibíd.*: 162).

Es conocido el hecho de que la extrema dureza de la Orden es motivo para que Sor Juana abandonara el convento de las Carmelitas. Si consideramos su debilidad física podemos suponer que su elección estaba fundamentada en la historia intelectual de la Orden. Las biografías de sus fundadores y reformadores, al igual que en la Orden de los Jerónimos, podrían haberle servido de modelos a imitar, acción que de por sí se basaba en la teoría de San Agustín. Para este Padre de la Iglesia, la unión con Dios se lograba sobre la base de la imitación y la contemplación. Los estudios de Manuel Ramos Medina sobre las monjas contemporáneas de Sor Juana nos traen una nueva luz para entender este rechazo hacia el convento de San José. Según el Archivo General de Indias, prevalecía un descontento intelectual y de guía espiritual por parte de las religiosas. Éstas se quejaban y escribían cartas en las que se juzgaba el conocimiento doctrinal de los padres laicos, acciones que fueron respondidas con castigos corporales e incluso con la excomunión (Glantz 1998: 48). Sor Juana expresa este descontento con respecto a la educación de las mujeres:

> ¡Oh cuántos daños se excusaran en nuestra república si las ancianas fueran doctas como Leta, y que supieran enseñar como manda San Pablo y mi Padre San Jerónimo. Y no que por defecto de esto la suma flojedad en que han dado en dejar a las pobres mujeres (1995: 1014-1018).

1.4. Discursividad conventual y represión

¿Quién fue realmente Sor Juana? Nacida en San Miguel de Neplantla en 1648, la Décima Musa profesa sus votos en la Orden de los Jerónimos en el año 1669. Desde su niñez, así nos lo narra ella misma en su *Respuesta a Sor Filotea*, tenía gran tenacidad para acercarse al conocimiento. Tal era su precocidad y su afán de sabiduría que a la edad de seis años quería acudir a la universidad disfrazada de hombre. A los diecisiete, ya en Ciudad de México, entra en la corte como dama de honor de los marqueses de Mancera, donde rápidamente destaca por su erudición.

La elección del convento frente a la vida cortesana podría parecer poco entendible, sobre todo desde una perspectiva secular y laica. De los estudios recientes sobre la situación en los conventos en el siglo XVII se sabe, sin embargo, que a ellos acudían las jóvenes motivadas no sólo por una convicción religiosa. El convento era un lugar donde la mujer podía, por temor o simplemente por puro rechazo, evadir el cumplimiento de su función biológica de reproducción. Además, en el caso de Sor Juana, era un lugar donde podía exigir un espacio privado para sí misma y dedicarse a los estudios. Véase lo que afirman Arenal y Schlau sobre la distribución del espacio para las mujeres:

> Physical space in the home was extremely confined during this period. A room of one's own was to be found only in some monastic cells. The quarters allotted to women, even in homes of the nobility, were

> often cramped and easily accessible to men of the family and male servants. All domestic space was shared. Women were not allowed in all rooms and frequently had only cushions, not chairs, to sit on. Both the objects in the home and the women themselves legally belonged to the men. In the convent, however, possessions belonged to the women and to God. Women organized and ran their homes for themselves, developing skills in management of landed property, construction, financing, and the law (1989: 3).

Es decir, que los conventos constituían espacios arquitectónicos donde las monjas podían desarrollar sus aptitudes intelectuales, tener independencia dentro de un ambiente circunscrito y mantener una vida balanceada entre las prácticas cotidianas y el retiro individual.

Al hablar de una geografía circunscrita, al referirnos a una topografía determinada y limitada, podemos hacer referencia al espacio sagrado indígena que al nivel de significante permaneció atrapado dentro de una estructura arquitectónica colonizadora. La misma situación de inclusión se da en los conventos. Las monjas, por voto propio o porque no disponían de otras alternativas, deciden permanecer enclaustradas. Pero, ¿por qué es importante esa localización donde las religiosas están clausuradas del mundo exterior y cómo se refleja este espacio arquitectónico en la escritura?

En su libro de 1984, Certeau llama la atención al desarrollo de los estudios sobre las prácticas espaciales. La tendencia de las últimas décadas del siglo XX, en la que predomina el estudio de códigos y taxonomías de la estructura y el orden espacial, ha posibilitado un nuevo camino de investigación que apunta hacia la semántica del espacio: análisis sociolingüísticos de la prosopografía de lugares[35], tratados semióticos de visualización de la cultura como metalenguaje espacial[36], aproximaciones etno-metodológicas para la localización de

[35] La investigación de Charlote Linde y William Labov, «Spatial Networks as a Site for the Study of Language and Thought», en *Language* 51 (1975), 924-939. Citado por Certeau (1988: 119, 221).

[36] El caso de Yuri Lotman y B. A. Ouspenski (Certeau 1984: 120, 221).

la conversación[37], etc. (Certeau 1984: 120). Basándose en los resultados de estos y otros estudios, este crítico ve la necesidad de considerar las operaciones espaciales que crean y posibilitan esa semántica. Al considerar, por ejemplo, las descripciones espaciales que los residentes neoyorquinos hacen de su propio espacio habitacional, Certeau nos urge a considerar diferenciaciones conceptuales de términos como lugar versus espacio; mapa versus *tour*, marcaciones de fronteras, etc. Un mapa es una descripción estática que señala la deixis local desde un punto de vista especificativo, es decir, dónde se encuentra una localización. Un *tour* sería el modo de llegar a ese punto geográfico e implica las operaciones que el sujeto tendrá que hacer para llegar hasta allí, como por ejemplo, doblar a la derecha, descansar, subir escaleras, etc. Las descripciones analizadas tienden a favorecer el *tour* y no el mapa. Así como antes del siglo XV la cartografía incluía las acciones que el caminante o viajero debía hacer para alcanzar un punto específico, el sujeto posmoderno también prefiere describir las operaciones, acciones o tácticas que le permiten llegar al lugar. Lo que propone Certeau es que una localización geográfica está condicionada por las operaciones que el sujeto debe realizar para acceder a ella. Por lo tanto, el convento se definirá no sólo en base a su arquitectura sino también considerando las forma en que las monjas se movilizaban. El convento como construcción arquitectónica se convierte en un espacio en el momento en el que es habitado por las religiosas y su definición estará determinada y condicionada por sus operaciones. La escritura de las monjas, por lo tanto, dependerá de la construcción arquitectónica, y ésta, a su vez, sólo se podrá definir en base a las operaciones hechas en ella. Por lo tanto, el movimiento de las monjas (el caminar, cocinar, orar, etc.) no sólo delinea la escritura, sino que también define el convento como construcción arquitectónica. Observemos lo que implica Sor Juana en su *Respuesta*:

[37] Emanuel A. Schegloff (Certeau 1984: 120, 221).

> Este modo de reparos en todo me sucedía y sucede siempre, sin tener yo arbitrio en ello, que antes me suelo enfadar porque me cansa la cabeza; y yo creía que a todos sucedía esto mismo y el hacer versos, hasta que la experiencia me ha mostrado lo contrario; y es de tal manera esta naturaleza o costumbre, que nada veo sin segunda consideración. Estaban en mi presencia dos niñas jugando con un trompo, y apenas yo vi el movimiento y la figura, cuando empecé con esta mi locura, a considerar el fácil moto de la forma esférica y cómo duraba el impulso ya impreso e independiente de su causa, pues distante la mano de la niña, que era la causa motiva, bailaba el trompillo; y no contenta con esto, hice traer harina y cernerla para que, en bailado el trompo encima, se conociese si eran círculo perfectos o no los que describía su movimiento; y hallé que no eran sino unas líneas espirales que iban perdiendo lo circular cuanto se iba remitiendo el impulso (1995: 771-788).

Para Sor Juana, la escritura deriva de su apreciación de la forma, de su observación del movimiento de los objetos, de las figuras que se pueden leer en su recorrido (los rastros del trompo en la harina) y de su ubicación en el espacio. Lo mismo sucede cuando observa la forma de constitución de la pirámide formada por las líneas de las paredes y el techo de su dormitorio. Es el movimiento tanto del sujeto (yo que percibe) como del objeto (líneas) lo que marca la visión o la apreciación del arte y de la escritura.

Según Frederic Jameson, toda posición posmodernista en la cultura, explícita o implícitamente, está relacionada con el capitalismo multinacional. Según este crítico cultural, el posmodernismo no sólo debe considerarse un fenómeno estético, sino que éste debe ser visto como la instancia cultural predominante del capitalismo tardío. Si bien en los conventos no podemos considerar el factor multinacional, sí podemos decir que su estructura económica funcionaba gracias a un sistema de acumulación de bienes. El dinero administrado por la contadora, entre las que se encuentra Sor Juana, funciona dentro de un sistema capitalista: la propiedad se adquiere, se vende, se alquila, etc. Si el sujeto posmoderno ha perdido la coherencia ficticia, el sujeto barroco ha descubierto las teorías copernicanas y cartesianas y no sabe exactamente dónde ubicarse en el cosmos. El hombre ya no está situado en el centro de la Tierra y debe identificar su posición respecto de la instancia divina. Como propone Jameson, se hace necesario, entonces, el delineamiento de un mapa cognitivo mental que permitirá a las religiosas ubicarse en el espacio circunscrito. Así como la harina permite distinguir el recorrido del trompo, las religiosas deberán —a priori o a posteriori— trazar mentalmente la ruta conventual que les permitirá no sólo realizar sus prácticas cotidianas, sino también desarrollar sus propias tácticas y estrategias. Prueba de este cambio espacial en la ubicación del sujeto lo tenemos en la pirámide visual de Sor Juana. El sujeto místico se ubicará respecto de Dios, pero también lo hará en su relación con el objeto, esto es, la pared, el techo, el camino, las celdas, etc. Si, como afirma nuestra jerónima, la «vista fingía que sus líneas se inclinaban», el sujeto conventual deberá pues mentalmente elaborar su propia ruta que le posibilitará la distinción entre líneas paralelas o de intersección, caminos ascendentes o descendentes, realidad o visión.

Llama la atención que junto con los conventos, cuya tradición es muy anterior al siglo XVII, en la España de la época de Sor Juana se creó paralelamente una institución denominada las «cárceles perpetuas». De acuerdo a documentos traídos a la luz gracias a la investigación de Sánchez Lora (1988), estos refugios estaban destinados a instruir a los herejes en la doctrina cristiana. Así como las religiosas se refugiaban en los conventos y éstos eran el espacio donde recibían la instrucción cristiana, de la misma manera los herejes eran confinados en cárceles que en este caso cumplían la función de conventos:

> Clara cossa es y de mucha importancia después de aver admitido a reconciliación a los herejes, tener cárcel perpetua donde sean instruidos en las cossas de nuestra fe catholica y se vea si cumplen las penas que les fueron impuestas; de manera que si a éstos, luego que son admitidos al gremio de la yglesia, se embiasen a Hespania, particularmente los estranjeros, se podía tener poca satisfacción de su conversión, pues quando aya sido verdadera, no estando bien instruidos, era muy fácil

volver a sus errores, mayormente juntándose con otros de su nación [...] (Alberro 1998: 203).

Para el Santo Oficio, sin embargo, la manutención de estas prisiones perpetuas estaba ligada al peligro de que se convirtieran en nido y proliferación de herejes. Se temía la unión de los indígenas con los judíos, y además «nadie estaba dispuesto realmente a mantener a los presos *ad vitam aeternam*» (Sánchez Lora 1988: 205).

Las cárceles son importantes en la medida que nos permiten hacer una comparación con la imposición arquitectónica en el espacio indígena. De la misma manera que el espacio sagrado indígena fue ocupado espacialmente por la Iglesia católica, las construcciones de cárceles perpetuas son invadidas por los herejes. La diferencia es clara: mientras que en la primera el invasor asume los condicionantes de poder, los herejes, quienes son implantados en un lugar previamente condicionado por otros, constituyen la instancia subordinada. En el caso de los indígenas hay una triple adaptación, puesto que el espacio se convierte en lugar y con el tiempo nuevamente en espacio. En el caso de las cárceles perpetuas, el lugar será habitado y posteriormente convertido en espacio. Ambas construcciones, sin embargo, se podrán definir sólo si se consideran las actitudes y las operaciones tanto del indígena como de los herejes. Lo mismo se da en los conventos. Si bien el circunscribirse a ese lugar (un convento determinado) sucede aparentemente por voluntad propia, las monjas se convertirán en los nuevos habitantes de esa construcción y su modo de operar dentro del mismo será un factor que definirá el convento. Esta relación también puede leerse desde otro enfoque. Si el convento está estructurado basándose en una distribución jerárquica de las celdas (condicionantes políticos, económicos, religiosos, etc.), el movimiento y el caminar de las monjas, y por lo tanto el rastro o la escritura que eso implica, también estará condicionado por ese espacio físico concreto.

Los estudios sobre la religiosidad barroca informan que la violación del voto de clausura implicaba incurrir en doble pecado: la desobediencia contra preceptos eclesiásticos y el sacrilegio contra el voto.

Incluso el Concilio de Trento había declarado la maldición eterna para aquellos que violaran la clausura (Sánchez Lora 1988: 151). Llama la atención el caso del convento de Santa Clara, pues las normas se concentran en las implicaciones literales del término obligación: «Las que esta vida prometieran, sean obligadas firmemente todo el tiempo de su vida a estar encerradas dentro del cerco de los muros» (*ibíd.*: 152). Obligar, por lo tanto, no sólo implica un compromiso moral, sino también la reclusión dentro de un espacio físico determinado. En otras palabras, la libertad de movimiento dentro del convento estaba estrictamente regulada. El control impuesto sobre las cerraduras, el torno, los locutorios, gradas, ventanas y tapias dentro de los conventos remite indudablemente a una censura en todo lo relacionado con el mundo exterior. Las cerraduras, por ejemplo, tenían dos llaves que debían ser abiertas simultáneamente por dos personas: la portera y la abadesa. Al torno sólo tenían acceso las monjas más antiguas, y las que por alguna razón incurrieran en una trasgresión serían castigadas. Éste, como puerta rotatoria, permitía una comunicación con el mundo exterior, pero sin ningún contacto visual. Veamos la descripción del locutorio:

> Este locutorio sea de convenible cantidad, y sea de plancha de hierro, sutilmente agujereada, y en tal manera clavada con clavos de hierro, que nunca se pueda abrir. Sean también en ella puestos muchos clavos luengos, e agudos a las partes de fuera, y a la parte de dentro se ponga un paño negro de lienzo, en tal manera, que las Hermanas no puedan ver a los de fuera, ni ellos a ellas (Sánchez Lora 1988: 152).

En primer lugar tengamos en cuenta que estos espacios físicos eran la única posibilidad de contacto para las monjas con el ambiente externo y que por lo tanto constituían intersticios sometidos a extrema vigilancia. Después de las celdas, el locutorio era uno de los espacios más utilizados en el convento. Ése era el punto de contacto con el exterior pues allí las religiosas cultivaban sus amistades, recibían regalos, se intercambiaban cartas, poemas, etc. (Reyna 1990: 18).

La entrada a la vida religiosa debía hacerse con una obligatoriedad de dote arreglada previamente. Según los estudios de José Luis Sánchez Lora, en los informes del siglo XVII en Sevilla, sólo existían dos tipos de eximentes del pago: por parentesco con los fundadores o por prestación de servicios musicales[38]. Las utilización de las dotes estaba en función de la renta que éstas podían generar. El 50% de la renta se utilizaba para el convento y la otra mitad era usada para cubrir los gastos individuales de las eclesiásticas. A la muerte de éstas, la dote pasaba a ser parte de las posesiones del convento. En los conventos de México se recibe a monjas sin recursos económicos, pero con la condición de que fueran «contadoras o cantoras» (Muriel 1946: 321), o que su cuota de ingreso fuera asumida por un benefactor. En el claustro Jerónimo, sin embargo, se aceptó a huérfanas y su financiación se llevó a cabo utilizando la ganancia de obras pías impuestas a favor de San Jerónimo. No en vano, en 1723 existían 29 fincas que generaban ingresos por alquiler, aunque como afirman los mismos estudios, el convento Jerónimo sufrió una baja en este tipo de ingresos después de la gran inundación de 1629 (Reyna 1990: 22-158). Se calcula que el número de conventos en México alrededor de 1650 era de 16[39] y que el número de monjas durante la segunda mitad del siglo XVII y del XVIII se mantuvo estable, con un promedio de 71 religiosas por año entre 1670 y 1781. Muchas de las monjas aseguraban sus ingresos económicos antes de profesar, ya que así podrían financiarse los medios para adquirir celdas, cuyo precio variaba de acuerdo al espacio y la disposición.

En las colonias, el permiso de entrada a los conventos era, primordialmente, para españolas o criollas, especialmente legítimas (Bénassy-Berling 1983: 41). En el caso de Sor Juana, ella paga su dote gracias a la intervención de su padrino, don Pedro Velásquez de la Cadena, caballero de Santiago. Méndez Plancarte cita la fuente de

[38] Sánchez Lora se remite al estudio de Francisco Avelló Chafer basado en un informe sobre el arzobispado de Sevilla (1988: 114).

[39] Josefina Muriel (1946). Bénassy-Berling (1983: 151-52).

don Francisco Fernández del Castillo, quien sospecha de la utilización de los fondos del mayorazgo de Suárez Peredo, de quien don Pedro era deudo y albacea, bajo la suposición de que Sor Juana pertenecía a esa familia (Méndez Plancarte 1995: Vol. 1, 428).

Mucho de lo que se sabe sobre Sor Juana se le debe a su primer biógrafo, el padre Diego Callejas; a Dorothy Schons[40], cuyos estudios sólo se publicaron en artículos dispersos, y también a muchos estudiosos que se han concentrado en esta figura femenina, como Ludwig Pfandl, Karl Vossler, Antonio Alatorre, Georgina Sabat de Rivers, Marie Cécile Bénassy-Berling y José Pascual Buxó. En 1982, Octavio Paz publicó *Sor Juana Inés de la Cruz o las trampas de la fe* que, a pesar de algunas deficiencias señaladas por la crítica feminista, constituye uno de los intentos importantes de reivindicación de la obra de la monja mexicana. A partir de la publicación de Paz resaltan las ediciones de Stephanie Merrim, de Sara Poot de Herrera, Margarita Peña, Carmen López Portillo, Margo Glantz, así como los estudios individuales de esos y muchos otros críticos. En ese libro clave, el Premio Nobel de Literatura se remite a los estudios del historiador Francisco de la Maza y describe la liberalidad del convento de Santa Paula de la Orden de San Jerónimo. Sin embargo, habría que hacer hincapié en el nombre de la institución. En primer lugar era un convento paulino, hecho de gran repercusión para Sor Juana, pues en su *Respuesta* la autora de la *Carta atenagórica* reconocía a Paula como una de sus madres espirituales: «Y para no buscar ejemplos fuera de casa, veo una santísima madre mía, Paula, docta en las lenguas hebrea, griega y latina y aptísima para interpretar las Escrituras» (Cruz 1995: 461).

Michel Foucault, quien en *La historia de la sexualidad* elabora un estudio sobre la genealogía de la discursividad del sexo, identifica el origen en una tradición ascética y conventual. En el siglo XVII estaba estrictamente delimitado el lugar, el tiempo y las personas que podían hablar de sexo. Los conventos, desde esta perspectiva y por

[40] Cfr. Sabat de Rivers (1976).

más contradictorio que parezca, fomentaron el desarrollo de esa discursividad en la medida que los confesores exigían la expresión de los más mínimos pensamientos. De acuerdo a lo que el teórico francés ha denominado la «hipótesis de la represión», regía una economía restrictiva a un nivel de la enunciación (lugares donde se habla), mientras que a un nivel del enunciado, la prohibición y delimitación del cuándo y dónde hablar de sexo logró resultados opuestos (1977: 23-64). Es decir, que si bien sólo se permitía hablar de sexo en lugares específicos como las habitaciones de los padres de familia o los confesionarios, la misma prohibición hizo que se generara y se formara el discurso sexual mismo. Como afirman Arenal y Schlau en *Untold Sisters*:

> A new emphasis on indirectness in references to sex, and the requirement of total confession, actually expanded the nuns' possibilities for expression. Women, instead of engaging in self-examination and abnegation in relation to sex as they had done before becoming nuns, created, interpreted, and translated sex into religious discourse (1989: 11).

Asunción Lavrin enfoca sus estudios sobre la sexualidad en los efectos producidos por la Contrarreforma en el México colonial y menciona los métodos que utilizaba la Iglesia para controlar la vida sexual de las parejas. Cada acto sexual consumado por un matrimonio debía tener como objetivo la procreación. Los actos que no se ajustaran a este objetivo o los llevados a cabo en forma contra natura, eran considerados pecado. La Iglesia podía controlar, dictaminar el curso de las relaciones sexuales de una pareja, e incluso perdonar el pecado capital, el caso del *pactus nubendi* (promesa de matrimonio a la muerte de la pareja actual) (Lavrin 1995: 89). El hombre encontrado culpable podía ir a cárcel mientras que una reincidente podía ser enviada a centros de depósito o instituciones públicas (*ibíd.*: 91). A pesar de todas estas regulaciones, las actividades prohibidas por la Iglesia eran más que frecuentes en el siglo XVII, como era el caso de las relaciones previas al matrimonio, la homosexualidad, poligamia, relaciones sexuales entre religiosos y seglares, etc.[41]

La hipótesis de la represión propuesta por Foucault al nivel de la discursividad sexual también podría ampliarse al campo de la arquitectura, pues la represión espacial y el cierre al exterior no sólo fomentó y posibilitó la expansión del mismo espacio, sino que también dio como resultado la trasgresión espacial. Los estudios financieros del convento de María Reyna demuestran que la propia estructura de celdas impulsó la construcción arquitectónica. Puesto que las monjas prácticamente estaban aisladas y cada una vivía en forma independiente, las celdas cada vez debían incluir más espacio y más construcción: «El encierro total obligó a que los refectorios o comedores fueran más amplios, que hubiese diferentes patios interiores y jardines y que las celdas fueran casi siempre aisladas, llegando a ser verdaderas casitas independientes en las cuales cada monja tenía su recámara, su cuarto de criadas, su cocina y hasta su baño» (Reyna 1990: 15). Así también lo podemos comprobar en los estudios de arqueología de Ramón Carrasco. Este estudioso afirma que el espacio estaba limitado por muros circundantes, lo cual no permitía ampliar una construcción hacia afuera, como ocurrió en el siglo XIX. El número de monjas, 251 religiosas en 1668, trajo como consecuencia la alteración de los espacios arquitectónicos en la medida en que se construyeron las pequeñas viviendas o celdas (Carrasco 1990: 46). Y, efectivamente, cuanto más clausura, mayor eran las necesidades de espacio y más variadas las formas de utilización del mismo. Los documentos indican que había tres criadas por cada monja y que estas religiosas solicitaban adquirir cualquier espacio disponible para agrandar las celdas, ya sea una azotea, un terreno contiguo, etc. Según Paz, las monjas de los conventos de la Colonia llevaban una «vida particular» en el sentido de que, si bien compartían el mismo

[41] Asunción Lavrin (1995) basa sus estudios sobre la sexualidad en la Nueva España en los confesionarios y trabajos sobre la teología moral, en los casos de los archivos matrimoniales (Michoacán), etc.

espacio arquitectónico, cada una tenía una especie de vida privada en su celda. Allí se vivía, comía, cocinaba, laboraba, rezaba y se recibía a las visitas de las otras monjas (Paz 1982: 174). Paz resalta:

> La regla de Santa Paula era tan blanda como la de Concepción: los virreyes y sus acompañantes visitaban con frecuencia al convento y las monjas recibían a sus visitantes en el locutorio y aun en la sacristía, con el rostro descubierto. Se conversaba, se discutía, se componían y recitaban poemas, se descifraban acertijos y enigmas, se cantaba y se tocaba música profana (1982: 175).

Hubo otras reglas adicionales que apenas eran observadas. Supuestamente se debía cultivar el voto de pobreza. Sin embargo, las monjas recibían regalos, poseían joyas, y como señala Paz, no es improbable que el mismo convento haya mantenido buenas relaciones con el palacio para que le cubriesen los gastos a la misma institución (1982: 178). Recuérdese, asimismo, que el convento vivía de las dotes y los alquileres de sus fincas.

La clausura del convento, por otro lado, también fomentó, voluntaria e involuntariamente, la perpetuación en el espacio sagrado arquitectónico. Supuestamente ninguna persona externa al convento tenía acceso al interior, ni siquiera los obispos, ni los inquisidores. Mucho menos los sastres o zapateros, pero, en contra de lo que se entiende por voto de clausura, el convento sí aceptó la entrada de ciertas personas religiosas y laicas, incluso del sexo opuesto. Reyna menciona que entre las personas que sí tenían acceso al convento Jerónimo estaban el maestro de música, el capellán, el médico, el barbero, el letrado, el boticario, el panadero y el abastecedor de carnes (1990: 43). A esto se le suma el mayordomo, quien era el encargado de cobrar los alquileres y proveer a las religiosas con todo lo necesario para su subsistencia (*ibíd.*: 42-43)[42]. Lo mismo sucede con la

[42] Elías Trabulse (1998: 25-28) analiza el caso de don Mateo Ortiz de Torres, mayordomo de San Jerónimo, quien fue amigo y protector de Sor Juana por un lapso de nueve años.

entrada al convento de los objetos que eran depositados en cuartos especiales. Se sabe que durante las épocas difíciles, los deudores que no podían pagar el alquiler de las fincas jerónimas llevaban al convento todo tipo de objetos: desde lienzos, imágenes de santos, cálices, platillos, hasta sillas de montar, vestidos y joyas (*ibíd.*: 81). Éstos eran depositados en cuartos especiales a cambio de préstamos y eran administrados por las contadoras de los conventos.

La limitación espacial también trajo como consecuencia la penetración del interior al exterior. A pesar de que en su «Modo de visitar los conventos» Santa Teresa había prevenido a las monjas de salir al exterior dado su seguro encuentro con el demonio (apartado 18), en el convento Jerónimo, este tipo de trasgresión de la clausura «se llevaba a extremos cómicos». Según Benítez, se discutía si se incurría en pecado cuando una monja se asomaba con medio cuerpo en la azotea, o si se trepaba a una almena, a lo cual los confesores respondían que todo dependía de la intención (1985: 47).

La trasgresión involuntaria, por otro lado, se logra gracias a las deficiencias o condiciones arquitectónicas. En sus estudios sobre la situación financiera del convento, Reyna relata que en 1780 las monjas solicitaron recursos financieros para reconstruir el convento, pues la calle «se encontraba más alta que la puerta, torno y rejas, ocasionando en tiempo de aguas serias inundaciones que provocaban serios deterioros en el edificio» (1990: 12). El cierre desde el interior, junto con la presión exterior del agua, eliminó la clausura total de los intersticios en la medida que el agua de las inundaciones penetró y dañó las estructuras del convento. El líquido fluye en el interior y las monjas deberán elegir tácticas para convivir con esos daños. Según Reyna, los sótanos de los conventos permanecían inundados y las monjas, sobre todo las más jóvenes, bogaban en sus aguas (*ibíd.*: 16).

Los estudios sobre el convento de San Jerónimo[43], donde vivió Sor Juana, dejan entrever una permanente reconstrucción del edificio,

[43] Aquí me refiero al estudio de María del Carmen Reyna, quien se concentra en la actividad financiera de la institución (1990: 1-14).

sobre todo después de las catástrofes naturales como la inundación de 1629, los sismos anteriores a 1646, el sismo de 1711, el de 1779, etc. Cada cambio estructural, sin embargo, requería un permiso del arzobispo de México, pues se trataba de disponer del dinero de las arcas. Muchas veces, como queda demostrado en los registros, el dinero para la construcción provenía de fuentes diversas, como era el caso de dinero para los píos o presupuesto para difuntos (Reyna 1990: 12). Desde un punto de vista arqueológico, podríamos concluir que la estructura del mismo nos remite a varias capas de construcción y renovación. La historia de sus palimpsestos nos llevará a conocer el espacio y la forma en que se utilizó el convento y, en consecuencia, la manera en que se movilizaban y manifestaban las monjas. Los registros de dinero confirman la solicitud que las monjas hacían al arzobispo para construir lugares secretos; así lo demuestra el adelanto monetario que se le dio al capitán Juan Lozano (*ibíd*: 13). La limitación a una geografía circunscrita ocasionó, por lo tanto, una expansión desde el interior. Los cuartos secretos, y por extensión el convento en sí, podrían considerarse heterotopías (Foucault) o heterologías (Certeau) y el convento mismo podría definirse por el modo en que las monjas utilizaron estos espacios[44]. Según Foucault, una heterotopía no sólo posibilita el encuentro con lo otro, lo impensable de otra cultura, sino que provoca una inseguridad a nivel epistemológico:

> Las heterotopías inquietan, sin duda porque minan secretamente el lenguaje, porque impiden nombrar esto o aquello, porque rompen los nombres comunes o los enmarañan, porque arruinan de antemano la sintaxis y no sólo la que construye las frases -aquella menos evidente que hace 'mantenerse juntas' (unas al lado o frente de otras) a las palabras y las cosas- [...]. Las heterotopías [...] secan el propósito, detienen las palabras en sí mismas, desafían, desde su raíz, toda posibilidad de gramática (Foucault 1968: 3).

[44] *Cfr*. Saldarriaga (2000).

En el espacio conventual, aparentemente dedicado al voto de clausura, ocurría el encuentro con el exterior y la movilización se daba desde dentro (cuartos secretos, cuartos de depósito), del interior al exterior (monjas asomándose y husmeando hacia fuera, fetos enterrados alrededor del convento) y de la parte externa a la interna (la vida laica en el interior del convento, objetos en depósito, provisiones entradas por el mayordomo, dinero de las rentas, etc.). Y esta desestabilización de espacios en el intersticio de encuentro se reflejaba en el idioma, en la expresión y la retórica de las monjas.

Obsérvese este tipo de retórica en los sujetos femeninos del *Primero sueño*:

> La avergonzada Nictimine acecha
> de las sagradas puertas los resquicios,
> o de las claraboyas eminentes
> los huecos más propicios
> que capaz a su intento le abren brecha
> (vv. 27-31).

De la misma forma que el sujeto o alma emprende el viaje y se transporta en el espacio en busca de la penetración de la cima de la montaña, así Nictimine y otros paradigmas, intentan penetrar en un espacio a través de sus intersticios, resquicios, huecos o claraboyas. Las sagradas puertas de este templo profano se asemejan al claustro Jerónimo que es penetrado del exterior al interior, o viceversa, a través del agua de las inundaciones, los objetos en depósito, la gente, las provisiones, el dinero de las rentas, sus ventanas o claraboyas. Son muchos los versos que apuntan a esta movilización del sujeto. La luz del Sol, por ejemplo, lo penetra todo, la Noche invade el espacio, el alma «creía/ que a otra nueva región de sí salía» (vv. 434-435), el alma sale del cuerpo y lo penetra nuevamente al despertar del sueño, etc.

Es indudable la importancia del cuerpo y la relación entre represión y sexualidad. Es hecho sabido que alrededor de muchas instituciones religiosas se han encontrado «cementerios de niños», es el caso, por ejemplo, del convento de Santa Catalina, en Arequipa, Perú. El monasterio constituía *per se* el espacio físico donde se preservaba la virginidad, pero esas mismas marcaciones posibilitaban la trasgresión. Al igual que las vestales, las monjas tenían acceso —aunque prohibido— a la reproducción, en este caso ya no sólo en forma virtual y virginal. Con la presencia histórica de los fetos es difícil, si no imposible, hacer una mera lectura alegórica de los éxtasis y visiones de las monjas, así como de las apariciones de los santos y sus curaciones *in praesentia*. Ya desde tiempos remotos la caída de Adán y Eva se consideraba como el abandono del matrimonio con el espíritu divino y resaltaba el énfasis de las relaciones sexuales con los humanos (Brown 1988: 93). Es decir, que la trasgresión espiritual estaba relacionada directamente con el acto sexual. Escuchemos la interpretación de Marie Bonaparte a la que se refiere Georges Bataille en su libro sobre el erotismo:

> Tal es la célebre transverberación de Teresa, que quiero comparar con una confesión que me hizo antaño una amiga. Había perdido la fe, pero a la edad de quince años había sufrido una crisis mística intensa y había querido hacerse monja -y recordaba que un día, arrodillada ante el altar, había sentido tan sobrenaturales delicias que había creído que Dios mismo descendía en ella-. Sólo más tarde, después de entregarse a un hombre, reconoció que aquel descenso de Dios en ella había sido un violento orgasmo venéreo. La casta Teresa nunca tuvo ocasionó de hacer tal comparación, que no obstante parece imponerse también para su transverberación (Bataille 1997: 230).

Si bien Bataille considera improbable que el éxtasis teresiano fuera un orgasmo venéreo, sus estudios sobre el erotismo son una fuente inspiradora para entender las similitudes entre el gozo espiritual y la experiencia de los sentidos.

A diferencia de los conventos en España, e incluso de otros claustros como el de la Inmaculada Concepción —señala Paz— el de Santa Paula no tuvo un historiador de la estatura de Sigüenza y Góngora. Fueron las mismas monjas quienes a lo largo de los años narraron, por mandato, la historia de su propio convento. Aquel erudito mexicano y amigo de Sor Juana, relata, por ejemplo, la situación del convento real de Jesús María. Puesto que allí se llegaron a congregar más de 500 religiosas vírgenes, a este lugar de reunión monjil se le denominó el «Paraíso occidental». Es el propio Sigüenza quien resalta el rol y el poder de la virginidad enclaustrada. En esta obra se remite a Numa Pompilio, quien según Covarrubias, fue el primero que instituyó la veneración de la diosa Vesta en Roma (1994: 961), gracias a lo cual pudo afianzar su imperio. Las vestales, como veremos en el siguiente capítulo, eran mujeres religiosas vírgenes que veneraban a la diosa Vesta y estaban encargadas de cuidar la permanente propagación del fuego. El mismo Sigüenza y Góngora compara directamente el espacio conventual del Paraíso occidental con el habitado por las vestales[45]. Esta alusión a la virginidad dentro de los conventos de la Colonia adquiere relevancia en el contexto aludido en el *Primero sueño*, puesto que el poema se convierte en un espacio sagrado habitado por vírgenes. Es como si Sor Juana transpusiera el «Paraíso occidental» de Sigüenza y Góngora al texto poético y desde allí pretendiera construir un *aula pudoris*, un espacio sagrado de acceso exclusivo a la divinidad.

A partir de la doctrina de Ignacio de Loyola, sobre todo desde los llamados 'ejercicios espirituales', la práctica de la religiosidad tomó un cauce diferente al del siglo XVI. No se trataba ya exclusivamente de la meditación, aislamiento, imitación o de la flagelación y el tormento físico del cuerpo. Se intentaba más bien una paulatina descorporeización de las prácticas religiosas anteriores puesto que todo se desplaza hacia la esfera de la imaginación. Margo Glantz estudia la corporeidad dentro del convento y se concentra en la flagelación corporal, la cual permite una diferenciación entre dolor y enfermedad. Diferentes, afirma, eran las personas deformes o enfermas, a quienes no se les permitía profesar, y otra la disciplina y el dolor sistemático aplicado al cuerpo de las mujeres consideradas místicas (1995: 137-

[45] *Cfr.* Frederick Luciani (1998: 299).

39). Por medio de su estudio sobre los usos del cuerpo, Glantz analiza los factores que condicionan la retórica de las monjas, entre las que se pueden incluir las costumbres corporales y las doctrinas espirituales:

> Las visiones [...] delimitan un campo de metáforas y una iconografía imaginaria que también se fundamenta en los ejercicios de San Ignacio de Loyola y se refuerza con la iconografía real, la que se encuentra en las iglesias, sacristías, conventos, domicilios particulares, etc., y se repite sistemáticamente en los sermones y en el confesionario [...] La continua mortificación, el ejercicio inclemente del tormento corporal, favorece e intensifica las visiones o condiciona el tipo de sueños. Ellas constituyen un teatro portátil de la mente cuyas acciones y personajes provienen de un repertorio preestablecido, dominado por la poderosa figura del fundador de la Compañía de Jesús y de sus seguidores, los sacerdotes y padres espirituales de estas monjas (1996: 175).

El cuerpo flagelado recibirá una visión que estará condicionada tanto por el cuerpo mismo como por la iconografía de los espacios sagrados. Las iglesias, capillas, sacristías y otras localizaciones sacras estaban decoradas con objetos de arte, exvotos y toda clase de pinturas alusivas a la religiosidad y esto influía en la manera de percibir, expresar y escribir las visiones, sueños o recuerdos de la experiencia conventual. En su estudio sobre la pintura española, Victor Stoichita demuestra la relación entre el arte y la decoración de los espacios sagrados con la producción de las visiones mismas. Es el caso, por ejemplo, de Santa Teresa:

> La víspera de san Sebastián, el primer año que vine a ser priora en la Encarnación, comenzando la salve, vi en silla prioral, adonde está puesta nuestra Señora, bajar con gran multitud de ángeles la Madre de Dios y ponerse allí. A mi parecer, no vi la imagen entonces, sino esta Señora que digo. Parecióme se parecía algo a la imagen que me dio la Condesa, aunque fue de presto al poderla determinar, por suspenderme luego mucho. Parecíanme, encima de las camas, de las sillas y sobres los ante-

pechos, ángeles, aunque no con forma corporal, que era la visión intelectual. Estuvo ansí toda la salve, díjome: «Bien acertaste en ponerme aquí; yo estaré presente a las alabanzas que hicieren a mi Hijo y se las presentaré» (Teresa de Jesús 1990: 277).

Para el crítico rumano Victor Stoichita, existe una constante comunicación entre el imaginario místico y el artístico. Respecto de la visión de Santa Teresa, afirma, la aparición ocurre al comienzo del *Salve Regina*. La Virgen desciende a un retablo y éste se convierte en el «catalizador y [...] receptáculo de la teofanía» (Stoichita 1996: 48). Lo mismo afirma Stoichita con respecto a las Verónicas y las visiones de las novicias[46]. La arquitectura y su decorado, por lo tanto, se revelan como condicionantes de las visiones, sueños o éxtasis místicos.

En su «Modo de visitar los conventos», Santa Teresa también ve la necesidad de un paralelo entre arquitectura y espiritualidad:

> Importa mucho que siempre se mire toda la casa para ver con el recogimiento que está; porque es bien quitar las ocasiones y no se fiar de la santidad que viere, por mucha que sea, porque no se sabe lo porvenir; y así es menester pensar todo el mal que podría suceder, para, como digo, quitar la ocasión; en especial los locutorios, que haya dos rejas, una a la parte de afuera, y otra a la de dentro, y que por ninguna pueda caber mano. Esto importa mucho, y mirar los confesonarios y que estén con velos clavados, y la ventanilla de comulgar que sea pequeña; la portería que tenga dos cerrojos, y dos llaves la de la claustra, como mandan las Actas (8), y la una tenga la portera y la otra la priora. Ya veo se hace así, mas porque no se olvide lo pongo aquí, que son cosas todas éstas que siempre es menester se miren y vean las monjas que se mira, porque no haya descuido en ellas (Teresa de Jesús 1990: 689).

Para la Carmelita, la quietud y la simplicidad arquitectónica del convento son necesarias para el recogimiento del alma.

[46] *Cfr.* el libro de Juan Acuña de Adarve dedicado al tema de las verdaderas imágenes de Cristo del siglo XVII; citado por Stoichita (1996: 62).

En el caso de Sor Juana, su celda estaba decorada y definida por el espacio y los objetos que se encontraban dentro de ella. La colección de instrumentos científicos, libros, así como todo tipo de posesiones y regalos, definía la escritura de la jerónima en la medida que éstos y el espacio en el que se encontraban, eran indicios de su epistemología. El *Primero sueño* intenta la búsqueda del conocimiento y ese camino se logra desde la celda y gracias a los movimientos de la jerónima dentro de ella. Su táctica para desplazarse en el convento, para mirar sus paredes y su techo, para leer la escritura del movimiento de las personas y los objetos y, además, su modo de utilizar los espacios heterotópicos definirán su propia escritura.

Capítulo 2

Aula pudoris: virginidad y *Primero sueño*

2.1. El Primero sueño *y otros indicios subversivos*

El poema barroco-didáctico *Primero sueño* (aprox. 1685) describe una visión de éxtasis que el sujeto vivencial recibe durante el sueño. Esta visión —que llamaremos *unio mystica*, éxtasis o muerte— le permite, por un breve instante, captar la esencia del universo. El lector tiene ciertamente la impresión de que el sujeto hablante evita en forma sistemática toda mención que revele su género sexual femenino, puesto que sólo en el último verso se rompe sorpresivamente con esta estrategia y el sujeto asume explícitamente su feminidad: «y yo despierta». Con algunas excepciones, hasta ahora la opinión crítica estaba de acuerdo en que esta estratagema le permitía a Sor Juana esconder la feminidad del yo lírico en la medida que utilizó la fachada de un cuerpo asexuado. Esta presunta asexualidad asumida por la crítica se basa indudablemente en un romance de la jerónima dedicado a la marquesa de la Laguna, donde dos de sus versos rezan:

Pues sabes tú que las almas
distancia ignoran y sexo[1]
(vv. 109-110).

Uno de los objetivos de este estudio es demostrar que si bien, aparentemente, en una primera instancia se consigue neutralizar sexualmente el cuerpo, a otro nivel de lectura llegaríamos a la conclusión que la exclusión genérica se convierte más bien en una afirmación implícita tanto del género como del cuerpo femenino. Esta afirmación pondría, pues, en duda la tesis generalizada de la crítica de que el género del sujeto hablante no repercutiría en la esencia del poema, puesto que su feminidad recién se manifestaría en el último verso. Las interpretaciones feministas a las que he tenido acceso, si bien se ocupan de la tradición del sueño como motivo literario, se limitan a señalar la importancia de los sujetos femeninos, en la medida que éstos intentan el logro del conocimiento[2]. Tanto Margot Glantz como Rosa Perelmuter ponen énfasis en el hecho de que se trata de un poema personal. Han sido hechas, asimismo, múltiples asociaciones de los sujetos femeninos con la persona de Sor Juana, o de éstos con la figura de la Virgen María, e incluso se ha trazado un equivalente entre la sombra de los primeros versos y el país mexicano[3]. Desde mi punto de vista, lo que se ha descuidado es la identificación del cuerpo mismo. Como veremos más adelante, Sor Juana recurre a campos metafóricos, a alusiones mitológicas y a símbolos eclesiásti-

[1] *Cfr*. el romance 19: «Lo atrevido de un pincel» (Cruz 1995: T. I, 57.

[2] Se ha señalado, por ejemplo, el modelo que la Décima Musa tomara de Cicerón. En su sexto libro, *De Republica*, se menciona el sueño de Escipión. Alberto Pérez Amador en su *Principio de Faetón* (1996) nos recuerda, como ya lo había hecho Sabat de Rivers, que Sor Juana conocía muy bien el texto del retórico romano. Otra conexión en la temática se da a través del *Corpus Hermeticum* y el *Iter extaticum* del jesuita Athanasius Kircher, quien también describía viajes espirituales ficticios por medio de un narrador que al caer en un sueño profundo tenía la visión de personificar un ser sobrenatural. *Cfr*. también S. Merrim (1990), así como G. Sabat de Rivers (1976: 23-29).

[3] Es el caso de L. Egan (1993) y E. Arenal (1991).

cos que producen connotaciones de feminidad. Es así como el mismo yo lírico se atribuye un cuerpo femenino en el momento que describe el estómago como centro y motor de los procesos fisiológicos y mentales. El estómago se asocia con la feminidad de la Iglesia, puesto que ésta, según la simbología de la patrística, se interpretó como el vientre o el estómago materno[4]. Existe también una analogía entre el cuerpo de la hablante y el vientre de María. Así como la Virgen y Madre de Dios concibe y pare al *logos* sin necesidad del hombre, del mismo modo la poetisa concibe la visión extática del poema *Primero sueño*. La escritura poética está, por lo tanto, en relación estrecha con la experiencia de la corporeidad femenina, la virginidad y la maternidad[5]. Disponemos de una igualación del *logos* con el *logos* poético que no sólo está presente en el *Primero sueño*. En toda la obra de Sor Juana podemos descubrir este tipo de indicio subversivo. Veamos brevemente otros textos de lenguaje más accesible.

Empecemos por la *Carta al padre Núñez* (1682), documento poco conocido y que aparece casi en su totalidad en la edición de *Poesía lírica* de Sor Juana de J. C. González Boixó de 1992. Dicha carta constituye, junto a la *Respuesta a Sor Filotea*, uno de los testimonios más reveladores. En dicho documento, Sor Juana justifica sus estudios con el hecho de que Dios le dio la inclinación y que la salvación se logra siguiendo el camino que va de acuerdo a la naturaleza de la mujer. Estos argumentos de por sí parecen ser irrefutables, pues tienen una procedencia divina: «[...] pero los privados y particulares estudios, ¿quién los ha prohibido a las mujeres? ¿No tienen alma racional como los hombres? Pues ¿por qué no gozará el privilegio de la ilustración de las letras con ellos?» (Cruz 1995: 30). A la petición del padre Núñez para su conversión y abandono de los estudios, Sor Juana responde con gran ironía, no sin previamente reconocer que el

[4] *Cfr.* el capítulo 3.2 de este trabajo.

[5] Para una visión específica sobre este punto, *cfr.* mi artículo «El *Primero sueño* de Sor Juana Inés de la Cruz y el cuerpo aparentemente asexuado de la poetisa» (2002).

mismo padre fue uno de los primeros que contribuyó a su formación: «Luego no hay sobre qué caiga tal proposición, aunque no niego deber a V. R. otros cariños y agasajos muchos que reconoceré eternamente, tal como el pagarme maestros y otros» (1995: 31).

El amor a los estudios lo justifica dentro de la tradición de los Padres de la Iglesia. La imitación a Dios es lo que prevalece y, según Sor Juana, la que ella intenta:

> ¿Por qué ha de ser malo que el rato que yo había de estar en una reja hablando disparates, o en una celda murmurando cuanto pasa fuera y dentro de casa, o peleando con otra, o riñendo a la triste sirviente, o vagando por todo el mundo con el pensamiento, lo gastara en estudiar, y más cuando Dios me inclinó a eso, y no me pareció que era contra su ley santísima ni contra la obligación de mi estado? Yo tengo este genio. Si es malo, yo me hice. Nací con él y con él he de morir. V. R. quiere que por fuerza me salve ignorando. Pues, amado padre mío, ¿no se puede esto hacerse sabiendo, que al fin es camino para mí más suave? Pues, ¿por qué para salvarse ha de ir por el camino de la ignorancia si es repugnante a su natural? ¿No es Dios, como suma bondad, suma sabiduría? (*ibíd.*: 31).

A diferencia de las otras religiosas, de quien ella se separa implícitamente, Sor Juana dedica su tiempo a los estudios. La petición de abandonarlos la considera hasta algo absurda, puesto que si su objetivo es imitar a la divinidad, el modo de lograrlo sería adquiriendo la sabiduría de la cual Dios es la fuente máxima. María Dolores Bravo, citando la *Regla y Constituciones* de las monjas jerónimas del convento de San Lorenzo de 1707, nos recuerda los cánones de la vida de clausura. Según dicho documento de la Ciudad de México, Sor Juana habría transgredido casi todos las reglas que se le habían impuesto, pues, a las monjas se les exigía que básicamente «sólo piense[n], discurra[n] de el cielo» (1997: 81). Para Bravo, textos como el *Testamento mystico* del padre Antonio Núñez de Miranda o su *Cartilla de la doctrina religiosa*, esta última supuestamente escrita para la misma Sor Juana, constituyen compendios de la retórica conventual. Los textos demandan de las monjas «una absoluta enajenación, física, intelectual y anímica» (1997: 79-81). En el caso de Sor Juana, sus estudios, los textos dedicados a las virreinas, las obras y poemas profanos, su contacto con el mundo exterior, etc., constituirían transgresiones que, según dichos documentos, deberían haber sido castigadas y reprimidas.

La poca información sobre la vida de Sor Juana ha motivado especulaciones respecto de la vida amorosa de la jerónima. Es conocido el hecho de que la monja mexicana tenía un sentimiento especial por el padre Núñez y viceversa. Así lo sugieren las palabras de la carta: «Yo pido a su Majestad me guarde a V. R., como deseo». Si bien es una frase acuñada para las despidas epistolares, el lexema «deseo» junto con otras manifestaciones como «amor», «reverencia», «favorecimiento», etc. no ayudan a la eliminación de esta especulación. Las acusaciones públicas hechas a Núñez ella las defiende como propias: «pero no por eso las condeno, sino que antes las venero como suyas y las defiendo como mías, y aun quizá las mismas que son contra mí, llamándolas buen celo, sumo cariño y otros títulos que sabe inventar mi amor y reverencia cuando hablo con los otros» (1995: 32). A un nivel privado y de comunicación epistolar directa, sin embargo, Sor Juana se atreve a reprocharle las críticas que él mismo ha llevado al público. El dolor que le causan las acusaciones de su confesor le produce un martirio «cual no sé yo que otra persona haya experimentado» (*ibíd.*: 29), es decir, un sufrimiento que no se puede comparar con el de nadie y, suponemos, ni siquiera con el de Cristo. Tanto en la *Respuesta* como en esta carta, la monja mexicana hace múltiples comparaciones entre ella y diversos mártires de la historia. Esto implica una sutil equivalencia entre la más indigna criatura del mundo y el personaje más abnegado de la historia (Cristo):

> ¿No va Cristo a hacer un milagro? Pues, ¿qué mayor peligro? Menos intolerable es para la soberbia oír las reprensiones, que para la envidia ver los milagros. En todo lo dicho, venerable señora, no quiero [...] decir

que me han perseguido por saber, sino sólo porque he tenido amor a la sabiduría [...] (1995: 457).

A pesar de que Sor Juana niega explícitamente la comparación directa con Cristo, ya la mención de las acciones del hijo de Dios y su consiguiente persecución se asemejan a la que ella sufre a consecuencia de la escritura de la carta misma. Gracias a Asunción Lavrin sabemos que la identificación con Cristo y la cruz fue uno de los temas más importantes de la espiritualidad novohispana. Basándose en los relatos de y sobre las monjas del siglo XVII e incluso del XVIII, era común que las religiosas quisieran recrear la pasión de Cristo y la crucifixión en sus vidas personales (Lavrin 1995: 164). Más aún, la crucifixión era considerada «un símbolo del verdadero sentido de la vida religiosa» (*ibíd.*: 163-164). Que Sor Juana asuma, entonces, el dolor de Cristo y que trace paralelos entre ambos queda justificado en el marco de la espiritualidad barroca. Lo interesante es que ella se aparta de la humanidad a través de un enunciado como el de «cual no sé yo que otra persona haya experimentado» (1995: 29). Su dolor va más allá del de cualquier ser identificable, incluso del dolor de Cristo.

Si bien Sor Juana considera a su confesor como alguien a quien lo leen como un «oráculo divino», y cuyas palabras parecen «dictadas del Espíritu Santo», también juzga sus acciones, pues sus acusaciones «no le persuaden la razón» e «infinitas ocasiones suyas le repugnan sumamente» (1995: 32). El elemento subversivo de esta carta resalta aun más en el momento en que la monja reprocha al padre Núñez el tratar de obligarla a hacer penitencia utilizando las acusaciones públicas. El derecho a la penitencia ella lo considera intrínseco al sujeto penitente y es por lo tanto ella misma quien tiene que decidir cuándo, cómo y dónde. Va incluso más allá y le insinúa que no tiene motivo para perseguir su transformación con tanto ahínco puesto que ella no ve ninguna relación:

¿En qué se funda, pues, este enojo, en qué este desacreditarme, en qué este ponerme en concepto de escandalosa con todos? ¿Canso yo a V. R. con algo? ¿Hele pedido alguna cosa para el socorro de mis necesidades, o le he molestado con otra espiritual ni temporal? ¿Tócale a V. R. mi corrección por alguna razón de obligación, de parentesco, crianza prelacía o tal que cosa? Si es mera caridad, parezca mera caridad y proceda como tal, suavemente, que el exasperarme no es buen modo de reducirme, ni yo tengo tan servil natural que haga por amenazas lo que no me persuade la razón, ni por respectos humanos lo que no hago por Dios (Sor Juana 2000: 31-32).

Supongo que declaraciones no ortodoxas tan explícitas motivarán la siguiente pregunta: ¿cómo pudo Sor Juana sobrevivir a la Inquisición? La protección de los marqueses de la Laguna salvó a Sor Juana de esta instancia de poder y su posición subversiva no cambió en absoluto ni en la *Carta atenagórica* ni en *La respuesta a Sor Filotea*. La *Carta atenagórica o crisis sobre un sermón*, de gran atrevimiento por parte de la monja, trata de una refutación al *Sermón del mandato* (1650) del padre jesuita portugués Antonio de Vieyra (1608-1699). Fue publicada sin el consentimiento de la jerónima en 1690, es decir 40 años después de la pronunciación de dicho discurso. Este documento, considerado como el único tratado teológico de Sor Juana (Bénnassy-Berling 1983: 221) y escrito a instancias de Sor Filotea, seudónimo del obispo de Puebla, Manuel Fernández de Santa Cruz, motivó la carta acusatoria de la dicha Sor Filotea. La jerónima, entonces, pergeñó su *Respuesta*[6]. Veamos lo que dice allí Sor Juana:

No es afectada modestia, Señora, sino ingenua verdad de toda mi alma, que al llegar a mis manos, impresa, la carta que vuestra propiedad llamó Atenagórica, prorrumpió (con no ser esto en mí muy fácil) en lágrimas de confusión, porque me pareció que vuestro favor no era más

[6] El libro de Tavard (1991) demuestra lo contrario y señala que mucha de la poesía de la Décima Musa podría ser considerada como un tratado teológico.

> que una reconvención que Dios hace a lo mal que le correspondo; y que como a otros corrige con castigos, a mí me quiere reducir a fuerza de beneficios (1995: 441).

Si analizamos este pasaje, podemos afirmar que la posibilidad de leer y de por ende entender e interpretar la *Carta atenagórica* está asociada con el favor de Dios. Según el *Diccionario de autoridades*, una «reconvención» implica «acción con la cual se pide contra la misma persona que pedía. [...] Pedir al que demandó y hacerse de reo actor, valiéndose para su prueba de las razones en que su contrario fundaba el derecho» (1990: 524). La reconvención de Dios, en este caso, se da por la mala correspondencia de Sor Juana hacia la instancia divina. Sin embargo, la acción en sí le permite una justificación del atrevimiento de interpretar y juzgar los escritos de una autoridad eclesiástica. Más aún, la reconvención otorga a Sor Juana el conocimiento y anula una condena personal puesto que Dios es el que la ha favorecido para tal acción:

> Especial favor de que conozco ser su deudora, como de otros infinitos de su inmensa bondad; pero también especial modo de avergonzarme y confundirme: que es más primoroso medio de castigar hacer que yo misma, con mi conocimiento, sea el juez que me sentencie y condene mi ingratitud. Y así, cuando esto considero acá a mis solas, suelo decir: Bendito seáis vos, Señor, que no sólo no quisisteis en manos de otra criatura el juzgarme, y que ni aun en la mía lo pusisteis, sino que lo reservasteis a la vuestra, y me librasteis a mí de mí y de la sentencia que yo misma me daría —que, forzada de mi propio conocimiento, no pudiera ser menos que de condenación—, y vos la reservasteis a vuestra misericordia, porque me amáis más de lo que yo me puedo amar (1995: 441).

Esta estrategia es usada en forma sistemática. En la misma *Respuesta*, Sor Juana hace énfasis en la elección del Señor hacia su persona y justifica así su lectura del sermón del jesuita portugués:

> No se hallaba digno Moisés, por balbuciente, para hablar con Faraón, y, después, el verse tan favorecido de Dios, le infunde tales alientos, que no sólo habla con el mismo Dios, sino que se atreve a pedirle imposibles: *Ostende mihi faciem tuam*. Pues *así, yo*, Señora mía, ya no me parecen imposibles los que puse al principio, a vista de lo que me favorecéis; porque quien hizo imprimir la Carta tan sin noticia mía, quien la intituló quien la coste, quien la honró tanto (siendo de todo indigna por sí y por su autora) (1995: 442).

Es decir que así como Dios favoreció a Moisés con el don divino, de la misma manera ella ha adquirido la libertad y el ingenio sagrado. Al atribuirle esta virtud a la persona de Sor Filotea, Sor Juana está asimismo trazando una equivalencia entre esta figura, supuestamente anónima y la instancia divina. Queda en claro, entonces, la suposición de que la persona que le pidió que escribiera la *Carta atenagórica* era el obispo de Puebla, su propio confesor y representante terrenal de lo sagrado.

En su obra en prosa, Sor Juana se ajusta a la retórica «femenina» de modestia, pero el ingrediente de ironía y la estructura de la misma nos muestran estrategias que apuntan exactamente a lo contrario. La Sor Juana autodidacta presenta en la *Respuesta a Sor Filotea* (1691) una autodefensa de la libertad intelectual del género femenino. Al igual que lo propuesto en la tratadística arquitectónica barroca, la sabiduría se debe adquirir pasando primero por el estudio de todas las ciencias; sólo así se podrá llegar a conocer a Dios. La Décima Musa agradece a Sor Filotea haber publicado sus «borrones» y se pregunta: «¿De dónde, venerable señora, de dónde a mí tanto favor? Por ventura soy más que una pobre monja, la más mínima criatura del mundo y la más indigna de ocupar vuestra atención» (1995: 34-38). Esta modestia típica también de la retórica de Santa Teresa, se relativiza hasta tal punto que ella, Sor Juana, se compara indirectamente con Santa Isabel. El favor de la publicación se vuelve paralelo a la elección de Isabel para concebir a Juan Bautista, e implícitamente a la de María para ser la Madre del Verbo:

> Cuando la felizmente estéril para ser milagrosamente fecunda, madre del Bautista vio en su casa tan desproporcionada visita como la Madre del Verbo, se le entorpeció el entendimiento y se le suspendió el discurso; y así, en vez de agradecimientos, prorrumpió en dudas y preguntas: *Et unde hoc mihi? ¿De dónde a mí viene tal cosa?* [...] Así yo diré: ¿de dónde, venerable Señora, de dónde a mí tanto favor? (1995: 440).

Así como Isabel y María recibieron el don divino para concebir una a Juan Bautista y la otra a Cristo, de la misma manera la jerónima se apodera de una fuerza espiritual y moral que le permite concebir y parir sus propias escrituras. Más adelante contrapone el dolor que le produce su amor a la sabiduría con el sufrimiento de Cristo: «cabeza que es erario de sabiduría no espere otra corona que de espinas» (Cruz 1995: 455).

En el ámbito colonial no fue Sor Juana la única monja que recurrió a las instancias divinas para justificar su afán de sabiduría o sus escritos. Ya a comienzos del siglo XVII la figura de María de Jesús de Ágreda (1602-1665) era conocida en la corte española y en las Colonias. Esta religiosa, quien profesara sus votos en la Orden de los Franciscanos, mantuvo una extensa correspondencia con Felipe IV (r. 1621-1665). Su obra principal, *Mística ciudad de Dios y vida de la Virgen*, influida por la obra cuasi homónima de San Agustín, se publicó póstumamente en 1670. La autora afirma haber recibido las palabras dictadas directamente de la Virgen María. Ella personificaría sólo un instrumento que, con ayuda de su confesor, habría transcrito y entendido lo que le llegaba de las fuentes sagradas. Cada capítulo de la obra concluye con una 'doctrina de la virgen'. La obra sigue la tradición de la obra agustiniana, pero la diferencia radica en que Sor Ágreda se concentra en el carácter modelo de la vida mariana. Si bien mezcla los conocimientos teológicos con una especie de pseudo sabiduría sobre la biografía de la Sagrada Trinidad, también hace hincapié en el papel del confesor como la figura que permite la interpretación de la experiencia mística. La Inquisición cuestionó la genealogía de sus escritos, así como la afirmación de la religiosa de haber sido misionera en la Colonia, puesto que nunca había abandonado su convento español. *Mística ciudad de Dios* fue incluida en el Índice de 1713. Otro ejemplo podría ser el caso de Santa Rosa de Lima[7].

La obra dramática de Sor Juana constituye también un espacio donde se deconstruyen los postulados eclesiásticos. En el discurso metateatral del auto sacramental *El Divino Narciso* se reparten los roles de las ninfas y así, la Naturaleza Humana, asumida por una pastora como «metáfora idea», desea acercarse a la fuente donde anhela ver reflejado a Narciso de «enteras perfecciones». Eco asume el rol de la ninfa infeliz que ha sido despreciada por la figura masculina: un personaje marcado por la fealdad que obtuvo en castigo por querer igualarse a la divinidad y asumir la perfección. Por otro lado, Eco también desea llegar a la fuente para ver la imagen de Narciso, pero sus temores de que Naturaleza Humana llegue primero y que él se enamore de la imagen femenina, se vuelven realidad. Al reflejarse en la fuente, Naturaleza Humana se convierte en la imagen misma de Narciso y él en la de ella, que es su propio retrato. La figura humana, por lo tanto, se convierte en la imagen divina. Narciso muere y resucita, al igual que Cristo, en una escena apoteósica. Después de la resurrección, Narciso abandona físicamente a Naturaleza Humana y se eleva a los cielos. La hostia se vuelve así un substituto de la presencia del personaje mitológico y la transubstanciación asume, además, connotaciones paganas: así como en el mito pagano crece la flor del narciso a la muerte de éste, aquí la hostia se convierte en el suplemento derrideano del cuerpo de Cristo. Como tal, pretende complementar algo que de por sí supuestamente está completo.

Sólo a través de los sacramentos y de la penitencia, Naturaleza Humana podrá evadir las tentaciones. Eco es castigada por su atrevimiento de querer igualarse con la instancia divina y permanece recha-

[7] *Cfr.* Luis Millones (1993), donde compara a Santa Rosa de Lima con Teresa de Ávila. Aunque la primera fuera canonizada en 1622 y la segunda en 1670, ambas, según el historiador y antropólogo peruano, seguían el modelo vigente de santidad femenina de las místicas medievales.

zada por Narciso; pero, al igual que la Naturaleza Humana, ambas pueden alcanzar el camino de la perfección. El *Mártir del sacramento*, obra que la misma Sor Juana epitomara como un auto historial alegórico y que lamentablemente ha captado poca atención por parte de la crítica, trata de la sublevación de Hermenegildo contra Leovigildo, acontecimiento que causó la guerra civil en la Hispania visigoda entre el año 579 y 584. La estructura de esta obra se basa en un modelo de oposiciones entre la Fe y la Apostasía. La primera con virtudes epifánicas equivalentes al cristianismo y la segunda como medio del abandono a los instintos, representante del arrianismo de los visigodos[8]. Al comienzo de la obra, la Fe hace una invocación a las Virtudes para que, mostrándose como sus antagónicos instintos, ejerciten a Hermenegildo en su constancia. Hermenegildo recibe esta visión por medio del sueño. Allí, el sujeto que duerme percibe la ambivalencia de las Virtudes: por un lado, Misericordia y Paz le aconsejan deponer las armas; y, por otro, Justicia y Verdad lo incitan a tomar partido por el elemento bélico.

Cuando despierta, Hermenegildo es consciente de su sueño y se asombra al comprender que la situación del sueño coincide con su situación real. Escucha las mismas voces y se pregunta: «¿Cómo ahora en mí batallan Virtudes contra Virtudes?». Hermenegildo, cuyo padre pertenece a la secta arriana, decide tomar posición y se inclina por los mandatos de la Fe. La Apostasía, configuración de lo negativo, elabora una estratagema maquiavélica para convencer a Hermenegildo. Es así como los arrianos aceptan aparentemente la consubstancialidad y los seguidores del príncipe deciden abandonar a su líder. El príncipe Hermenegildo pierde la guerra y Sevilla es invadida por Leovigildo. El prisionero es llevado a una torre en la que muere al negarse a aceptar la comunión del arriano. El héroe pertenece fiel a su «Fe» y es declarado mártir del Sacramento por las

[8] El arrianismo sigue la posición cristológica y teológica de la Trinidad del presbítero Arrio (256-336): el hijo está subordinado al padre y sólo éste no tiene origen. Esta doctrina herética afirma que el Verbo no es consubstancial al Padre.

Virtudes. Pero si bien el mártir es sacrificado por su defensa de la fe y del sacramento, existen manifestaciones subversivas frente a la filosofía moral cristiana. El comportamiento aparentemente desdoblado de las Virtudes que ha escenificado la Fe, que sin duda escenificaría la casuística de la época, remite, además, a un nivel de lectura donde se relativizan los valores de la justicia y de la verdad absoluta. Subversión que se neutraliza por medio de la estrategia de ficción de teatro en el teatro, que Sor Juana atribuye a los roles de estas dos figuras. Una estrategia que la libera a ella, como escritora, de la responsabilidad de los enunciados frente a la Inquisición.

A un nivel alegórico tenemos que Sor Juana invierte el orden cristiano al clasificar al padre como seguidor de la secta arriana. A pesar de que el final de la obra se adapta a un tema hagiográfico convencional, aquí, Hermenegildo (a quien obviamente se puede comparar con Cristo debido a su martirio) se rebela ante la 'verdad' del padre. Por otro lado, la subversión se remite al arrianismo puesto que éste siempre defendía la superioridad del padre. Francisco de Herrera (1654) manifestó en pintura lo que Sor Juana intentaba hacer con palabras. Su *Triunfo de San Hermenegildo* representa al mártir visigodo, quien, perseguido por el obispo arriano y el rey, su padre, es mandado asesinar. La victoria, como en Sor Juana, implica el triunfo de la Iglesia católica.

2.2. Sistematización, asexualidad y virginidad

Después de las primeras lecturas del *Primero sueño* se tiene la impresión de que el sujeto hablante evita en forma sistemática toda mención que dé indicio de su sexualidad. Esta conciencia estratégica del discurso permite aparentemente mantener una dicotomía entre lo masculino y lo femenino. Merrim (1990) ve incluso un ser andrógino[9]. Recién en el último verso se revela explícitamente el género feme-

[9] Stephanie Merrim (1990: 22), refiriéndose a los romances 19 y 48:

nino: «el mundo iluminado y yo despierta». Octavio Paz afirma que sólo en la última palabra de este último verso «nos enteramos de que esa alma es la de Sor Juana. Esta noticia no altera la impersonalidad del poema: las almas, dijo Sor Juana una y otra vez, 'no tienen sexo'».[10]

El alma, al elevarse y buscar su imagen u origen abandonaría el cuerpo, en este caso femenino, para convertirse en «su inmaterial ser y esencia bella» (v. 293). En esta disposición, ésta adquiriría un estado abstracto, sin sexo, como ella misma lo afirma. Esta negación de su feminidad se convierte más bien en una afirmación de la misma. Lo establecido o lo aceptado era que la mujer tuviera poco acceso a las letras. Una mujer inteligente podía concebirse como alguien quien había perdido la razón[11]. La mujer podía ser vista incluso como un ser endemoniado[12]. La mujer que lograba, como la monja mexicana, corría el peligro de ser castigada. Al quitarle el sexo al alma, Sor Juana le brinda la posibilidad de que su intento sea aceptado socialmente. Paz afirma:

> Los textos de Sor Juana dicen claramente que ella no creía que ser mujer fuese un impedimento natural: el obstáculo venía de las costum-

/.../ ... y sólo sé que mi cuerpo,
sin que a uno u otro se incline,
es neutro, o abstracto, cuanto
sólo el Alma deposite.

[10] *Cfr.* el romance: «Lo atrevido de un pincel»:

Ser mujer y estar ausente
no es de amarte impedimento,
pues sabes tú que las almas
distancia ignoran y sexo
(vv. 109-112).

(Paz 1982: 481).

[11] Semejantes las palabras de Filipo, el padre de Eugenia, en *El José de las mujeres* de Calderón.

[12] La imagen de la mujer correspondería a las características femeninas de mujer-monstruo de: *Los empeños de una casa*, *Amor es más laberinto*, *El Divino Narciso.*

bres no de la condición femenina. Por eso recurre a la religión: para neutralizar el impedimento social. Y hay algo más: el protagonista del *Primero sueño* no es el alma femenina sino el alma humana que, hay que repetirlo, para la autora *no* tiene sexo (1982: 497).

Ser mujer pasa a un segundo plano y el esfuerzo de esta alma se puede comparar con el de un Faetón, hijo de Apolo. Aquí se podría traer a colación lo que Josefina Ludmer llama «las tretas del débil»:

> This trick of the weak, which here separates the field of saying (the law of the other) from the field of knowing (my law), combines, as in all tactics of resistance, submission to an acceptance of the place assigned to one by the other, with antagonism and confrontation, retreat from collaboration (1990: 91).

El saber y el decir se convierten en lo dicho y lo no dicho. Lo dicho reitera al sujeto que escribe por medio de los verbos en primera persona que caracterizan al sujeto que escribe: «digo» y «yo digo». Lo no dicho, es decir, el entimema, es lo aceptado pero que se mantiene en silencio. Ambos puntos conforman el elemento dialógico del enunciado.

Gracias a la fantasía, el alma de la mujer puede asexuarse durante la noche o durante el sueño. Atribuirle a esta alma femenina la capacidad de llegar al conocimiento —si bien negando aparentemente su feminidad en el sueño— es un elemento que Sor Juana ya se había cuestionado en su *Respuesta*. Para ella, ambos sexos están capacitados para lograrlo y el hecho de ser hombre o mujer no proporcionaría ventaja alguna: «Y esto es tan justo que no sólo a las mujeres, que por tan ineptas están tenidas, sino a los hombres, que con sólo serlo, piensan que son sabios...» (1995: 462). Refiriéndose a la *Carta atenagórica* y al padre Vieyra, afirma: «Mi entendimiento tal cual ¿no es tan libre como el suyo, pues viene de un solar?» (1995: 460). La afirmación de lo femenino radica en la elevación del sujeto mujer a un estado no sólo semejante al del hombre, sino también semejante a

Dios. En su cuerpo, como veremos a continuación, se está generando, metafóricamente, la creación del universo.

¿Cómo afirmar pues que en el *Primero sueño* existe una sistematización capaz de comprobar la hipótesis de que el cuerpo presente en el poema es un cuerpo femenino? En primer lugar el poema está estructurado sobre la base de digresiones. Éstas constituyen ejemplificaciones que caracterizan al yo hablante y todas tienen un punto común de referencia: el (yo) digo del sujeto de la enunciación (vv. 47, 226, 690, 795, 975). Además de la conexión pragmática podemos demostrar que existe otro concepto presente implícitamente en esta estructura: se trata de la noción de virginidad. Desde las primeras figuras mitológicas —que estudiaremos a continuación— hasta los sujetos femeninos que, como ha afirmado la crítica, van en busca del conocimiento e influyen en las figuras retóricas de la Noche y de la Aurora, están circunscritos en un ambiente donde la virginidad es una característica intrínseca.

Tomando como punto de partida el uso de las figuras mitológicas, las mismas que por un lado evocan alegóricamente al ser mitológico y por otro dejan de ser seres mitológicos para convertirse en el ente o el sujeto mismo del enunciado (por ejemplo la lechuza, el búho o el ciervo), mostraremos el mundo antitético de luz y sombra dentro del cual se desenvuelven los personajes de la acción. Estas antítesis, sin embargo, son las características constitutivas del ente *per se*. El cuerpo de estos sujetos configura el punto desde donde se lleva a cabo una dialéctica de lo interno y lo externo, en el sentido de Bachelard, es decir una dialéctica de afirmación y de negación (1957: 191-214). El *aquí* se vuelve el *allá*, la luz la Noche y viceversa. El sujeto mitológico de las aves nocturnas está en contraposición con el sujeto ave del Sol. Mientras Nictimene, las hijas de Minias y Ascáfalo, entes mitológicos de la oscuridad, demuestran la invalidez de los valores absolutos de luz y oscuridad, por lo menos en las esferas sublunares, y demuestran además que todo intento de transgresión para llegar al conocimiento no tendrá fin, el esfuerzo del águila nos remitirá por un lado a la simbología cristiana de la resurrección; por otro lado, ejemplificará tanto su propio fracaso como su logro. Este esfuerzo y logro consecutivo se reflejan, asimismo, en el alma humana: ambos coinciden en su búsqueda epistemológica.

En su estudio comparativo entre Sor Juana Inés de la Cruz, Lezama Lima y la tradición hermética, Aída Beaupied ha reconocido los paralelismos entre el alma del sujeto hablante y los entes mitológicos. Para la ensayista, el águila cumple el rol más importante entre todos los animales, pues ella es «el cerebro, el intelecto, la imaginación del hablante que sueña» (1997: 49). Interesante y novedoso resulta el hecho de que las digresiones mitológicas estén unidas a través del concepto de la virginidad. ¿Cuál es la importancia del elemento virgen para la interpretación textual? ¿Qué relevancia tienen estas características de los sujetos mitológicos en la descripción del cuerpo del sujeto de la enunciación?

2.2.1. Las aves nocturnas: Nictimene, las hijas de Minias y Ascáfalo

La transformación del sujeto del enunciado coincide con la transformación circular sugerida en la enunciación: Nictimene, la lechuza que observa a escondidas (en la oscuridad) a través de los resquicios de las claraboyas, traspasa los límites perfectamente determinados por un objeto físico y va hacia la luz. La primera luz está situada fuera de su ámbito habitual. Ésta, por lo tanto, configura lo externo. La oscuridad del ambiente en el que ella se encuentra en ese momento, o su punto de origen, equivale a lo interno. El *aquí* es la sombra y el *allá* es la luz:

> la avergonzada Nictimene acecha
> de las sagradas puertas los resquicios,
> o de las claraboyas eminentes
> los huecos más propicios
> que capaz a su intento le abren brecha,
> (vv. 27-31).

Lo interesante del proceso por el que ella atraviesa es que no sólo hay un traspaso físico de estos límites, sino que después de un momento de «comunión», es decir, cuando la lechuza bebe el aceite de las lámparas y por lo tanto la luz que se produce, la oscuridad cunde nuevamente en el ambiente, pero ella se ha vuelto la luz en sí, una luz interior que físicamente se sitúa dentro de la oscuridad, una luz que no se llega a apagar puesto que Minerva = Atenea = lechuza es el símbolo de la sabiduría:

> que extingue, si no infama,
> en licor claro la materia crasa
> consumiendo, que el árbol de Minerva
> (vv. 34-36).

En el poema se crea una ilusión de exclusión y en un primer momento se cree lograr una oscuridad absoluta (que extingue); sin embargo ésta no existe, así como tampoco existe la luz absoluta. La anhelada luz exterior del primer momento se convierte en el elemento interno (consumiendo). La sombra, o su punto de origen, se convierte en lo externo. El cuerpo de la propia Nictimene se transforma en el recipiente de luz. Ya no son los faroles sacros los que arden en el templo pagano. Ahora su propio cuerpo se ha convertido en templo. Es en su interior adonde se han trasladado las puertas sagradas y sus respectivos resquicios. La lámpara que arde dentro de ella se puede comparar, como lo hace fray Luis de Granada, con el calor humano que consume el húmedo radical[13]. Así como Nictimene fue atraída por las aberturas de luz entre el quicio y la puerta, de la misma manera se delinea otra perspectiva al exterior del cuerpo de la lechuza desde donde se puede traslucir la iluminación. Se nos sugiere, en tal forma, otra posibilidad de transgresión. Que el cuerpo de Nictimene se convierte en el templo mismo es un enunciado que será

[13] *Cfr.* Fray Luis de Granada: *Introducción del símbolo de la Fe* (1989: 412-413). Mención hecha previamente por Méndez Plancarte (1995: 590).

de suma relevancia en la interpretación del *Primero sueño*, pues como veremos a continuación, Nictimene no es el único sujeto femenino que adquiere las características sagradas. Ella, al igual que el alma, el águila, los murciélagos y demás animales, comparten la misma esencia que el cuerpo del poema. Según Beaupied, estos seres mitológicos, al igual que la sombra de los primeros versos cumplirían una función intratextual de metamorfosis (1997: 40).

Ludwig Pfandl hace una interpretación psicoanalítica en torno a esta figura incestuosa y afirma que las aves nocturnas, junto a la imagen fálica de la pirámide, configuran el complejo edípico de la poetisa. El cese del fuego por parte de la lechuza se convertiría, asimismo, en un símbolo de la muerte presente también en la escritora mexicana, muerte que Pfandl equipara con el retorno al regazo materno (1971: 204-208)[14]. La circularidad se produce, asimismo, en el momento en que la lechuza permanece en su entidad de ser nocturno, y ésta, al tener necesidad de «beber», satisfará nuevamente la sed, una y otra vez, casi *ad infinitum* gracias a su función alegórica. Algo similar ocurre con las hijas de Minias, vírgenes que por desobedecer las órdenes de Baco fueron metamorfoseadas en murciélagos. En la aparente oscuridad de la tiniebla, aquéllas, para no poder ser vistas, puesto que existe una luz ínfima, crean otra niebla dentro de la tiniebla, es decir, una segunda oscuridad. Sin embargo, en su calidad de sujetos mitológicos, ellas y el búho permanecen temerosos de ser vistos, lo cual sugiere otra luz dentro de esa segunda tiniebla, luz de la que permanentemente estarán huyendo y que los forzará a seguir creando las tinieblas:

> en forma sí afrentosas transformadas
> segunda forman niebla,
> ser vistas aun temiendo en la tiniebla
> (vv. 43-45).

[14] Existe una edición en español de la UNAM del libro de Pfandl publicada en 1963, cuyo título reza: *Sor Juana Inés de la Cruz. La Décima Musa de México, su vida, su poesía, su psiqué*. Esta versión está editada por Francisco de la Maza y traducida por Ortega y Medina.

Ascáfalo, por otro lado, nos remite al mundo sombrío de los infiernos. Como sujeto mitológico y espía de Plutón, se supone que fue transformado en búho y que no pudo salir del mundo subterráneo debido al castigo que le impuso su propia víctima. Este mundo sombrío del infierno, sugerido con los sememas «negros vapores» (v.8), «obscuras» (v. 23), «niebla» (v. 44), «tiniebla» (v. 45), «temiendo» (v. 45), «castigo» (v. 49), está en oposición al mundo de los Campos Elíseos. Allí, «el sol no era jamás empañado por la más leve niebla» (Humbert 1975: 34). El sujeto que escribe aclara, sin embargo, esta oposición y afirma:

> éstas, con el parlero
> ministro de Plutón un tiempo, ahora
> supersticioso indicio el agorero
> (vv. 53-55).

El adverbio «un tiempo» apunta al pasado, mientras que el «ahora» nos sitúa en el presente. Es nuevamente el «aquí» (ahora) y el «allá» (un tiempo) de la dialéctica de la luz y la oscuridad dentro de la cual está suscrita Nictimene. Ascáfalo y Perséfone, al igual que los otros personajes, están circunscritos dentro de una dialéctica del interior y del exterior similar a la de Nictimene. El «un tiempo» y el «ahora» nos remiten al búho y a Plutón, al mal agüero y al delator, a la víctima y al pecador, al cristiano y al pagano, a los Campos Elíseos y al Tártaro, al Día y a la Noche. La circularidad se produce más a través de la acción de Ascáfalo sobre el sujeto de Perséfone, que por la propia acción del búho[15]. A consecuencia de su delación, Perséfone se moverá indefinidamente entre el mundo subterráneo (diosa de los infiernos/esposa de Plutón) y la tierra (diosa de la agricultura/hija de Deméter). Su rol como sujeto cambiará en forma permanente. Si bien permanece en su calidad de deidad, ésta debe rotarse los roles de esposa/hija/esposa sucesivamente.

[15] Sabat de Rivers opina que la mención de Ascáfalo se debería al hecho de que este personaje masculino habría cometido uno de los vicios más característicos de la mujer: «being too talkative» (1991: 148).

Si bien en el siglo XVII, como afirma Paz, se abusó de las metáforas científicas al igual que de las mitológicas (1982: 487), en el *Primero sueño*, su aplicación tiene más de una función. Cada mención de un ser mitológico constituye una digresión que tiende a ser una ejemplificación del yo lírico. Así como el alma intenta primero lograr el conocimiento a través de la intuición y luego a través del raciocinio, estas aves nocturnas también ambicionan el acceso al conocimiento, pero lo hacen por medio de una «transgresión de lo sagrado» (Franco 1989: 34). Jean Franco afirma que las aves nocturnas emergen como alegorías de una poética negativa (*ibíd.*: 34). Nictimene intenta robar el conocimiento en la medida que pretende apoderarse del aceite divino que otras han coleccionado. Sin embargo, el efecto de esta apropiación es sólo temporal. El conocimiento, ahora dentro de ella, no es permanente, pues, a diferencia de la «perenne» llama del templo, su luz interior se extinguirá y ella tendrá la necesidad de beber nuevamente. Las hijas de Minias han desobedecido las órdenes de Baco y han preferido quedarse tejiendo y charlando en vez de participar en las fiestas de esta deidad. Ascáfalo fue fiel a Plutón, pero delató a Perséfone, quien comió del fruto prohibido.

Para Franco, las aves nocturnas transgresoras tienen una función de «énfasis» retórico. Nictimene resaltaría el pecado de los clérigos y los místicos, que consistiría en la apropiación del conocimiento: «an emphasis that might well escape the attention of ignorant clergy and witless mystics who are guilty precisely of this sin» (*ibíd.*: 34).

> Y sacrílega llega a los lucientes
> faroles sacros de perenne llama
> que extingue, si no infama
> (vv. 32-34).

De acuerdo al *Diccionario de autoridades*, «infamar» equivale a quitarle la honra o la fama a otro. La afirmación de Franco parece ser bastante certera: la lechuza se apoderaría de la sabiduría de Minerva, del mismo modo que los clérigos y los místicos adquirirían el conocimiento sagrado. Si no nos quisiéramos limitar a resaltar esta función de énfasis como una ejemplificación más de los intentos epistemológicos de aquellos personajes, podríamos afirmar que la acción de Nictimene, es decir la apropiación del aceite sagrado o de la llama perenne, nos señala claramente que la sabiduría puede tener un origen femenino. Como se verá más adelante, la figura piramidal que se eleva (sombra = llama) equivale al ingenio humano que intenta llegar a lo sagrado. Esta llama, sin embargo, se puede asociar con el Espíritu Santo o la sabiduría divina que se ofrece a todos los cristianos, y no sólo a los clérigos y los místicos; en general, a todo aquél que se convierte al cristianismo. El hecho de que este fuego provenga de un sujeto femenino (el caso de Minerva = diosa de la sabiduría) nos sugiere ya la línea del poema: la divinidad, en el modelo sorjuanino, tiene un origen femenino[16].

Christa Mulack sugiere que la concepción de Cristo dentro del cuerpo de María, la cual normalmente se le atribuye al *Spiritus Sanctus*, proviene de la *ruach* de Dios, elemento equivalente a la fuerza *femenina* de lo divino, una especie de «Heilige Geistin» (en alemán, Espíritu Santo de género femenino). No se trata pues de un esperma divino, afirma Mulack. Según la teóloga alemana, Mateo (I: 16-20) sólo pudo referirse a la relación entre María y la *ruach*, fuerza divina femenina. Este término (*ruach*) pasó al griego con el sustantivo neutro de *pneuma*. Es recién en el latín —y por ende también en español— donde el neutro *pneuma* adquiere la traducción como sustantivo masculino equivalente a *spiritus sanctus* (Mulack 1985: 35).

En *The Myth of the Goddess*, Baring y Cashford analizan la pérdida del elemento femenino en la imagen del Espíritu Santo. Al igual que Mulack, estos autores consideran que los cambios de terminaciones en los diferentes idiomas han traído como consecuencia grandes confusiones genéricas. Según ellos, el momento histórico se produjo cuando la imagen de Sofía (Hokhmah) se tradujo al neutro griego *hagion*

[16] *Cfr*. 2.2 de este trabajo.

pneuma, éste al *logos* griego y finalmente al latín *spiritus sanctus*. Si bien *hagion pneuma* es neutro, el término se visualizó por medio de la paloma, animal que mostraba la cercanía a la diosa Sofía (Baring/ Cashford 1993: 612-613). No sólo es la figura del Espíritu Santo la que provenía de un concepto femenino, o más estrictamente de una diosa femenina, sino que, de acuerdo a Baring y Cashford, el mismo término de la Trinidad también tenía una concepción netamente femenina. Originalmente esta noción se remitía a la triple diosa lunar, que posteriormente se denominó como la trinidad sumeria de Madre (Ki), Padre (An) e Hijo (Enlil). Esta trilogía hasta hoy en día se concibe como netamente masculina. Las razones históricas se deben, entre otras, a la influencia de Filón de Alejandría (20 a. C-54), filósofo judío, en cuyos escritos se puede remontar la transformación de la imagen de Sofía en la persona de Cristo[17]. Se perdió pues toda conexión entre las imágenes del Antiguo Testamento. Según Filón, este ceder de lo femenino se hacía en pro del 'progreso':

> 'Progress' is indeed nothing else than the giving up of the female gender by changing into the male, since the female gender is material, passive, corporeal and sense-perceptible, while the male is active, rational, incorporeal and more akin to mind and thought' (Baring/ Crashford 1993: 614).

La sofiología, término que aquí traduzco directamente de Dinzelbacher (Sophiologie), considera la doctrina de Sofía expuesta en el Antiguo Testamento, especialmente en los «Proverbios» y «Sabiduría» de los Libros Sapienciales. De acuerdo a este dogma, la sofiología se describe como una hipóstasis femenina que actúa en el momento de la concepción. Sin embargo, en la Iglesia católica y romana, los estudios marianos reemplazaron a la sofiología (Dinzelbacher 1989: 462).

[17] Otros nombres de Sofía rezan: «Chokhma», «Sapientia», «Helga», «Olga», «Sofija», «Sabiduría» (Dinzelbacher 1989: 462).

En el *Primero sueño*, el ambiente físico donde se encuentra la llama es, sin duda alguna, un templo pagano. Existen «sagradas puertas» (v. 28), «faroles sacros» (v. 33) y una «perenne llama» (v. 33). Se puede entonces trazar un paralelo entre estas imágenes y el templo de la diosa Vesta. Según Mulack, en este templo ardía un fuego en forma permanente que estaba a cargo de las sacerdotisas. Este fuego «perenne» sólo se apagaba en una ocasión: el primero de marzo, primer día del calendario (Mulack 1985: 56). El fuego y la divinidad provenían de un sujeto femenino virgen, es decir de la diosa Vesta (Hestia en la mitología griega). El cuerpo de Nictimene refleja un recipiente del fuego, un calor sagrado que ella misma producirá en la medida que beba el aceite que produzcan las sacerdotisas vírgenes. Ella se ha convertido en lo divino/Virgen y es su cuerpo el que producirá sabiduría, fuego sagrado, el *logos* o, digamos, el Espíritu Santo femenino.

Nictimene se convierte en la figura mitológica que representa no sólo la transgresión del espacio sagrado. Este personaje mitológico recupera para sí la sabiduría que desde una perspectiva sofiológica se asocia con la divinidad femenina. A Sor Juana no parece habérsele escapado esta alusión a Sofía, pues es justamente esta sabiduría 'pagana' la que se asocia con la lengua de fuego del Espíritu Santo durante Pentecostés. La circularidad de la acción de Nictimene, es decir, su precisión de elemento líquido, es también paralela tanto a la urgencia de alimento para el estómago del cuerpo humano, como a la necesidad de alimento espiritual de los creyentes. Si bien la acción de las figuras mitológicas tiende a ejemplificar al yo lírico, también ella está en oposición a la actividad del alma humana. La diferencia se produce en el momento en que estas figuras dejan de ser sujetos mitológicos y pasan a convertirse en meras aves. Como simples animales, no comparten el *intellectus divinus*, pues la razón (la lógica) es potestad del hombre y es la cualidad que lo diferencia de las otras especies. Existe una oposición no sólo entre las aves mismas (luz-águila versus tinieblas-aves nocturnas), sino también entre el hombre (ser racional) y el animal (irracional).

Asociar a las figuras mitológicas con los personajes de un templo sagrado no parece haber sido ninguna excepción en la época de Sor Juana. El mismo Sigüenza y Góngora utiliza este símil al analizar el convento real de Jesús María de México. En su *Paraíso occidental*, este científico y escritor resalta la coincidencia entre los bárbaros mexicanos y los romanos, sobre todo en su costumbre de destinar vírgenes puras que velaran por la perpetuidad del fuego sagrado:

> Debióle México este nuevo estado de vírgenes sacerdotisas al cuarto de sus reyes, el valeroso Itzcoatzin [...] Y como el estado tan peligroso que profesaban pedía nimia vigilancia en las que las dirigiesen solicitó por todo su reino las viejas más vulnerables y virtuosas que en él se hallasen, para que, con el título de Ichpochtlatoque, fuesen las superiores de estos indianos conventos (1995: 52).

La asociación con el templo de las vestales y el antiguo reino mexicano se hace a partir del estudio del convento de Jesús María. Las monjas están igualmente protegidas en un templo equivalente al convento mismo. Es fácil, entonces, imaginarse la posibilidad de que Nictimene represente un sujeto femenino virgen que incurre en un acto de transgresión. Y esta figura mitológica es un paradigma más del sujeto femenino que emprende la busca epistemológica o, mitológicamente hablando, que pretende apoderarse del fuego o de la sabiduría divina.

2.2.2. El águila de la resurrección

Júpiter (dios del Sol) se metamorfoseaba en águila para descender a la Tierra y con esta configuración logró raptar a Ganímedes. En nuestro texto, este águila, ave de Júpiter, aparece en una primera instancia (vv. 129-146) en su calidad de reina y simboliza la constancia de los gobernantes:

> De Júpiter el ave generosa
> —como al fin reina—, por no darse entera

al descanso, que vicio considera
si de preciso pasa, cuidadosa
(vv. 129-132).

Este águila sostiene un «cálculo» (piedra) en su garra, y éste caerá cuando el ave intente dormirse, con lo que volverá a estar atenta[18]. Esta primera representación del águila se asemeja a la descripción del alma humana. Ella también es «suprema» (v. 438) y «reina soberana» de lo «sublunar» (v. 439). En una segunda instancia (vv. 327-339), el águila está representada como ave del Sol que intenta llegar a la cumbre de una montaña imaginaria más alta que el monte Atlas (v. 310), el Olimpo (v. 313) o los volcanes (v. 320):

puesta, a su parecer, en la eminente
cumbre de un monte a quien el mismo Atlante
que preside gigante
a los demás, enano obedecía,
y Olimpo, cuya sosegada frente [...]
(vv. 309-313).

Lo inconmensurable de esta montaña imaginaria delimita el modelo dentro del cual se mueven los sujetos: un modelo infinito, pero real. La punta de la montaña existe, es una elevación eminente, alta y elevada, pero la cumbre es un hecho real. Así como en una primera instancia el águila no puede llegar a la cumbre, pues la distancia no es aprehensible, también el alma humana fracasará en su intento de lograr el conocimiento a través de la intuición:

[18] Rafael Catalá asocia aquí la piedra blanca que menciona San Juan en el Apocalipsis: «Arrepiéntete, pues; si no vendré a ti pronto y pelearé contra ellos con la espada de mi boca [...] al que venciere le daré del maná escondido y le daré una piedrecita blanca, y en ella escrito un nombre nuevo, que nadie conoce sino el que lo recibe» (1978: 421-433). Sabat de Rivers ha demostrado que estas cualidades se le atribuían más bien a la grulla, y así cita ejemplos de Garcilaso, Góngora, Quevedo, Trillo y Figueroa, Salazar y Torres. En el caso de Trillo y Bocángel, es el gallo aquel animal que advierte al sueño (1976: 76-79).

si fueran comparados
a la mental pirámide elevada
donde —sin saber cómo— colocada
el alma se miró, tan atrasados [...]
(vv. 423-426).

Para el alma se delinean las pirámides (v. 340), los montes artificiales (v. 412), y todos los lugares geográficos mencionados anteriormente. En forma paralela, estas protuberancias y elevaciones se convierten en figuras «mentales» que el alma humana escalará:

pues su ambicioso anhelo,
haciendo cumbre de su propio vuelo,
en la más eminente
la encumbró parte de su propia mente
(vv. 429-432).

Por otro lado, la presencia del águila en la cercanía de una montaña elevada nos remite a la leyenda de Prometeo, a quien los dioses castigaron por haber hurtado el conocimiento del fuego. Recuérdese que Nictimene, la lechuza, también adquiere el calor y sabiduría sagrados gracias a su transgresión. A Prometeo le impusieron la pena de permanecer encadenado perpetuamente a una roca en la cumbre del Cáucaso. Allí, un águila «de alas extendidas» le roía incesantemente el hígado (Guirand 1984: 95). Cada día le devoraba una parte del órgano, pero al día siguiente el hígado le volvía a crecer exactamente en semejante proporción. Recién después de 30 años —algunos afirman que pasaron 30.000— el águila fue destruida por Hércules. Es decir, que la figura de esta ave no sólo se asocia con la transgresión y el castigo, sino también con la repetición.

El paralelo de los esfuerzos de Prometeo con la insistencia del alma humana por llegar al conocimiento está expresado en la obra del neoplatónico Marsilio Ficino. En su obra *De mente*, el fuego divino es equivalente al entendimiento y el águila, a la voluntad para adquirir la sabiduría:

> Hic esse videtur infelicissimus ille Prometheus, qui divina sapienta Palladis instructus, ignemque caelestem, id est rationem adeptus, ob hoc ipsum in summo vertice montis, hoc est in ipsa contemplationis arce, ob continuum avis rapacissimae morsum, id est inquisitionis stimulum, miserrimus omnium merito iudicatur, donec transferatur eodem, unde olim acceperat ignem, ut quemadmodum uno illo luminis superni radiolo nunc assidue stimulatur ad totum, sic toto deinde lumine penitus impleatur (Ficino 1993: 208).

Es decir que es justamente el fracaso de Prometeo en su afán cognoscitivo lo que lo llevará en un momento determinado a adquirir la iluminación. Al igual que Prometeo, el alma humana de los versos de Sor Juana emprende su viaje en busca del conocimiento absoluto y en ese transcurso, su tenacidad, como la del águila, se vuelve el *leitmotiv* del poema. Al lector del *Primero sueño* le sucede lo mismo: pretendería comprenderlo todo, fracasaría y sólo lograría la aprehensión en un momento de iluminación.

Los intentos del águila están sugeridos con los gerundios: «pretendiendo» (v. 332), «esforzando» (v. 334), «batiendo» (v. 335), «peinando» (v. 336), «tejiendo» (v. 338). Este águila «hace puntas al cielo», «bebe» los rayos de su luz (al igual que Nictimene) y pretende establecer su nido entre las luces del Sol[19]. Aquí también se produce una transgresión de lo sagrado, pues el águila trata de apropiarse del Sol. El establecer su nido quiere decir tomar el lugar del Sol, o por lo menos apoderarse de parte de su espacio, y por ende de su luz y su calor:

[19] El soneto «Comunicación de amor invisible» de Quevedo (1989: 70) utiliza la imagen del águila. Aquí el águila posee las mismas cualidades, es decir puede mirar al Sol sin cegarse; pero a un nivel metafórico, esta ave, a diferencia de la de Sor Juana, no mira los rayos sino la belleza de Lisi:

> Si mis párpados, Lisi, labios fueran,
> besos fueran los rayos visüales
> de mis ojos, que al sol miran caudales
> águilas, y besaran más que vieran
>
> (vv. 1-4).

el rápido, no pudo, el veloz vuelo
del águila —que puntas hace al cielo
y al sol bebe los rayos pretendiendo
entre sus luces colocar su nido—
(vv. 330-333).

El alma humana, que se eleva al igual que el águila, tendría en ese nido-objeto su «nido» de lo inconmensurable. El símbolo del nido nos remite a un sujeto sexuado. El águila que busca un lugar cálido y seguro para depositar sus huevos es un sujeto femenino semejante al cuerpo femenino del poema, el cual posee un embrión. La emblemática interpreta el águila que hace su nido en una peña alta y lejana como modelo de aquél que se esfuerza utilizando todas sus capacidades. El comentario del emblema «Águila, nido, peña» de Borja reza: «Porque assí como el Águila pone su nido en las peñas más altas, y difíciles de subir; de la misma manera el que quisiere tener seguro su nido, le ha de poner sobre la virtud, la qual, quanto más alta, más difícil es de alcançar, y assí quien en ella hiziere su nido, no tiene, que temer» (Diccionarios Akal, emblema 48, 49).

Por otro lado, el lugar escogido para depositar su nido, es decir, el Sol, está situado dentro del *anima mundana* o el alma cósmica. Una región (*per se mobilis*) donde se encuentra no sólo el reino de las formas puras, sino también el de las causas puras. De acuerdo a la concepción neoplatónica, el universo está compuesto por cuatro jerarquías de perfección decreciente, a saber, la *mens mundana*, mente cósmica o *intellectus divinus sive angelicus*, donde se encuentra el intelecto, las ideas y las inteligencias (ángeles); el alma cósmica (*anima mundana*) donde se ubican las estrellas y los planetas; el reino de la naturaleza y el reino de la materia. Todas las jerarquías estarían conectadas por una energía sobrenatural llamada *circuitus spiritualis*, fuerza que equivaldría al amor y que sería lo que motivaría la circularidad, pues todo brotaría de Dios y todo lo creado aspiraría hacia Dios[20]. De

[20] *Cfr.* Ficino, *Theologia Platonica*, citado por Panofsky (1962: 131-137).

acuerdo a tal creencia, este águila es la única ave que podía llegar hasta el Sol[21]. Su incapacidad nos remite a un estado de confusión. Es un ave desprovista de sus poderes divinos o sobrenaturales, por lo cual se nos presenta más semejante al alma humana que fracasa en su intento y es capaz de sentir temor:

> hasta que fatigada de espanto,
> no descendida, sino despeñada
> se hallaba al pie de la espaciosa basa,
> [...] del visual alado atrevimiento—
> (vv. 362-364, 368).

En la Biblia también tenemos la imagen de un águila atemorizada. Es la misma águila del Apocalipsis que desde la Antigüedad se ha asociado con la Virgen María: «Vi y oí un águila que volaba por medio del cielo» (Apocalipsis 8: 13). El fracaso del águila se asemeja, en Sor Juana, a la derrota del alma humana. De acuerdo a la concepción neoplatónica, cada desmoronamiento del alma humana conduciría a la verdad eterna y a la belleza[22]. Para los neoplatónicos, espe-

[21] El águila era un ave temida y respetada. Así, en el «Lucidario» español, el discípulo le pregunta a su maestro: «Respondió el maestro: 'tu me fazes fermosa demanda e quiero te rresponder a ella lo mejor que yo sopiero por rrazon e por natura. Porque te digo que en el aguila ay quatro rrazones por que contesçe esto, las quales son estas: la primera, es muy grad abe, e muy rrezia, e muy lligera; la segunda, buela mas alto que todas las otras abes, e las que buelan de yuso della an muy gran miedo o estan asentadas; e esto es a semejança del omne que esta al pie de la torre al que esta ençima, quel quiere ferir con alguna cosa quel eche de suso ayuso; e non contesçe esto tan solamente en el aguila, mas para mientes en el sol, que (cuando) anda muy alto, que todas las abes de la ribera an muy grand miedo del aguila; la tercera, porque es abe de tan grand coraçon e muy ardida en si [...] la quarta razon, que es por rrazon e natura, es la que te yo agora dire: toma en una casa e echan z muchas penolas de aguilas e quando despues las catares, fallaras, a cabo de dias, que todas las otras penolas seran comidas e desfechas, e las del aguila enteras e sanas; e por esto puedes veer que las aguilas an este sennorio sobre las otras abes'» (Sancho IV 1968: 248-9).

[22] Panofsky (1962) se refiere asimismo a la asociación entre la idea cristiana de resurrección y la teoría de Ficino y Landino.

cialmente para Ficino, había una relación entre el macrocosmos (el universo) y el microcosmos (hombre/cuerpo humano). El microcosmos humano estaría formado por el cuerpo y el alma, elementos unidos por el *spiritus humanus*. El alma consistiría en cinco facultades agrupadas por los conceptos de *anima prima* y *anima secunda*. El *anima prima* comprendería la razón (*ratio*) y la mente (*mens, intellectus humanus sive angelicus*). La mente, siendo intuitiva y creativa, estaría capacitada para captar la verdad a través de la contemplación de las ideas celestiales[23].

La razón, por otro lado, implica reflexión, puesto que está en contacto con las experiencias. Aquélla, a diferencia del *anima secunda*, es libre en la medida en que puede discernir entre dejarse llevar por las emociones/sensaciones o sobreponerse a ellas. El *anima secunda* comprendería las facultades relacionadas con lo fisiológico: la facultad de propagación, alimentación y crecimiento; la percepción externa (cinco sentidos) y la percepción interna (*imaginatio*). El hombre, como sujeto racional, participaría del *intellectus divinus*; pero para llegar a éste, su alma tiene que fracasar y sobreponerse. Un intento sorjuanino es netamente intuitivo:

> Y por mirarlo todo, nada vía,
> ni discernir podía
> (vv. 480-481).

En estos versos hay un logro, pero también un fracaso implícito. Se capta la iluminación, se ve el todo, pero no se puede entender todo a la vez. Aunque la vista lo capte todo, la intuición no es suficiente para aprehender la totalidad, pues se ha nublado la razón. El alma/águila emprenderá, entonces, otro intento donde hará uso de su propia *ratio*:

[23] *Cfr. El pequeño mundo del hombre* de Francisco Rico (1986), así como la elocuente interpretación de Julián Olivares (1983) en su estudio sobre la poesía de Francisco de Quevedo.

de no poder con un intuitivo
conocer acto todo lo criado
(vv. 591-592);

y el de comprender orden relativo
sigue necesitado
del entendimiento
(vv. 595-597).

En la simbología cristiana, esta ave constituye una metáfora de la resurrección a través del bautismo, del ascenso de Cristo. También deviene un símbolo del Evangelio de San Juan:

de quien pudo ser imagen misteriosa
la que el águila evangélica, sagrada
visión en Patmos vio, que las estrellas
midió y el suelo con iguales huellas
(vv. 680-683).

Méndez Plancarte cita la visión del Apocalipsis de San Juan que reza «ángel fuerte que bajaba del cielo [...], y que ponía el pie derecho sobre el mar y el izquierdo sobre la tierra» (Apocalipsis 10, 1-2). Según él, esta imagen alegórica sería bastante forzada, pero tampoco dispondría de ningún otro texto para asociar estos versos de Sor Juana (Méndez Plancarte 1995: 597). Pienso que, a falta de pruebas textuales convencionales, es necesario remitirse a la emblemática de la época, por medio de la cual se tenía la posibilidad de aprehender y simultáneamente memorizar el Evangelio.

El *Ars memorandi notabilis per figuras evangelistarum* [...][24], libro impreso con xilografías y cuya primera edición data de 1470 y que posteriormente se reeditó en Basilea, es una obra recuperada gracias

[24] El título completo reza: *Ars memorandi notabilis per figuras evangelistarum hic et post descriptam quam diligens lector diligenter legat et practicet per signa localia ut in practica explicitur.*

al trabajo de Wilhelm Ludwig Schreiber[25]. Esta edición suiza consta de 30 imágenes, las cuales representan una especie de resumen del Evangelio. Cada figura incluye un máximo de seis cuadros pequeños que corresponden a capítulos o pasajes específicos de las Escrituras. La disposición de las imágenes se basa en la *Summa Theologiae* de Tomás de Aquino, así como en el tratado *De memoria et reminiscentia* de Aristóteles, según los cuales el orden debe seguir de lo más a lo menos conocido (Rossi 1991: 180). Al igual que el águila de la Décima Musa, la primera imagen, titulada «Prima ymago Johannis», simboliza la resurrección. El ave del *Ars memorandi* tiene la peculiaridad de poseer una vagina abierta localizada a la altura del vientre. De este vientre-vagina brotan justamente las palabras del Evangelio de Nicodemo. Este texto, conocido también como las Acta Pilati (o Hechos de Pilatos), es un escrito apócrifo redactado alrededor del siglo II y que supuestamente Pilatos envió a Tiberio relatándole la muerte de Jesús. A estos documentos de Pilatos se sumaron otros textos de los siglos IV y V, y el conjunto se conoció posteriormente como Evangelio de Nicodemo (*Der grosse Brockhaus* 1956: 9, 195).

El águila del *Ars memorandi* representa una figura femenina que a la vez incluye la Trinidad. Su vagina remite, asimismo, a la concepción virginal de la instancia divina. Esta divinidad femenina da a luz al *logos*, el texto del Evangelio; y es precisamente aquí donde podemos ver el paralelo con el águila de los versos de Sor Juana, pues aquélla ha concebido y está en busca de un lugar para establecer su nido (v. 330). De acuerdo a Covarrubias, se da el nombre de águila a San Juan Evangelista «por haber en su Evangelio encumbrado su vuelo a tanta altura, que le empezase y diese principio por aquellas palabras: 'In principio erat Verbum'» (1994: 31). El águila evangélica también se convierte en una alusión al Apocalipsis, es decir, a la visión que tuvo San Juan en la isla de Patmos[26]. Junto a este icono, el

[25] Reproducción parcial en Aleida Assmann y Dietrich Harth (1991).

[26] «[...] Y vuelto, vi siete candeleros de oro, y en medio de los candeleros a uno semejante a un hijo de hombre, vestido de una túnica talar y ceñidos los pechos

apóstol también percibió la imagen de una mujer, la cual ya ha sido identificada con la figura de María. El niño que nacería de ella sería el Mesías. Situada en el desierto, el varón que esperaba corría peligro, al igual que la Virgen. Su hijo «fue arrebatado a Dios y a su trono» (Apocalipsis 12: 1-6) y ella fue convertida en águila para huir del dragón (Satanás): «Pero fuéronle dadas a la mujer dos alas de águila grande para que volase al desierto, a su lugar, donde es alimentada por un tiempo...» (Apocalipsis 12: 14).

La connotación religiosa del águila, así como su embrión en formación, nos preparan el camino para la simbología del bautismo/resurrección dentro del cuerpo en cuestión[27]. De igual manera, estas

con un cinturón de oro [...]. Escribe, pues, lo que vieres, tanto lo presente como lo que ha de ser después de esto. Cuanto al misterio de las siete estrellas que has visto en mi diestra y los siete candeleros de oro, las siete estrellas son los ángeles de las siete iglesias, y los siete candeleros, las siete iglesias» (Apocalipsis 1: 13, 19-20).

[27] *Los Lucidarios* también relatan la razón por la que a San Juan se le apareció un aguila y no otra ave: «Por estas tres maneras que te he contadas que ha en el aguila, es sant Johan puesto en figura de aguila: lo primero, asi como el aguila buela mas alto que todas las otras abes, vien asi sant Iohan fablo mejor e mas altamente que todas otras evangelistas, nin los santos que fueron [...].E otrossi, asi como el aguila vee mas claramente por los rayos del sol que son a semejanca de Ihesu Christo, fijo de Dios; e el sol es Dios padre; e los rrayos uio el, estando Ihesu Christo en la cruz, sallir de la llaga del su costado, sangre e augua, la qual cosa non vio otro de los apostoles, ca todos eran fuydos sinon el, que lo vio por sus ojos e da testimonio dende aquel que lo vio. E por estos rrayos del sol Ihesu Christo, fijo de Dios, vio el la diunidad de Dios padre en las cosas que el tenia ascondidas e ordenadas para mostrar pos su rrebelacion. Escriuio vn libro el qual es llamada Apocalipsi [...]. La tercera es asi como el aguila torna los cavos mas agudos de los huevos que tiene en su nido contra los rrayos del sol, e eso mismo faze de los fijos despues que los ha sacados de los huebos; e otrosi, sant Johan por las palabras quel dixo en los sus libros quel fizo por la vondad, e por la santidad, e vrinidad que en el ouo, e el alunbro e enderesco a nos los christianos, fijo de santa Iglesia de Dios, que somos fijos de aguila por rrazon deste sant Iohan que es nuestro padre. E asi como el aguila torna a sus fijos los ojos contra el sol, vien asi torna el a nos los fieles christianos por las sus escripturas, e por los sus euangelios, a conoscer la diuinidad e la trinidad que antes non conoscimos nin podiamos tan derechamente conoscer [...]» (Sancho IV 1968: 222-223).

referencias nos ayudarán a aclarar las alusiones a la Virgen esperando a Cristo y su ascensión al cielo estrellado[28]. No son pocos los ejemplos en la literatura emblemática en los que se asocia al águila como modelo del cristianismo y la resurrección. En un emblema de Honras cuyo lema reza «Será renovada mi juventud como la del águila» se describe a esta ave con una corona imperial, el Sol y plumas cayéndosele del cuerpo. La representación gráfica se refiere a la propiedad del águila para renovar sus plumas mirando al Sol. La clave para entender el emblema nos muestra un paralelo con el perfeccionamiento cristiano de la emperatriz María de Austria (Diccionarios Akal, emblema 38). Lo mismo podríamos afirmar del emblema de Núñez de Cepeda cuyo lema afirma «Retarda las flechas». Se representa el águila en un pedestal con un cáliz en la garra derecha y un haz de rayos en la izquierda. El emblema en sí simboliza la capacidad del Príncipe eclesiástico para premiar y castigar en caso necesario (Diccionarios Akal, emblema 42).

2.2.3. La Noche, la Luna y la Virgen en contraposición con el Día, el Sol y Cristo

El modelo de oposiciones de pensamiento occidental ha sido resaltado por Derrida a través de su teoría de la deconstrucción, la cual critica el logocentrismo. Derrida cuestiona la filosofía occidental desde Platón y afirma que a lo largo de la historia se han desarrollado conceptos que muestran una tendencia centralizadora. Es el caso de lexemas como «esencia», «verdad», «presencia», «dios», «palabra», etc. El deseo por conquistar el centro es lo que el teórico francés denomina logocentrismo. El *logos*, como palabra hablada, garantiza una presencia trascendental que está en contraposición con la palabra escrita. Atribuirle esta cualidad de inmanencia a la palabra hablada es justa-

[28] Catalá (1978) menciona un paralelo ya existente entre el águila y la Virgen María en el poema «Glosa a la Virgen María», con el que Sor Juana ganara un premio en un concurso de poesía en el año de 1683.

mente lo que Derrida ha llamado fonocentrismo. Su concepto de la «*différance*» se opone a este fonocentrismo en la medida que el signo no es presencia absoluta (Derrida 1974: 143). La «*différance*» derridiana se remite al lexema francés «diferir» y se refiere, por un lado, al concepto de distinción; es decir, que el signo se caracteriza por las diferencias del sistema; y, por otro lado, implica un aplazamiento de la «presencia». Lo que Derrida, por lo tanto, critica es la suposición de que la palabra hablada implica la presencia del autor, de la verdad. Su deconstrucción revaloriza la escritura, no vista ya como una mera representación del habla.

Para Derrida, la filosofía siempre ha sido una «metafísica de la presencia» y, a lo largo de la historia, los principios se han regido sobre la base de una lógica binaria como «palabra/escritura», «presencia/ ausencia», «dios/hombre», «consciencia/inconsciencia», «hombre/ mujer», etc. Hélène Cixous, siguiendo los principios derridianos, ha destacado la jerarquía de las oposiciones duales y afirma que en relación con la pareja «hombre/ mujer», se destacan las siguientes asociaciones: «actividad/ pasividad», «sol/ luna», «cultura/ naturaleza», «día/ noche», «padre/ madre», «razón/ sentimiento», «inteligible/ sensible», «*logos*/ *pathos*» (Cixous 1995: 13-14). Esta jerarquía permite resaltar otra oposición entre actividad/pasividad, siendo la pasividad el atributo de la mujer. Con lenguaje figurativo, Cixous afirma que estas oposiciones se originan en un campo de batalla donde cunde la muerte y la pareja se destruye. Es en esa lucha cuando aparece la jerarquía, y por lo general, la «victoria siempre viene al mismo punto»: la supremacía del hombre activo sobre la mujer pasiva (Cixous 1995: 13). Escuchemos a Toril Moi:

> Todo su proyecto ideológico se puede resumir como un intento de deshacer esta ideología logocéntrica: proclamar a la mujer como fuente de vida, poder y energía y dar la bienvenida a un lenguaje femenino que derribe estos esquemas binarios machistas en los que el logocentrismo y el falocentrismo se alían en su lucha por oprimir y silenciar a las mujeres (Moi 1988: 115).

Las similitudes entre este planteamiento decontructivista y el de Sor Juana son impactantes. Si bien la monja jerónima, como veremos a continuación, utiliza la terminología logocéntrica, su jerarquía, producto de la batalla y de la muerte, deconstruye la posición oficial: la batalla se lleva a cabo en el poema explícitamente entre las figuras alegóricas de la Noche y de la Aurora y cuya muerte temporal trae como consecuencia la emergencia del paradigma masculino identificado como el Día, de cualidades pasivas. Sor Juana, por lo tanto, al igual que Cixous, deconstruye la jerarquía falocéntrica en la medida que asocia la muerte con la actividad (nacimiento de la escritura del *Primero sueño*) y la pasividad con el Día.

La iluminación que se produce como producto de la irrupción del Día nos remite, asimismo, a la doctrina de San Agustín. Para el obispo de Hipona, esta doctrina sigue la tradición antigua de la metafísica de la luz y se remite a los escritos bíblicos. La luz se convierte en aquella fuerza que ilumina el Espíritu, *lux mentis*, y que permite la aprehensión de la verdad. Ésta, asimismo, es identificable con la figura de Dios y, sobre todo, de Cristo (Przywara 1936: 41-73).

Un análisis pragmático del *Primero sueño* indica una enunciación circular. Se empieza de noche y luego, la aparición de los rayos de luz se expresa en un proceso gradual. En el verso 150, la Noche llega a la mitad de su tiempo y decae a partir de allí («y la sombra dimidiaba», v. 152). Durante la oscuridad se ofrece el ambiente apropiado para que el sueño lo posea «todo»(v. 147). El Día surge lentamente despertando a los miembros (v. 855) y liberando a las extremidades de las cadenas del sueño (v. 852). Al final del poema se sugiere nuevamente la caída de la Noche y así sucesivamente. Esta circularidad está representada alegóricamente en la última parte del poema (vv. 887-975). La esposa de Titón (v. 898), es decir, la Aurora, aparece en escena como una figura alegórica de guerra que pretende derrotar a la Noche:

> amazona de luces mil vestida,
> contra la noche armada,
> hermosa si atrevida (vv. 899-901).

La guerra está sugerida con los lexemas «cadenas» (v. 852), «fugitiva» (v. 882), «armada» (v. 900), «valiente» (v. 902), «tropas» (v. 907), «reclutando» (v. 907), «retaguardia» (v. 910), «imperio» (v. 912), «estandarte» (v. 919), «arma» (v. 920), «bélicos clarines» (v. 922), etc. El lucero de Venus (v. 895-896), «planeta fogoso» (v. 906) aparece en el firmamento y las aves anuncian el inicio de la guerra. La luz hiere a la Noche con sus «tajos claros» y ésta, cobarde, llama a sus «escuadrones negros» para retirarse y abandonar el campo de batalla. El poema dice:

> a la fuga ya casi cometiendo
> más que a la fuerza, el medio de salvarse,
> *ronca* tocó *bocina*
> (vv. 934-936).

Habría que resaltar aquí que este tipo de sintaxis, es decir, la colocación del epíteto al comienzo del verso, ha sido clasificado por Perelmuter como un «hipérbaton de los extremos». Para esta estudiosa, la anteposición del adjetivo resaltaría el «carácter transgresivo y perturbador del sonido, matiz realzado por la sonoridad de la «r» con que se inicia el verso. Así, la perturbación de la sintaxis refleja la perturbación del silencio» (Perelmuter 1982a: 102).

Al llegar el Día («sol» v. 943), la Noche huye pisando su propia sombra, pero decide dirigirse hacia el lugar que ha abandonado el Sol:

> en la mitad del globo que ha dejado
> el sol desamparada,
> segunda vez rebelde determina
> mirarse coronada
> (vv. 963-966).

El Día empieza, pero se sabe que llegará el atardecer. La pelea entre ambas figuras sucederá nuevamente. Los escuadrones negros de la

Noche atacarán al Sol con tajos oscuros (en oposición a los tajos de luz del verso 929) y así se repetirá la circularidad de la enunciación de modo infinito. Los siguientes versos, pertenecientes a la descripción del término de la Noche, nos muestran uno de los paralelismos más logrados entre la Noche, la sombra, el águila y el alma del cuerpo:

> Consiguió, al fin, la vista del ocaso
> el fugitivo paso
> y —en su mismo despeño recobrada
> esforzando el aliento en la ruina—
> en la mitad del globo que ha dejado
> el sol desamparada,
> segunda vez rebelde determina
> mirarse coronada
>
> (vv. 959-966).

Este «mirarse coronada» se refiere en una primera instancia a la Noche, así como también a la Luna (en oposición al imperio del Sol). Es la Noche la que posee un «nocturno cetro» (v. 914). Su frente, además, está descrita «de luces coronada» (v. 903-904). El alma (al igual que el águila) también aparece como una «reina soberana» (v. 439) que, como la Noche (y el discurso femenino), retrocede cobarde. Los atributos de rey/reina también se observan en las imágenes del «corazón», el Sol y el mundo. Es interesante que la Noche se muestre con cetro y corona, pues estos atributos pertenecen a la figura del águila. Así, por lo menos, se representa a esta ave en la literatura emblemática. Un ejemplo es el «Águila bicéfala, corona imperial orbe» de Honras, cuyo lema reza: «Ella sola ocupa todo el orbe». En dicho emblema se pinta un águila que abarca y ocupa el espacio. La intención es resaltar las cualidades y la genealogía de la emperatriz María de Austria. El águila, por lo tanto, representa una figura femenina que simboliza el poder, la vigilia y la devoción. Lo que comúnmente se asocia con el Día (luz, Sol, corona), en estos versos ha sido transferido a la Noche. La concepción de la Noche, al igual que en las teorías científicas, muestra un cambio radical pues sus características están al alcance de nuestra compresión y entendimiento. Ya no se trata de presentar las sombras como las huellas de un mundo lejano a nuestra compresión. La Noche y sus sombras están más cerca de nuestro reino.

Otro paralelo deducible de los versos citados es el estado de «despeñada». El despeño de la Noche y su recuperación se igualan a la descripción del alma y a la del águila, pues estas dos han caído desde la cumbre y se han recobrado gracias a un esfuerzo similar: el águila en su «visual alado atrevimiento» (v. 368), «esforzando más que nunca» (vv. 334-355); «esforzando el aliento en la ruina» (v. 962) y el alma con su «vuelo intelectual» retrocediendo «cobarde» (v. 453). Se sabe además que desde un comienzo la Luna brilla en el firmamento durante la noche del sueño:

> viéndose claramente
> en su azogada luna
> (vv. 274-275).

No sólo podemos percibir que se trata de la Luna llena, sino también que ésta funciona, asimismo, como espejo donde se reflejan los cuerpos. La caracterización de este astro se hace por medio de alusiones mitológicas:

> del orbe de la diosa
> que tres veces hermosa
> con tres hermosos rostros ser ostenta
> (vv. 13-15).

Estos versos se refieren a Diana, quien era llamada así por representar a Diana o Delia; a la Luna, nombre con que se le llamaba en el cielo; y también a Hécate o Proserpina (en los infiernos). Recuérdese que la imagen trifásica de la Luna fue la que dio origen al concepto de la trinidad. La mitología griega está muy marcada por la influencia de la Luna representada en la diosa Selene. Esta divinidad era considerada como la madre de todos los nacimientos (Guirand 1984: 143). De ella dependía todo elemento «húmedo», así, por ejemplo, el crecimiento de las plantas y el mundo animal[29]. Se le consideraba como la tierra celestial de donde nacían todas las almas. Según la filosofía natural, su relación con Helios, el dios del Sol, se producía en la medida en que éste se tragaba el agua (puesto que con el calor se evaporaba) y la Luna, por lo tanto, la volvía a parir (Rahner 1964: 150). El elemento iconográfico de la figura alegórica nos remite a la siguiente imagen bajo la luz de la Luna:

> hermosa si atrevida
> valiente aunque llorosa
> (vv. 899-900).

El adjetivo «llorosa» —si bien de fuerte carga negativa— nos sugiere la humedad de las gotas de rocío que produce la Luna durante la noche. La mitología griega consideraba que la diosa Selene era la proveedora del rocío nocturno. Filón (20 a.C.-54) resalta las carac-

[29] Es interesante observar la recepción contemporánea de estas ideas. Marge Pierce (1980), una poeta norteamericana escribe en su poema «The moon is always female»:

> The moon is always female and so
> am I although often in this vale
> of razorblades I have wished I could
> put on and take off my sex like a dress
> and why not? Do men wear their sex
> always? The priest, the doctor, the teacher
> all tell us they come to their professions
> neuter as clams and the truth is
> when I work I am pure as an angel
> tiger and clear is my eye and hot
> my brain and silent all the whining
> grunting piglets of the appetites
> (vv. 1-12).

terísticas del brillo femenino de Selene y afirma que la Luna derrama su «fértil rocío» de forma similar al modo en que la madre alimenta con su leche a todo ser vivo:

> Lunae phasibus speciatim fructus nocte quodam modo maturescere videntur; debiles mamque et magis femineos emittens splendores necnon serenos (aut rore praeditos) optime lactat enutriendo et adaugendo; quandoquidem nimius violentusque calor exsiccando arescere facit; qui vero absque exustione est, leniter ac paulatim calefaciendo solet perficere (Rahner 1964: 144)[30].

La noción de que Selene producía el rocío nocturno era, según este experto en teología, un concepto expandido en toda Grecia. El mito más conocido era que el rocío, en la personificación de Herse, era la hija de Zeus y Selene (*ibíd.*: 145). De acuerdo a Aristóteles, la Luna era el comienzo de todo nacimiento y crecimiento (*ibíd.*: 147). Lo más importante para nuestro poema es que esta concepción de la mitología lunar, presente en los versos citados, es la base para la comprensión de la doctrina patrológica. El hecho de que Selene sea concebida como la reina de todos los nacimientos fue de suma importancia puesto que ella era la tierra celestial de donde nacían las almas. Lucina (otro nombre para Selene o Luna) cuidaba, además, de todas las madres embarazadas (Rahner 1964: 148). Según el teólogo alemán, Metodio de Filipos, en su *Simposio a las diez vírgenes*, escrito a finales del siglo II, hace la primera interpretación del texto sobre la mujer apocalíptica desde una perspectiva cristiana de la Antigüedad, considerando a la vez la simbología de la Luna[31]:

[30] *Cfr. El asno de oro* de Apuleyo (1997: XI, 2) sobre el «fuego húmedo» de «la luz femenina de la Luna».

[31] Methodious: *Symposion* VIII, 6: «Der pneumatische Vollmondschein der Kirche, das beständige Wachsen zur ewigen Fülle hin, wird erreicht in dem beständigen Gebären der geistigen Kinder, der Neugetauften. Die Kraft zu dieser übernatürlichen Mutterschaft schöpft die Kirche immerdar aus der neumondlichen Vereinigung mit der Sonne Christus, der sich selbst in einer mystischen Ekstase

El brillo pneumático de la Luna llena de la Iglesia, su crecimiento constante hasta lograr lo infinito se alcanzará por medio del permanente parir de los hijos espirituales, los recién bautizados. La Iglesia logra adquirir esta fuerza sobrenatural con el Sol llamado Cristo en una unión de Luna llena. Éste, durante un éxtasis místico, se ha destruido a sí mismo en la cruz y nacerá nuevamente en luz eterna. La Iglesia es también la «Luna creciente»: crece con los recién bautizados y decrece en la fuerza mística de la muerte de Cristo que siempre se repetirá (Rahner 1964: 152).

Es decir, que el cuerpo creciente de la Luna representaba la Iglesia en expansión a través de los nuevos creyentes bautizados. La fase decreciente iba paralela a la muerte de Cristo en la cruz. La Luna, de acuerdo a esta teología, incluía el cuerpo de la Iglesia que permanentemente da a luz a Cristo. Y el alumbramiento, reflejado asimismo en el *Mega Mysterion* de la Epístola de San Pablo a los Efesios, está escenificado por medio del nacimiento del *Sol novus* durante la noche de Navidad (Efesios III: 4-22). Este pensamiento se entendería mejor al tener en mente que en la filosofía natural, el momento de la muerte de Cristo en la cruz es concebido como «das Untergehen der Sonne» (el ocaso del Sol). La idea de que la luz del Sol lo ilumina todo, incluso a la Luna, fue una de las aserciones claves en la teología lunar de Ambrosio. Según Rahner, ésta es la base de la simbología. Ella es simultáneamente la novia y la hermana del Sol (1964: 127):

> mientras nuestro hemisferio la dorada
> ilustrada del sol madeja hermosa,
> que con luz judiciosa
> del orden distributivo, repartiendo
> a las cosas visibles sus colores

vernichtet hat am Kreuz und einst in unvergänglichem Licht neu aufgehen wird. Die Kirche ist also «wachsender Mond», sie nimmt in den Neugetauften zu [...]-aber in der Kraft des mystisch sich immer wiederholenden Todes Christi» (Rahner 1964: 152).

iba, y restituyendo
entera a los sentidos exteriores
(vv. 967-973).

Aquí, en los versos citados, es el Sol quien, como rey judicioso, distribuye su luz a todos los objetos, dándole casi fuerza a los sentidos.

Los estudios del teólogo Rahner, en especial su libro *Symbole der Kirche* (1964), nos permiten visualizar las conexiones que existían desde la Antigüedad respecto de la relación entre la Iglesia y la Luna. El autor se basa, sobre todo, en la obra de escritores como Ireneo, Hipólito, Ambrosio y Orígenes. Describe así cuatro conceptualizaciones de la Iglesia a lo largo de la teología simbólica de la patrística: 1) la Iglesia como el regazo de la vida terrenal de Cristo, 2) la Iglesia como la Virgen en la Luna y su relación de noviazgo con el Sol Cristo, 3) la fuente del agua que da vida y que fluye del costado de Cristo y 4) la Iglesia como la barca de curación. La presencia de la Luna en nuestro poema remite, pues, al cuerpo de la Iglesia que da a luz a Cristo y este cuerpo es el mismo del alma del poema, del águila, de la Luna, de la Virgen María y, como veremos más adelante, de la sombra inicial de los primeros versos. Se trata de un cuerpo de connotaciones eclesiásticas y, por lo tanto, sagrado. Es, además, un sujeto femenino, que como el águila está en estado de gestación. La aclaración más específica la tenemos en el verso 926 cuando Sor Juana describe a la Noche:

cuando como tirana al fin, cobarde
de recelos medrosos
embarazada, bien que hacer alarde
(vv. 924-926, énfasis mío).

Si bien «embarazada» también significa «impedida, detenida, retardada» (*Diccionario de autoridades*), la reiteración de estas isotopías semánticas en los diversos sujetos femeninos confirmaría esta posición. Alma, águila y Noche/Luna se revelan como digresiones unidas a través del embarazo. Se trata de entes en busca de «establecer su nido» (águila), de la protectora de las mujeres embarazadas (Selene), de la misma Luna que pare el rocío y que en la teología de la patrística es el cuerpo de la Iglesia dando a luz a Cristo. La Noche estará en oposición al día no sólo por sus características intrínsecas de oscuridad/luz, y de sujeto femenino *versus* sujeto masculino, sino también por su connotación religiosa[32]. Cuando muere Cristo, el Sol se oculta, pero sale la Luna. Cuando nace Cristo (en el corazón de los cristianos a través del bautismo) sale el Sol y la Luna se oscurece. Es la enunciación circular que da inicio y fin al poema.

Esta circularidad implícita en la Luna creciente y decreciente, en la aparición del Día y de la Noche nos remite, asimismo, al misterio eclesiástico de la resurrección. Agustín toma posición frente a este misterio escatológico al identificar directamente el símbolo de la resurrección infinita con la renovación constante de la Luna (Rahner 1964: 162). Sor Juana, como jerónima, conocía bastante bien la doctrina augustiniana y la obra de los Padres de la Iglesia. Podremos, pues, sin duda sostener que las caracterizaciones del ambiente del *Primero sueño* no eliminan las connotaciones religiosas sugeridas por la Luna y que éstas se reflejan en los sujetos femeninos: el águila, la lechuza, el alma y por extensión el cuerpo del poema.

Una de las caracterizaciones más novedosas de la figura de la Luna en la obra de Sor Juana Inés de la Cruz ha sido estudiada por A. Beaupied. Existiría una estrecha relación entre el *Primero sueño*, *El Divino Narciso*, *El neptuno alegórico* y *El Asno de oro* de Apuleyo. La autora de *El Narciso hermético* hace hincapié en las similitudes entre el papel que juega la diosa Isis en la obra de Apuleyo y la figura de la Luna en los textos sorjuaninos (Beaupied 1997: 79-130). Lucio, el personaje que es metamorfoseado en asno debido a su curiosidad,

[32] La identificación sexual de estos sujetos es para Arenal una mera suposición. Esta crítica, sin embargo, reconoce la implicación: «Why not be able to switch the terms -which she does toward the end of the poem when night flees her entourage to another part of the orb -by analogy with man/(woman), to reflect the standard asymmetry, but in reverse [...]», (1991: 134).

sabe que su salvación se llevará a cabo por medio de la ingerencia de una rosa. Es sólo a través de un sueño y una visión que este personaje logra visualizar a Isis, a quien se identifica con la Luna. Esta diosa tiene poderes sobre los hombres y es ella quien le revela cómo y dónde adquirir la flor deseada. Al despertar, Lucio inicia un ritual equivalente al bautismo/eucaristía pues ingiere la rosa y recupera su forma humana. Finalmente, éste se entrega por completo al culto a Isis y se convierte en uno de sus seguidores más fervientes (Apuleyo 1997: 280-294). Al igual que Lucio, para quien el encuentro con la figura de la Luna implica la revelación, el alma del poema recibe la iluminación en una noche espejada por el rocío de la Luna.

2.2.4. Vírgenes en el *aula pudoris*

Desde la primera digresión nos llama la atención la importancia que Sor Juana atribuye a la presencia de sujetos vírgenes. Muchas son las figuras y fragmentos textuales que nos remiten a estos seres: las vírgenes del templo de Vesta (vv. 25-38); las hijas de Minias, doncellas metamorfoseadas en murciélagos (vv. 39-50); Ascáfalo, búho relacionado con Perséfone (vv. 53-55); las amazonas, que nos remiten a la diosa Artemisa de Éfeso (vv. 899); la Luna con sus tres rostros: Proserpina, Luna y Diana (vv. 13-15, 274) y su connotación simbólica de la patrística personificada en la Iglesia y en la Virgen María; Tetis; Acteón, cuya alusión hace referencia a Diana (vv. 113-15); Aretusa (vv. 127-129); el águila, cuya mención trae a colación al ave de la resurrección (vv. 681-682) y por ende a la Virgen María (vv.129); y, por último, el cuerpo mismo del poema.

¿Qué importancia tiene la presencia virginal en el texto? En su estudio titulado *The Body and Society*, Peter Brown analiza el rol de las vírgenes en la Edad Clásica. La virginidad en esa época no pretendía recordar a la sociedad la imagen de una perfección perdida; lo importante era que las doncellas corporeizaban la suspensión del proceso normal. Éste era el matrimonio y el dar a luz, el concebir después de la pubertad. La presencia de las vestales, por ejemplo, resaltaba la consciencia de los contemporáneos de que el matrimonio y el nacimiento eran el destino incuestionable de todas las otras mujeres (Brown 1988: 8). Esta misma percepción de la virginidad la podemos intuir en el texto. A un nivel biográfico, Sor Juana evitaba la procreación y decidió consagrarse en una Orden donde sabía que permanecería tras la 'puerta' cerrada de la castidad. Además, muchas eran las mujeres que morían al momento del parto. A un nivel histórico, las vírgenes del *Primero sueño* también hacen hincapié en el destino de las mujeres de la Colonia en la medida en que llaman la atención sobre su situación anómala. Lo normal era «acceder» al matrimonio puesto que muchas de ellas no tenían otra alternativa que casarse. Al igual que las vestales que no habían tenido libre elección, pues era la sociedad quien las elegía para dedicarlas al servicio de Dios, las religiosas como Sor Juana se separaban de la comunidad y muchas veces su aceptación en las Órdenes dependía de factores sociales y económicos. Al mismo nivel histórico podemos afirmar que San Jerónimo, a cuya Orden pertenecía Sor Juana, vivió acompañado de vírgenes. No es raro encontrar estas menciones en su biografía. Las doncellas romanas lo rodeaban y era en su compañía que este santo se dedicaba a leer y traducir las Sagradas Escrituras. Fueron los tratados sobre la virginidad escritos por los cristianos los que hablaron públicamente sobre el estado físico de la mujer casada: los peligros al alumbrar, en la lactancia, la exposición a enfermedades de niños, etc. La intención era clara. Se pretendía hacer hincapié en la peligrosidad del matrimonio, promoviéndose así la «elección» de la virginidad, un estado que en el caso de Sor Juana coincide con su decisión de hacerse religiosa. El claustro, por lo tanto, es el espacio habitado por las vírgenes o monjas que han decidido interrumpir y cambiar su destino.

Este espacio virginal está directamente ligado a la noción del cuerpo. Gracias a los estudios de Sigüenza y Góngora sobre el convento real de Jesús María de México poseemos información sobre los votos de las monjas durante la profesión. En el prólogo a la obra del mexicano, Margarita Peña resume magistralmente los requisitos:

> Los votos que la monja debía hacer en el momento de profesar remachaban el sometimiento en tres aspectos fundamentales: pobreza, obediencia y castidad. A ellos se añadía el de clausura. El voto de castidad tenía que ver con la guarda celosa del cuerpo (Peña 1995: 25-26).

Todo el cuerpo estaba comprometido a este voto de clausura, desde la cabeza a los pies. Por ejemplo, el cabello se cortaba antes de o en el momento de la toma del velo. El velo mismo ocultaba la mirada; la cabeza que incluía los buenos y malos pensamientos, las bocas que contenían la voz y el gusto, todo debía protegerse y cuidarse (Peña 1995: 26), pues el cuerpo de las religiosas equivaldría al templo sagrado. El objetivo, como bien afirma Peña, era «deserotizar el cuerpo, volverlo asexuado»; ésta era «la función de los oscuros y pesados hábitos confeccionados en telas bastas» (*ibíd.*: 27). Ejemplo concreto de esta actitud lo tenemos en la vida de la V. M. Marina de la Cruz, religiosa del convento de Jesús María. Como relata Sigüenza, su penitencia era tan extrema que todos los días se condenaba a tres rigurosísimas disciplinas, «siendo las dos con instrumento de cuerdas y nervios, y la otra con los ramales delgados de una cadena». Para llevar a cabo su penitencia, la madre Marina se había ceñido los «pechos y espalda hasta el día antes de morir» (Sigüenza y Góngora 1995: 195).

Los Padres de la Iglesia trajeron a colación la concepción virgen de María. Uno de los puntos centrales del pensamiento de Ambrosio fue la concepción virginal de Cristo. Para el tutor de San Agustín, el nacimiento del Salvador estuvo marcado sexualmente. Todos los humanos nacen con una cicatriz equivalente al deseo sexual. El nacimiento del Hijo de Dios carece de esta marca y por lo tanto actúa como un puente entre el presente, el estado caído del cuerpo humano y su futuro (Brown 1988: 351). Sólo un cuerpo libre de todo rastro de cicatriz, o concebido en ausencia de sexualidad podría liberar a la humanidad. En su tratado sobre la virginidad Ambrosio afirma que la Iglesia debía permanecer separada del mundo y no se debía asociar lo sagrado y lo profano. De igual manera, los que escogían permanecer vírgenes tenían que aislarse de la sociedad. La sexualidad también se evitaba al eludir las 'mezclas' (*ibíd.*: 353). Lo más importante para Ambrosio era el principio de la *integritas*:

> For in what does the chastity of a virgin consist, but in an integrity unexposed to taint from the outside? And, indeed, when a girl is deflowered by the customary process of marriage, she loses what is her own, when something else comes to mix with her (Brown 1988: 354).

Ambrosio también recurre a metáforas relacionadas con el cuerpo de María. Para él, la Virgen es considerada un *aula pudoris* o, como dice Brown, «a royal hall of undamaged chastity» (1988: 354). La corporeidad de la madre de Cristo, así como la de las vírgenes que siguieron su ejemplo, está relacionada con un espacio geográfico que no se puede penetrar, una puerta a la que nadie —excepto Dios— tendría acceso: «Esta puerta ha de estar cerrada; no se abrirá ni entrará por ella hombre alguno, porque ha entrado por ella Yahvé, Dios de Israel; por tanto, ha de quedar cerrada» (Ezequiel 44: 2). No olvidemos que los tratados arquitectónicos de la época se referían a la arquitectura perfecta del Templo de Salomón. No es extraño pues que las referencias a las vírgenes se circunscriban alrededor de un espacio protegido. Al estudiar el tratado de Villalpando, Jan Corral hace hincapié en la diferenciación entre el espacio profano y el sagrado. La estructura espacial del Templo de Salomón «se configura como un dispositivo para retardar, alejar, dificultar e incluso impedir el acceso al *sancta sanctorum*, de esta manera guardado en el interior recóndito del laberinto tejido a su alrededor» (Villalpando 1990: 22).

La puerta del templo que permanece cerrada para las vírgenes ha sido identificada con el útero de María (Brown 1988: 355). Alrededor del año 390 se consolidó el estatus de María en la Iglesia católica. Las vírgenes disponían de un ejemplo en el *aula pudoris* y, para Ambrosio, tenían literalmente que aislarse perpetuamente de sus familias. Debían pues seguir el principio de la *integritas*. Él no tenía conocimiento sobre el lugar en el que se encontraban, ni tampoco el cuerpo de las vírgenes permitiría penetración alguna. Las ceremonias de *velatio* eran públicas y cada consagración traía, asimismo, consecuencias económicas, puesto que con cada Virgen, una porción de la fortuna familiar se destinaba a la Iglesia (Brown 1988: 356). La presencia de estas doncellas vírgenes convertía el lugar en espacio sagrado. El templo, el santuario, la puerta y el útero eran impenetrables para el hombre. El principio de *integritas* sugerido por Ambrosio trajo grandes consecuencias en el futuro de la Iglesia. Es a partir de allí (alrededor del año 380) que se debate si este estado de aislamiento sexual en el que vivían las vírgenes debía aplicarse al clérigo masculino y establecer el celibato. Para Crisóstomo, el estado de celibato tendría que ser una libre decisión. Dios no prohíbe el matrimonio a los cristianos, pero aquellos que escojan el celibato tendrán mayor recompensa. En su estudio *De virginitate*, este Padre ataca a las vírgenes heréticas y afirma que no son verdaderas vírgenes puesto que no han escogido su condición virginal en forma libre (Crisóstomo 1983: I, 1). Los que se deciden por el estado *pudoris* por obligación y rechazan el matrimonio considerándolo como algo del demonio, serían heréticas puesto que la virginidad es una elección de virtud. ¿Dónde podríamos ubicar a Sor Juana desde el punto de vista de Crisóstomo? ¿Escogió la virginidad por libre albedrío dado que estaba convencida de la superioridad espiritual de esa forma de vida? ¿No fue acaso por conveniencia? Según Crisóstomo, entonces, Sor Juana sería una virgen herética comparable a un eunuco[33]. Mientras que el eunuco ha sufrido castración corporal, una virgen herética, afirma Crisóstomo, sufre las consecuencias de la separación de sus «pensamientos rectos» por parte del demonio (*ibíd.*: VIII, 5).

Agustín de Hipona fue de gran influencia en la persona de Sor Juana. Consideremos, pues, aquellos enunciados respecto de la virginidad que puedan ser de importancia para nuestra interpretación.

[33] A propósito del tema, *cfr.* Ranke-Heinemann (1990: 250-252). Esta estudiosa trae a colación la bula de Sixto V (1585-1590), quien proclamó que un hombre debía tener «semen verdadero» y, además, «los dos testículos». De otra forma, el matrimonio debía anularse. Piénsese, por ejemplo, en el personaje de Abelardo.

Para San Agustín, el género sexual era irrelevante sobre el estatus virginal: «Each sex is called woman, because each is the Church; and each sex, that is, the Church, is called a virgin» (Agustín 1958b: CXLVII, 10). Ambos géneros sexuales pertenecen a la Iglesia y por lo tanto poseen la cualidad de vírgenes: «The whole Church therefore is called a Virgin, and, in the masculine gender, 'the people of God,' and 'one people' and 'a single people' (Agustín 1958b, CXLVII, 10). Como creyentes, el género deja de tener relevancia y cada uno de los bautizados es parte de la Iglesia. Como tal, comparte el estado virginal de la misma. Ésta es justamente la visión de Sor Juana en los siguientes versos de su romance: «que las almas distancia ignoran y sexo»[34]. La presunta asexualidad del alma es lo que ha contribuido a la interpretación del *Primero sueño* como un texto en el cual la distinción genérica no tendría ninguna relevancia. Es obvio que la monja mexicana conocía la posición agustiniana al respecto, pero también es evidente que para Sor Juana el poema constituye una táctica en el sentido de Michel Certeau. No en vano el lector buscará cualquier indicio del género sexual desde el primer verso, y recién lo encontrará en la última línea del texto. San Agustín diferencia entre la virginidad de la carne y la del corazón. Para este Padre de la Iglesia, la virginidad de la carne es comparable a un cuerpo 'inmaculado'. La del corazón representa la fe incorrupta. En nuestro texto Sor Juana, como Agustín, no separa al alma de su corporeidad. Son las funciones orgánicas las que posibilitan la acción durante el sueño. Sor Juana también hace mención específica a las ocupaciones de los miembros del cuerpo, como el corazón, los pulmones, el estómago y su relación con las facultades de la imaginativa (vv. 234-266). Así como el obispo de Hipona complementa la virginidad del corazón con la del cuerpo, la monja jerónima asocia el alma asexuada con el cuerpo sexuado. Si bien éste se revela como un cuerpo virgen, en el siguiente capítulo se hará obvia su feminidad y su paralelo con el cuerpo de la Iglesia.

[34] «Lo atrevido de un pincel», vv. 109-112.

Recuérdese que en el fragmento de las aves nocturnas, todo el ambiente alude al templo de la diosa Vesta, rodeada por vírgenes que cuidaban y alimentaban el fuego para que la llama permaneciese encendida. La misma Nictimene, como hemos visto, asume el rol de divinidad en la medida en que su propio cuerpo se convierte en el templo iluminado:

> Y sacrílega llega a los lucientes
> faroles sacros de perenne llama
> que extingue, si no infama,
> en licor claro la materia crasa
> consumiendo, que el árbol de Minerva
> (vv. 32-36).

Al beber el fuego sagrado, Nictimene se convierte en paradigma del templo, espacio sagrado y, por lo tanto, de todo sujeto virgen. En este pasaje, y como en casi todo el poema, las vírgenes no se mencionan explícitamente. Por las características de la descripción de los lugares sabemos de la presencia de las doncellas inmaculadas a quienes se les debe la llama ardiente.

La alusión a las hijas de Minias, doncellas metamorfoseadas en murciélagos, por otro lado, conlleva a un nivel metapoético. Se puede establecer un paralelo con el cuerpo presente en el *Primero sueño* y el de estas vírgenes. En vez de rendirle tributo a Baco, las hijas de Minias prefieren quedarse a laborar en sus tejidos y se entretienen contándose diversas historias entre sí. Después de su metamorfosis continúan con el discurso:

> Aquellas tres oficiosas, digo
> atrevidas hermanas
> que el tremendo castigo
> de desnudas les dio pardas membranas
> [...] solos la no canora
> componían capilla pavorosa,

máximas, negras, longas entonando
y pausas más que voces, esperando
(vv. 47-59).

La voz de las aves nocturnas se convierte en la tiniebla que seguirán creando *ad infinitum* y ésta se vuelve la alegoría de su propio discurso. Tanto el tejido de las vírgenes antes de la metamorfosis, como la niebla y las voces que producen con su vuelo nos remiten a un nivel poetológico, puesto que ambos se basan en la antigua metáfora del tejido como texto[35]. Desde el propio cuerpo, es decir, con las manos tejedoras o las alas de los murciélagos, se produce la escritura[36]. La corporeidad virgen se muestra, así, ligada al *logos* poético.

En la iconografía bizantina, las tejedoras cumplían un rol importante. Penélope, cuya presencia en el texto queda sugerida gracias a las vírgenes que tejen a la orilla del río antes de su metamorfosis, era considerada la Virgen de la Anunciación. Su atributo principal era un disco solar, la *fuellus*. Éste, agrandado a escala cósmica sería la bóveda celeste y le permitiría al hombre vestirse de estrellas. Recordemos también la simbología de la patrología. La Luna, como vimos en la teología lunar, es identificable con la virginidad de María. Su triple rostro trae a colación a Diana, Luna y Proserpina. Diana, a quien también se alude a través de la digresión de Acteón, era la hija de Júpiter y de Latona. Obtuvo de su padre el permiso para permanecer virgen durante la eternidad. Júpiter la hizo reina de los bosques y protectora de las madres embarazadas. Fue, asimismo, diosa de la caza. A Artemisa, que no debe confundirse con Artemisa de Éfeso, a quien también se alude por medio de las amazonas, se le representaba con coronas de estrellas («su frente mostró hermosa/ de matutinas luces coronadas», vv. 903-904). Esta trilogía nos recuerda el origen de la

[35] Recuérdese que el lexema *textus* tiene originalmente una significación concreta equivalente a «tejido». Una mención explícita se encuentra también en *Las metamorfosis* de Ovidio (VI, cc. 455-578). Filomena, a quien Tereo viola y le corta la lengua, borda su historia en un lienzo.

[36] Lo mismo en la Égloga III de Garcilaso.

Trinidad y por ende el *logos* o la palabra divina. Lo mismo la figura del águila: sus características se asemejan al águila evangélica y como consecuencia a la Virgen María. Así como en el texto predomina la presencia de seres mitológicos vírgenes, de la misma forma el cuerpo en cuestión adquirirá las mismas propiedades. Se trata de un cuerpo que concibe el *logos* en un estado virginal. Su embrión será su propia creación.

Peter Brown sugiere incluso una conexión, dada ya en la Biblia, entre la virginidad y el nivel poetológico (Lucas 1: 34-35). Para él, las vírgenes se asociaban con el elemento profético (Brown 1988: 67). Otra de las asociaciones interesantes en este sentido la hace Basilio (329-379), obispo de Cesarea. En su tratado *Sobre la preservación de la virginidad*, escrito entre los años 336-364, aparece una figura masculina que conjura las relaciones sexuales para poder alejarse de todo aquello que sea ajeno a la virginidad. Basilio, como afirma Brown, resalta la interdependencia genérica entre hombres y mujeres. Ella se convierte en el suplemento del hombre en el sentido derrideano: complementa lo que supuestamente está completo. La mujer, según Basilio, debe mantener su estado virginal:

> By being fully aware of her sexuality and its continued dangers, the virgin would take care in fashioning herself as a *living icon*, whose severe drawn and luminous features, glimpsed in the local church, would instil awe into the Christian community (Brown 1988: 269, subrayado mío).

La prosopografia de la Virgen como icono que propone Basilio parece haber sido asumida por Sor Juana en la medida en que el cuerpo del poema aparece decorado con las características luminosas de los diversos sujetos femeninos vírgenes que irradian el texto, a la Iglesia e incluso al lector. Dentro de la Iglesia ortodoxa, los iconos no son vistos como cuadros separados o como piezas de arte para colgar en espera de una función estética. Se trata más bien de pinturas en 'ciclos' que poseen un significado continuo y coherente y que están ordenadas de acuerdo a las relaciones entre ellos. Su función y su posición sirven para articular y acentuar la palabra de las Escrituras y la teología de la Iglesia (Sahas 1986: 12).

Así como el *Primero sueño* nos narra la historia del alma que emprende una búsqueda epistemológica, de la misma forma los paradigmas vírgenes representados en iconos nos permiten articular la teología implícita. Como lo define Sahas, esta imagen (icono) se asemeja a la palabra griega *Graphê*, la cual implica simultáneamente «escritura» y «pintura». El icono era comúnmente llamado *histôresis* (narrativa escrita y pintura) y la iconografía se consideraba la *historia* (Sahas 1986: 66). El cuerpo del sujeto sorjuanino está vestido de representaciones vivientes y ese ropaje se revela como la alegoría de su propio discurso. Para leer el *Primero sueño* tendremos pues que convertirnos en 'lectores' de iconos[37].

[37] *Cfr.* el capítulo «El 'Dios de las semillas'» de este trabajo. En la loa del auto sacramental *El Divino Narciso* se podrá comprobar que Sor Juana estaba muy al tanto de los debates entre los iconoclastas y los defensores de las imágenes divinas.

Capítulo 3

Corpus sacrum: escritura del cuerpo y con el cuerpo

3.1. Escritura y corporeidad

A lo largo de la historia, los límites entre el alma y el cuerpo no han estado delineados en forma cristalina. Una de las razones de esta ambigüedad es atribuida a la concepción aristotélica del alma, puesto que de acuerdo a este filósofo, tanto las plantas, los animales, así como los seres humanos, poseían un alma[1]. Incluso la interpretación bíblica (I Corintios 15: 1-58) sobre la resurrección del alma y el cuerpo es constante tema de controversia en los sermones de Pascua de católicos y protestantes. Desde la Antigüedad se debaten asuntos referentes al estado del cuerpo en la resurrección, como por ejemplo si «podemos o no abrir nuestros ojos en el cuerpo resucitado, de cuántos años tendremos cuando estemos en el cielo, si despertaremos en dos sexos, si se verán las heridas de los mártires en sus cuerpos» (Bynum 1991: 230)[2].

[1] *Cfr*. Aristóteles (1991), *De anima*. En este tratado, Aristóteles delinea toda una teoría del alma e identifica las funciones, los afectos y las partes de la misma en los diversos seres humanos.

[2] Caroline Walker Bynum (1995: 233) se remite a Santo Tomás de Aquino, quien afirmó que la persona resucitada recién existiría en el momento que recu-

Que Sor Juana enfatice la corporeidad en el *Primero sueño* no parece nada sorprendente si tomamos en cuenta el rol que la monja jerónima le atribuye a la resurrección del cuerpo en el resto de su obra. Piénsese, por ejemplo, en *El Divino Narciso*:

> Ya licencia a la Muerte doy: ya entrego
> el Alma, a que del Cuerpo la divida
> aunque en ella y en él quedará asida
> mi Deidad, que las vuelva a reunir luego
> (vv. 1696-1699).

A su muerte, la figura pagana de Narciso que la monja transforma en un paradigma equivalente a Cristo, señala la futura resurrección de la materia. Si bien en la misma obra es la eucaristía la que reemplaza la flor de la mitología griega (vv. 2187-2190), este símbolo eclesiástico es una alegorización de esa misma corporeidad. La insistencia de Sor Juana en la resurrección del cuerpo se da en forma paralela en el *Primero sueño*. Descrito con el oxímoron de «cadáver con alma», el cuerpo resucita después de los 975 versos:

> Mientras nuestro hemisferio la dorada
> ilustraba del sol madeja hermosa,
> que con luz judiciosa
> del orden distributivo, repartiendo
> a las cosas visibles sus colores
> iba, y restituyendo
> entera a los sentidos exteriores
> su operación, quedando a luz más cierta
> el mundo iluminado, y yo despierta
> (vv. 967-975).

perara su cuerpo: «anima [...]non est totus homo et anima mea non est ego». *Cfr.* los comentarios de Santo Tomás de Aquino a I Corintios, 15. Recuérdese aquí que Sor Juana había leído con detenimiento su obra. *Cfr.* su refutación al Padre Vieira en *La Carta atenagórica*.

Y es que, como en la Biblia, la resurrección es vista en forma paralela al despertar del sueño: Cristo ha resucitado de entre los muertos como primicias de los que duermen» (I Corintios 15: 20). Esa iluminación del último verso se compara con las palabras de San Pablo a los Corintios:

> Voy a declararos un misterio: No todos dormiremos, pero todos seremos transformados. En un instante, en un abrir y cerrar de ojos, al último toque de trompeta -pues tocará la trompeta-, los muertos resucitarán incorruptos, y nosotros seremos transformados (I Corintios 15: 51-52).

Es el mismo toque de trompeta al final del poema en la lucha de la Aurora con el Día. Suena la «ronca bocina» (v. 936) y ese último sonido producirá la resurrección del cuerpo: «despierta» (v. 975).

La asociación entre el sueño y la resurrección no parece haber sido tema exclusivo de Sor Juana. Los *Sueños y discursos* de Francisco de Quevedo (1580-1645) son un antecedente de suma importancia. La obra, que el madrileño intentó publicar en 1610, fue censurada adversamente por la Inquisición debido a la presencia de irreverencias contra las Escrituras y recién salió a la luz en 1612. Si bien, a diferencia del poema de Sor Juana, esta creación quevediana puede considerarse satírica, existe una coincidencia a un nivel temático. En el «Sueño del juicio final» se plantea la credibilidad de la enunciación onírica y recién a partir de allí, se trata la resurrección de los muertos y el juicio de la humanidad. Veamos el rol de la materia:

> Al punto comenzó a moverse toda la tierra y a dar licencia a los huesos, que andaban ya unos en busca de otros [...] Después noté de la manera que algunas ánimas venían con asco y otras con miedo huían de sus antiguos cuerpos. A cual faltaba un brazo, a cual un ojo, y dióme risa ver la diversidad de figuras, y admiróme la providencia de dios en que, estando barajados unos con otros, nadie por yerro de cuenta se ponía las piernas ni los miembros de los vecinos (Quevedo 1985: 73).

Así como en Quevedo se juntan los miembros del cuerpo en el momento del Juicio Final, de la misma manera en Sor Juana los órganos recuperan sus sentidos en el momento de despertar. Obviamente el tratamiento es diferente, pues lo que en Quevedo es ironía, en Sor Juana se convierte en visión. Una visión que, como en las mujeres místicas de la Edad Media, está ligada a la corporeidad.

En su estudio sobre el discurso de la espiritualidad dirigida, María Dolores Bravo trae a colación un parlamento del cardenal Belarmino, uno de los teólogos jesuitas más leídos por el cardenal Antonio Núñez de Miranda, confesor de Sor Juana:

> No hai duda de que estos mismos cueros [los que ahora tenemos] resucitarán, porque de otra manera no sería verdadera resurrección; sino se levantase lo mismo que cayó, y no volviese a vivir lo mismo que murió; y pues la resurrección se hace para que el cuerpo sea partícipe del premio; así como ha sido partícipe de las buenas obras y de pecados (Bravo 2001: 48).

Como bien afirma esta estudiosa, «el cuerpo se integra —escatológicamente y en la eternidad— a la condenación o salvación. Al reunirse con su propia alma, la carne recobra el sentido de eternidad que pierde con la muerte corporal» (Bravo 2001: 48). Sor Juana, por lo tanto, era consciente de la importancia del cuerpo en la resurrección.

Las teorías que emergieron desde finales del siglo XV al XVII pusieron énfasis en una ciencia del cuerpo. Éste empezó a ser disecado, estudiado, dibujado. El cuerpo debía ser representado en los estudios anatómicos con la mayor perfección posible. Como demuestra Jonathan Sawday, las partes más buscadas eran los órganos genitales femeninos. Los científicos robaban los cuerpos de las tumbas con la finalidad de abrirlos y examinarlos. Si Descartes había creado un sujeto cartesiano en el que alma y cuerpo estaban desligados, la ciencia de la disección logró afirmar esa distancia. Era imposible seccionar el alma de la misma manera que se lograba hacer con los cadáveres. La dicotomía alma *versus* cuerpo, presente en la obra de Sor

Juana, revela características peculiares: por un lado se afirma la distancia cartesiana, pero por otro se crea una situación paralela entre cuerpo y alma que niega el sujeto cartesiano. El alma aparece desprendida de la materia durante el sueño, pero ésta recibe una visión de éxtasis gracias al funcionamiento del elemento corporal:

así, pues, de profundo
sueño dulce los miembros ocupados,
quedaron los sentidos
del que ejercicio tienen ordinario
(vv. 166-169).

El cuerpo está profundamente dormido («cadáver con alma», v. 202), pero los miembros están descritos en torno a la importancia de su función vegetativa. Veamos la dependencia con el alma:

el alma, pues, suspensa
del exterior gobierno —en que ocupada
en material empleo,
o bien o mal da el día por gastado—,
solamente dispensa
remota, si del todo separada
(vv. 192-197).

Son precisamente los órganos como el corazón («reloj humano», v. 205), los pulmones («respirante fuelle», v. 211), y el estómago («científica oficina», v. 235) los que le permiten al alma su viaje epistemológico. De la misma manera que el águila vuela «tejiendo de los átomos escalas» (v. 338), así el alma podrá emprender su «vuelo intelectual» (v. 301) y elevarse hasta la cumbre de las pirámides (v. 340).

El universo, para los neoplatónicos, sobre todo de acuerdo a la concepción de Ficino, está compuesto por cuatro jerarquías de perfección decreciente: (1) la *mens mundana*, mente cósmica o *intellectus divinus sive angelicus*, donde se encuentran el intelecto, las ideas y las inteligencias (ángeles); (2) el *anima mundana* o el alma cósmica, donde se ubican las estrellas y los planetas; (3) el reino de la naturaleza; y, como grado último, (4) el reino de la materia (Panofsky 1962: 263-264). En nuestro poema, el alma traspasa el mundo sublunar neoplatónico:

así ella, sosegada, iba copiando
las imágenes todas de las cosas,
y el pincel invisible iba formando
de mentales, sin luz, siempre vistosas
colores, las figuras
no sólo ya de todas las criaturas
sublunares, mas aun también de aquellas
que intelectuales claras son estrellas
(vv. 280-287).

Se aleja del mundo de la naturaleza y de la materia para alcanzar el *anima mundana*, puesto que llega al mundo del *intellectus divinus*: «que intelectuales claras son estrellas» (v. 287). El viaje del alma parece estar relacionado con la creación. El concepto se formula por medio de figuras mentales que el alma, el águila y demás sujetos femeninos, van delineando a lo largo del viaje. Son los miembros del cuerpo los que emiten una escritura alegórica identificable con el *logos* y esa producción es paralela al *logos* poético. Veamos primero hasta qué punto los sujetos femeninos presentes en el poema logran una escritura alegórica. Empecemos con la comparación entre la sombra y la mente humana:

Que como sube en piramidal punta
al cielo la ambiciosa llama ardiente
así la humana mente
su figura trasunta
y a la causa primera aspira
(vv. 403-407).

El alma, a través de la mente, intenta llegar a la primera causa por medio de la elevación de la sombra (vv. 1-9). Aquí la mente humana «trasunta» la figura del fuego. El lexema «trasuntar» nos lleva a las acepciones de «copiar» o «transcribir» algo del original. Así, la mente humana crea una escritura alegórica femenina en su afán de llegar a Dios dentro de la concepción neoplatónica del universo:

> céntrico punto donde recta tira
> la línea, si ya no circunferencia
> que contiene, infinita, toda esencia
> (vv. 409-411).

Al Espíritu Santo se le asocia con la imagen de «lenguas» de fuego que penetran en el individuo durante la fiesta de Pentecostés. Así, el fuego bíblico también es equivalente al *logos* de la patrología que en nuestro poema está presente en la digresión de la lechuza Nictimene:

> Con tardo vuelo y canto, del oído
> mal, y aun peor del ánimo admitido,
> la avergonzada Nictimene acecha
> de las sagradas puertas los resquicios,
> o de las claraboyas eminentes
> los huecos más propicios
> que capaz a su intento le abren brecha,
> y sacrílega llega a los lucientes
> faroles sacros de perenne llama
> (vv. 25-33).

Ella produce su propio fuego gracias al funcionamiento del estómago, y ella misma es quien se convierte en la personificación del Espíritu Santo. La escritura de la sombra y el alma femenina que transcribe el fuego (*ruach*, en hebreo, «la Espíritu Santa» o fuerza divina femenina) puede, por lo tanto, interpretarse como la transposición lingüística de la palabra divina femenina, pues como ya hemos visto, en la Antigüedad se identificaba al Espíritu Santo con la imagen de Sofía y la trinidad mujer. En nuestro poema, entonces, el *logos* coincide así con el *logos* poético. Al igual que la escritura femenina que producen las doncellas tebanas con sus cuerpos de murciélago dentro de la niebla, así el fuego de la lechuza equivale al *logos* y a la escritura de la sombra y del alma. Recordemos la escritura delineada por el movimiento de las monjas dentro del convento. El modo de moverse, de caminar, de hacer sus prácticas cotidianas está condicionando su discursividad. Las figuras mitológicas vuelan, tejen en el espacio, se esfuerzan, baten las alas, llegan sacrílegas, abren brecha, acechan, etc., y estos modos de llevar a cabo estas prácticas cotidianas están diseñando su propia escritura.

A modo de digresión, habría que resaltar la ponderación que hace Sor Juana respecto de la escritura masculina:

> Llegó en efecto, el sol cerrando el giro
> que esculpió de oro sobre el azul zafiro:
> de mil multiplicados
> mil veces puntos, flujos mil dorados
> —líneas, digo, de luz clara— salían
> de su circunferencia luminosa,
> pautando al cielo la cerúlea plana
> (vv. 943-949).

El lexema «plana» se refiere a la hoja de papel impreso o escrito, el medio donde se fijaría la escritura solar (*Diccionario de autoridades* 1990: 287-288). El cielo se descubre como una hoja de papel donde se «pautará» la voz. Ésta, sin embargo, se define por medio de un oxímoron: «líneas [...] de luz clara». Las líneas, para que sean legibles, no pueden ser transparentes; por el contrario, sólo podrán ser aprehendidas si son oscuras. La escritura «cerúlea» (del Sol) es pues una pseudoescritura que está en oposición a la escritura femenina equivalente al *logos*. Ésta es el producto de la noche, del vapor, de la niebla y, en general, del *elementum humidum*.

La presencia del elemento virgen a lo largo del poema remite a la recompensa divina antes de la muerte o antes del Juicio Final. Recordemos que las santas en la Edad Media eran premiadas con poderes divinos en el cuerpo mismo; por medio de trances o visiones sus cuerpos adquirían las características de incorruptibilidad que las hacían semejantes a la instancia divina. El cuerpo del *Primero sueño*, al igual que los de las santas medievales o incluso al de Lucio de la obra de Apuleyo, adquiere la recompensa en la medida en que el sueño le posibilita la visión del conocimiento expresado en el texto poético mismo. Esta visión se debe específicamente al funcionamiento de los miembros corporales. Como diría fray Luis de Granada, «nada se desperdicia en esta casa de dios [cuerpo] y así lo que es superfluo para un miembro, es necesario para el otro» (1989: 424).

3.2. El estómago, «próvida oficina», como metáfora de la Iglesia

En su *Introducción del símbolo de la Fe*, fray Luis de Granada describe la función que el Creador le atribuye a los miembros y la dependencia entre ellos:

> Y así él fabricó el estómago para cocer el manjar, las tripas para recibirlo y purgarlo, el hígado para hacer la masa de la sangre, el corazón para criar los espíritus de la vida, los sesos del celebro para criar los espíritus animales, las venas para repartir la sangre, las arterias para llevar los espíritus vitales y los nervios para repartir los animales y así otros muchos que pudiéramos contar. Lo cual todo sirve no sólo para declarar la orden de la divina providencia, sino también para instrucción y fundamento de la medicina. Porque entendida la calidad y condición de las partes del cuerpo, y la dependencia que tienen unas de otras, saben los médicos dónde han de aplicar las medicinas (1989: 417).

Esta misma dependencia está presente en nuestro poema. El alma se mantiene lúcida gracias a los humores del estómago y éste, considerado también como la 'fábrica' o 'próvida oficina', es responsable por el estímulo de la imaginación:

[...] ésta, pues, si no fragua de Vulcano,
templada hoguera del calor humano
al cerebro enviaba
húmedos, mas tan claros los vapores
de los atemperados cuatro humores,
que con ellos no sólo no empañaba
los simulacros que la estimativa
dio a la imaginativa
y aquésta, por custodia más segura,
en forma ya más pura
entregó a la memoria que, oficiosa,
grabó tenaz y guarda cuidadosa,
sino que daban a la fantasía
lugar de que formase
imágenes diversas
(vv. 252-266).

En este pasaje, Sor Juana se basa en los principios de la medicina hipocrático-galénica para señalar la influencia del estómago y de los humores sobre las facultades aristotélicas de «imaginativa» y «memoria»[3]. De los estudios de medicina de la época, y aquí hago mención explícita al tratado de cirugía de Ambrosio Paré (1509?-1590), se sabe que las facultades humanas eran percibidas como resultado de las producciones de los humores enviados por el estómago: «A Faculty is a certain power and efficient cause, proceeding from the temperament of the part, and the performer of some actions of the body» (Paré 1691: I, VIII, 13). Paré conocía (como Sor Juana) la teoría aristotélica, así como las de Hipócrates y Galeno. Entonces, clasifica las facultades humanas de acuerdo al siguiente esquema: una animal, otra vital y la última natural. La animal es la que más relevancia tiene para el pasaje de Sor Juana y está situada en el cerebro, lugar

[3] En su estudio sobre el *Ingenio* de Huarte de San Juan, Mauricio de Iriarte aclara que en realidad esta clasificación se basa más bien en la teoría de Galeno puesto que Aristóteles había considerado otras dos facultades adicionales: la reminiscencia y el sensorio común (1948: 209).

desde donde se distribuye a todas las partes. Esta misma facultad consta de tres partes: movimiento, sensaciones y la principal. Es en esta última, la principal, donde Paré incluye la facultad del raciocinio, la memoria y la fantasía (*ibíd*: I, VIII, 13).

La conexión que existe entre los miembros del cuerpo del poema y su funcionamiento parece reflejarse en las características de los sujetos. Al igual que el águila que, como el alma, sube a la cumbre de las pirámides, así los vapores del estómago llegan a la parte superior del cuerpo (cerebro). Beaupied, por ejemplo, traza otra relación entre el águila y el estómago:

> Ya que estos vapores del estómago son los que al final del poema se encargarían de enviar su mensaje al cerebro con el propósito de despertarlo, cabe pensar que la función de los vapores que suben al cerebro es idéntica a la piedrecita o cálculo que despierta al águila (1997: 48).

Es el estómago la oficina y hoguera de donde se desprenden los 'húmedos' y 'claros' vapores que influyen en la producción de imágenes. Estos vapores proceden de la «vaporosa sombra fugitiva» (v. 9), es decir, de un sujeto femenino.

En su *Examen de ingenios*, aproximadamente de 1574, Huarte de San Juan se basa en las clasificaciones de los humores y temperamentos ya existentes, para así tratar de establecer en qué medida el *ingenio* está influido por éstos. Para él, la facultad generativa del «entendimiento» está capacitada para engendrar «conceptos». Huarte describe esta propiedad de fecundidad del entendimiento como la posibilidad de «producir dentro de sí un hijo, al cual llaman (...) noticia o concepto que es el *verbum mentis*» (1989: 37). En nuestro poema, el concepto nace gracias al funcionamiento del estómago. Esta «industria femenil» (v. 753) necesita, sin embargo, del «entendimiento» para poder obtener el conocimiento. Estudiemos el estómago con más profundidad.

3.2.1. Las isotopías religiosas

Asociar el estómago con una instancia divina no implica ninguna rareza en la literatura del Renacimiento y del Barroco. Basándose en obras representativas de la época, Agustín Redondo hace hincapié en la celebración del carnaval en torno a la figura de Panza, personaje a quien los estudiantes de la época consideraban como santo burlesco. Sancho Panza o Santo Panza, llamado también «santo de hartura», era la personificación festiva del carnaval. En él se hacían patentes el rito y la necesidad biológica alimenticia con los cuales se manifestaba el triunfo de la vida sobre la muerte y se permitía la renovación fundamental del cuerpo y del mundo (Redondo 1978). Tanto Juan del Encina en su «Égloga II», como Rabelais en *Pantagruel* (libro 12, Cap. I) aluden a figuras que representan este vientre omnipotente.

Veamos cómo se representa el estómago en el poema de Sor Juana:

> Y aquella de calor más competente
> científica oficina,
> próvida de los miembros despensera,
> que avara nunca y siempre diligente,
> ni a la parte prefiere más vecina
> ni olvida a la remota
>
> (vv. 234-239).

Para Elías Rivers (1965: 271-282) y también para Vossler (1934: 64), esta oficina se ubica en el estómago. Allí se concentra el calor y se reparte «la esencia de la comida» (el quilo) a todos los miembros de acuerdo con un «esquema regulativo» (cuadrante). Una esencia es el producto de la destilación de los alimentos (manjar). Citando a fray Luis de Granada, Alejandro Soriano identifica a este órgano despensero con el hígado (Soriano 2000: 52), pero a la vez afirma que Sor Juana une sutilmente las labores de este órgano con las del estómago, sobre todo a partir del v. 243 (*ibíd.*: 53). Sin embargo, los lexemas «miembros» (v. 236), «despensera» (v. 236), «cuadrante» (v. 240), «fiel» (v. 227), «testigo» (v. 227), «piadoso» (v. 245), «medianero» (v. 244), «piedad» (v. 247), «castigo» (v. 250), así como los significantes de «corazón» (vv. 205-209) apuntan a una isotopía semántica religiosa difícil de ignorar. Una de las acepciones de «miembro», bastante frecuente hasta hoy en día, reza: «qualquiera parte que sirve y concurre a la composición de algún cuerpo *moral*, como [...] Religión» (*Diccionario de autoridades* 1990: 565; énfasis mío). Se es miembro de la Iglesia o de alguna otra asociación. Así se sugiere en la carta de Pablo a los Romanos: «Pues a la manera que en un solo cuerpo tenemos muchos miembros, y todos los miembros no tienen la misma función, así nosotros, siendo muchos, somos un solo cuerpo en Cristo, pero cada miembro está al servicio de los otros miembros» (Romanos 12: 4-5). San Pablo no especifica una jerarquía entre los miembros, pero sí señala la interdependencia entre los mismos. Tanto los miembros corporales como los integrantes de la Iglesia participan en igual medida en el cuerpo de Cristo. Veamos las palabras de San Agustín: «For the Church 'is His Body,' as apostolic teaching asserts, and it is also called His Bride. Therefore He binds His body, which has many members performing diverse offices, in a bond of unity and charity, which is, as it were, its health» (Agustín 1958a: XVI, 16).

La Iglesia no sólo está caracterizada por sus miembros, los creyentes, sino que también se identifica con la esposa de Cristo. Es decir que se apunta específicamente al género femenino. Esta oficina (el estómago), donde por otro lado también se pueden disponer cosas «no materiales» (*Diccionario de autoridades*) y por ende morales (= cuerpo moral), posee las siguientes características:

a.- Es próvida (cuidadosa).

b.- Es despensera de los miembros. Aquí, despensera también significa «repartidor de los bienes que otro le ha entregado para este fin» (*Diccionario de autoridades* 1990: 214); por lo tanto, ésta reparte los bienes que a ella le dieron entre sus miembros. La Iglesia es, en este sentido, despensera de Dios.

c.- Desconoce la avaricia.

d.- Siempre diligente (ejecuta con celo y exactitud).

e.- Es la más competente del calor; es decir, allí se concentra el calor y, por ende, la vida. Fray Luis de Granada, sin embargo, califica al «corazón» y no al «estómago» como aquel miembro que había de otorgar calor de vida a todas las partes del cuerpo (1989: I, 26).

f.- No prefiere a ninguna parte ni olvida a ninguna de ellas.

Si observamos detenidamente estas características podemos afirmar que estos calificativos coinciden con los de la Iglesia[4]. El estómago es caritativo con sus miembros, trata a todos con igualdad, no es avaro y reparte el calor. El estómago, como personificación de la Iglesia, se revela como la instancia de la cual depende todo creyente, todo miembro literal y metafórico[5]. Es interesante señalar aquí que esta misma dependencia de la 'centrífuga oficina' ya había sido resaltada en una interesante parábola de Titus Livius (59 a. C.-17 d. C.):

> In the days when man's members did not all agree amongst themselves, as is now the case, but had each its own ideas and a voice of its own, the other parts thought it unfair that they should have the worry and the trouble and the labor of providing everything for the belly, while the belly remained quietly in their minds with nothing to do but to enjoy the good things which they bestowed upon it; they therefore conspired together that the hands should carry no food for the mouth,

[4] Méndez Plancarte cita aquí «la competente oficina» así como «en la oficina undosa de esta playa» (Góngora 1991: 204 y 586 respectivamente).

[5] Los villancicos de Sor Juana escritos en homenaje a la Virgen son clara muestra de esta identificación. Leamos un fragmento de la Dedicación de San Bernardo, 1690:

> De trigo comparado
> es a la parva hermosa,
> de la Divina Esposa
> el Vientre delicado
> que representa a Dios sacramentado.
> Luego su Vientre hermoso
> es el viril sagrado
> que lo tiene todo guardado
> (1995: vol. II, Letra XXV, vv.1-8, 209).

> nor the mouth accept anything that was given it, nor the teeth grind up what they received. While they sought in this angry spirit to starve the belly into submission, the members themselves and the whole body were reduced to the utmost weakness. Hence it had become clear that even the belly had no idle task to perform, and was no more nourished than it nourished the rest, by giving out to all parts of the body that by which we live and thrive, when it has been divided equally amongst the veins and is enriched with digested food —that is, the blood (Titus Livius 1996: XXXIII).

La intención del historiador romano con esta parábola es presentar un paralelo entre la rebelión de la plebe y la de los miembros revoltosos del cuerpo, y, además, motivar una reconciliación política. Así como cada una de las partes depende del estómago, de la misma manera los ciudadanos están supeditados a una instancia superior.

En la carta de Pablo a los Efesios también se encuentra esta relación de dependencia:

> Sujetos los unos a los otros en el temor de Cristo. Las casadas estén sujetas a sus maridos como al Señor, porque el marido es cabeza de la mujer, como Cristo es cabeza de la Iglesia y salvador de su cuerpo. Y como la Iglesia está sujeta a Cristo, así las mujeres a sus maridos en todo» (Efesios 5: 21-24).

Si bien la epístola describe a Cristo como cabeza de la Iglesia, en el poema no es necesariamente este órgano el que adquiere primacía. Por el contrario, la Décima Musa eleva al estómago, representante femenino, hasta alcanzar la primacía sobre los otros miembros. Indirectamente se subvierte el *status* de subyugación femenina implícito en la carta a los Efesios, pues es el estómago (representante femenino) el que se favorece frente a la cabeza (atributo masculino). Por otro lado, Cristo equivale al esposo y a la cabeza. La Iglesia, asimismo, a la esposa y al cuerpo (el cual está representado emblemáticamente por el estómago). Si el estómago influye en el cerebro (el cuerpo, en la cabeza), también se implicaría que la esposa influye (domina) en el esposo. Las parejas Cristo/Iglesia, esposo/esposa, cabeza/cuerpo, cerebro/estómago, por lo tanto, no sólo representan términos sexuados, sino que también existe una relación jerárquica entre los sexos.

3.2.2. El quilo maternal como sabiduría divina

El estómago es el miembro, la «centrífuga oficina» (estómago = Iglesia) que distribuye la vida a los demás desde su propio centro[6]. Recordemos que en latín el lexema *venter* significa «vientre», «barriga» y, además, «embarazo». Por eso la monja novohispana afirma:

> y en ajustado natural cuadrante
> las cuantidades nota
> que a cada cual tocarle considera,
> del que alambicó quilo el incesante
> calor, en el manjar que [...]
> (vv. 240-244).

Así como el corazón y el pulmón al exhalar nos «roban» y «dan» vida una y otra vez (v. 220-228), del mismo modo la oficina centrífuga (estómago) posibilita el funcionamiento de los órganos en la medida que anota con exactitud en los «cuadrantes» la cantidad de quilo que ha de tocarle a cada miembro, sustancia que ha sido alambicada por el calor.

Ambrosio Paré define la relación entre la digestión y el quilo:

> The Digestive faculty assimilates the nourishment, being attracted and detained, into the substance of that part whose faculty it is, by the force of the inbred heat and proper disposition or temper of the part.

[6] Véase la diferenciación que hace el sujeto-que-escribe a través del uso de los pronombres demostrativos. En la primera referencia, la oficina se nombra como *aquélla* (v. 234), pronombre que de por sí indica cierta lejanía frente a la segunda, es decir *ésta* (v. 252). Aquélla, la más distante, corresponde al nivel metafórico del discurso, mientras que ésta se da a un nivel corporal, más inmediato.

> So the stomach plainly changes all things, which are eaten, and drunk into *Chylus*, and the Liver turns the *Chylus* into blood. But the Bones and Nerves convert the red and liquid blood, which is brought down unto them by the capillary or small veins, into a white and solid substance (Paré 1691: I, VIII, 13).

El quilo, por otro lado, es el producto de la digestión intestinal. Covarrubias incluso afirma que este término lo usaban los médicos en forma vulgar. Éste es de aspecto blancuzco y se le puede comparar con la leche del seno materno y con la de la madre Iglesia que alimenta a sus miembros. En la Biblia se asocia este líquido con el alimento espiritual: «Y como niños recién nacidos apeteced la leche espiritual no falsificada, para con ella crecer en orden a la salvación» (I Pedro 2: 2). Pero ¿qué significación metafórica tienen los lexemas «calor» y «alambicar»? Calor por un lado equivale al esfuerzo o a la osadía, así como también a la presteza o diligencia con que se hace algo (*Diccionario de autoridades* 1990: 76). Alambicar denota destilar, pero en su acepción metafórica significa examinar los escritos, acciones o palabras de forma tan prolija que éstas se vuelven sutiles y depuradas. Se utiliza normalmente con «alambicar el juicio», el cerebro y la imaginación (*Diccionario de autoridades* 1990: 156). Reemplazando tendríamos: la oficina centrífuga (estómago, *venter*, Iglesia) anota en sus ajustados cuadrantes («tablas de la Iglesia donde se anotan las misas» (Covarrubias 1994: 370) la cantidad de quilo (¿pensamiento crítico digerido, producto de la digestión? = ¿entendimiento?) que ha de tocarle a cada miembro (cristiano), quilo (entendimiento = ¿sabiduría divina?) que ha sido alambicado (examinado prolija y sutilmente) por el calor incesante (la osadía o esfuerzo que nunca se acaba) del manjar (alimento = ideas = pensamientos). La Iglesia, por lo tanto, sería la responsable de anotar de alguna manera u otra las ideas y sutiles pensamientos de sus miembros.

El elemento de la lactancia se vuelve reiterativo con la alusión a la flor de azucena. Covarrubias menciona que un día, mientras Juno dormía en el cielo, su marido Júpiter le colocó al pecho a Hércules o a Mercurio para que aquélla le diera de lactar. Brotó tanta leche de los pechos de la diosa, que una parte se derramó por el cielo, la cual constituyó la Vía Láctea, y la otra cayó sobre unos lirios o azucenas. Estas flores, que antes habían sido rojas, cambiaron de color y se volvieron blancas (Covarrubias 1994: 148).

> Quien de la breve flor aun no sabía
> por qué ebúrnea figura
> circunscribe su frágil hermosura:
> mixtos, por qué, colores
> —confundiendo la grana en los albores—
> fragante le son gala
>
> (vv. 730-735).

Beaupied, trayendo a colación la tradición hermética, asocia esta flor con la que aparece al lado de la fuente en la última escena del *Divino Narciso* (1997: 112-130). La diosa Tetis, de cuyos senos también brotara leche, nos remite, por otro lado a San Juan: «El que cree en mí, según dice la Escritura, ríos de agua viva correrán de su seno» (San Juan 7: 38). El agua que brotará del vientre del cristiano es la misma agua que brota de los pechos de Tetis, agua con la que se alimentará toda la tierra:

> De Thetis —el primero
> que a sus fértiles pechos maternales,
> con virtud atractiva,
> los dulces apoyó manantiales
> de humor terrestre, que a su nutrimiento
> natural es dulcísimo alimento—
>
> (vv. 627-632).

Ella también es la «fuente» (v. 711) que ha sido equiparada con la figura de Aretusa. J. González Boixó afirma que la caracterización de Sor Juana respecto del manantial de agua se refiere a la metamorfosis que sufriera Aretusa al ser perseguida por el río Alfeo (González Boixó

2000: 292). Diana, al escuchar sus ruegos, la transformó en fuente y así pudo llegar a los reinos subterráneos (v. 722), donde descubrió a Proserpina. Fray Luis de Granada identifica explícitamente la fuente con el líquido materno: «Mas en los pechos de las mujeres, demás deste defensivo, puso dos fuentes de leche para criar los hijos que naciesen» (1989: 469). Como símbolo, este manantial también se puede identificar con la figura de la Virgen María[7]. Recuérdense los versos del Cantar de los Cantares: «Eres jardín cercado, hermana mía, esposa; eres jardín cercado, *fuente* sellada» (4: 12; énfasis mío). Existe, además, un paralelo curioso lexicalizado en el *Diccionario de autoridades*. La fuente se asocia con las partes inferiores del cuerpo humano, por ser el punto desde donde se expurgan las sustancias líquidas (1990: 806).

La otra alusión a la maternidad/virginidad del poema está sugerida dentro de la digresión de Acteón el cazador:

> el de sus mismos perros acosados,
> monarca en otro tiempo esclarecido
> (vv. 112-114).

Acteón, cazador osado, quien se atrevió a contemplar a las ninfas y a la diosa Diana cuando estaban bañándose desnudas en el río, fue castigado por Diana y ésta lo convirtió en ciervo[8]. La acción de esta divinidad pagana, sin embargo, nos remite a la diosa Artemisa, puesto que ella también era considerada madre de los cazadores. Ambas, al igual que Vesta (Hestia), eran vírgenes. La interpretación de la estatua Artemisa de Éfeso permite ver la multiplicidad de niveles de esta concepción virginal[9]. Mulack afirma que unos la conciben como la

[7] Así también lo identifica Elena Cranger-Carrasco en su iluminador artículo «La fuente hermafrodita en el *Divino Narciso* de Sor Juana» (1993).

[8] La bibliografía se ha limitado a señalar la osadía que cometió Acteón al mirar a la diosa Diana cuando se estaba bañando. También se menciona el castigo que recibió.

[9] Una reproducción puede verse en *A History of the Breast*. La estatua representa a una mujer con túnica larga, pero su cuerpo está lleno de senos (bustos). Se pueden contar por lo menos treinta (Yalom 1997: 7).

diosa de la fertilidad (1985: 53). Otros consideran que la estatua es un símbolo de los senos que las amazonas sacrificaban en honor de esta deidad. Éstas se cortaban el seno derecho con la finalidad de que la protuberancia no les estorbara en el tiro con arco. Recuérdese la presencia de las amazonas en el poema como las guerreras de la Noche y de la Aurora. Es la imagen del busto la que predomina en su caracterización de la diosa Tetis:

> En los del monte senos escondidos
> cóncavos de peñascos mal formados
> (vv. 97-98).

La protuberancia de «montes» y «peñascos» refuerza la imagen del seno y por lo tanto de la maternidad y la lactancia. La tercera visión de esta diosa presenta a Artemisa como la protectora de todo animal preñado y diosa de la caza. Posteriormente se mezcla la visión de Artemisa con la de Diana, quien en compañía de doncellas vírgenes realiza su paseo diario por el bosque. Como reina del cielo, la figura de Diana puede elevarse en el aire y es justamente este ascenso el que la iguala a la Virgen María (Mulack 1985: 52-53).

Ahora bien, identificar el estómago con una metáfora para la Iglesia significa reconocer que el cuerpo le pertenece a ella y que, además, está embarazado. Hay reiteradas alusiones a la Virgen dentro del poema: el caso de la sombra «embarazada» (v. 926), el del águila del Evangelio de San Juan, el de los sujetos femeninos de la luz y las tinieblas (Noche-Luna-Virgen), también el cuerpo femenino y el embrión. Podemos concluir que el cuerpo del poema es un sujeto femenino similar a la Iglesia. Existe una simultaneidad de los niveles del lenguaje: el cuerpo femenino humano es a la vez la Virgen o la novia de Cristo; el estómago, órgano vital, es la Iglesia que reparte su caridad entre los cristianos; es el quilo y la sabiduría divina. Puesto que el quilo es de consistencia lechosa y la leche sirve para alimentar a los recién nacidos, la leche serviría para alimentar a los cristianos y a los recién bautizados.

San Agustín resalta el placer del pensamiento alegórico: «For the present, however, no one doubts that things are perceived more readily through similarities and that what is sought with difficulty is discovered with more pleasure» (San Agustín1958: VI, 38). Para el obispo de Hipona, el *Cantar de los Cantares* es uno de los primeros testimonios donde se hace la identificación de la Iglesia con la imagen de una mujer hermosa: «But why is it, I ask, that if anyone says this he delights his hearers less than if he had said the same thing in expounding that place in the Canticle of Canticles where it is said of the Church, as she is being praised as a beautiful woman» (San Agustín1958: II, VI, 38). No se trata únicamente de un sujeto femenino cuyo estómago es una metáfora de la Iglesia. Hablamos de una mujer hermosa cuyos pechos pueden compararse a los de la Esposa del Cantar de los Cantares. Como tal, es la representación alegórica de la Iglesia y la esposa de Cristo. Cabría pues preguntarse si esta última asociación no nos remite a una identificación sugerida con el papel de la jerónima como eclesiástica. La Décima Musa había profesado su voto y, como todas las religiosas, se consideraba novia de Cristo.

3.3. La escritura pletórica de la menstruación

La diferencia de la composición anatómica del género humano ha sido una preocupación constante en los estudios filosóficos y los tratados de las ciencias naturales. Así, desde la Antigüedad, especialmente en la obra del griego Nemesio, se consideraba que las mujeres «poseían los mismos órganos genitales que los hombres, pero mientras ellos los mostraban hacia el exterior, ellas los tenían al interior» (Martin 1997: 15)[10]. En el tratado de cirugía de Ambrosio Paré, por ejemplo, se describen los órganos genitales de la mujer y se habla de los testículos femeninos: «For their Testicles, they differ little from men's but in quantity» (1691: III, XXXII, 83).

[10] Emily Martin (1997) trae a colación el estudio de Thomas Laqueur.

Es justamente la relación entre el obispo Nemesio Emeseno y Huarte de San Juan la que resalta Mauricio de Iriarte en su estudio sobre el ingenio. Ambos hacen hincapié en la creación y la naturaleza del hombre en el entorno de su cultura. En el capítulo titulado «De anima et corpore», Nemesio analiza la caída del ser humano. Puesto que fue creado para ser inmortal, el hombre, a diferencia de los animales, no poseía las defensas accesibles al resto de las especies. Él, en cambio, disponía de la inteligencia, la cual, junto con la necesidad, facilitó las creaciones artificiales (Iriarte 1948: 151). El mismo Huarte de San Juan parece atribuirle una destacada relevancia a la inteligencia y, sobre todo, a lo que él denomina el ingenio. Su propósito era investigar la tipología temperamental y relacionarla con el efecto en la mente. Para él, *ingenio* equivale a la capacidad de la inteligencia para engendrar conceptos. Este erudito renacentista trae a colación la tradición del término que empieza en Platón y pasa por las teorías hipocrático-galenas, las aristotélicas y finalmente las de Juan Luis Vives. De esta forma emprende la labor de diferenciación entre los hombres. Aclara, por ejemplo, por qué existen algunas personas más hábiles que otras para las ciencias y cuáles son las condiciones para que exista o no dicho ingenio (Huarte de San Juan 1989: Cap. 15). Huarte de San Juan no elude las diferencias sexuales en lo referente a esta capacidad de inteligencia. Para él «no hay mujer inteligente» (*ibíd.*: 627) y la manera de «evitar cómo engendrar hembras» la elucida tomando como base la teoría del temperamento: «Los padres que quisiesen gozar de hijos sabios y que tengan habilidad para letras han de procurar que nazcan varones; porque las hembras, por razón de la frialdad y humedad de su sexo, no pueden alcanzar ingenio profundo» (*ibíd.*: 627). El cuerpo de la mujer, como en la filosofía natural de la Luna, se asocia con el elemento húmedo, responsable de la falta de ingenio. Huarte va incluso más allá y explica con detalle cómo debería ser la posición de la pareja si quisiera engendrar varón:

> Procurar que ambas simientes, la del marido y la de la mujer, caigan en el lado derecho del útero. Porque en aquel lugar dice Hipócrates que se hacen los varones, y en el izquierdo las hembras. La razón trae Galeno diciendo que el lado derecho del útero es muy caliente por la vecindad que tiene con el hígado y con el riñón derecho y con el vaso seminario derecho, de los cuales miembros hemos dicho y probado que son calidísimos (*ibíd.*: 640).

Otra de las condiciones para no engendrar hembras es, según Huarte, tener relaciones sexuales siete días antes de que la mujer tenga su menstruación. El varón tendrá así mucho «alimento para nutrirse» puesto que como es de naturaleza caliente, gastará y consumirá todo lo disponible en la madre, incluyendo los excrementos (*ibíd.*: 638). La teoría de Paré es similar: «Moreover, the child cannot be formed in the womb, nor have his nutriment or increase without this flux» (1691: XXIV, L, 576). Esta afirmación es de suma importancia para nuestra interpretación puesto que, incluso en el siglo XVII, se consideraba que el feto se alimentaba de la sangre menstrual. Según Thomas Laqueur (1990), la menstruación estaba circunscrita a una economía de exceso, a una plétora que provenía del alimento. A diferencia del sexo opuesto que poseía un organismo con mucho más calor y por lo tanto quemaba y gastaba los restantes, a las mujeres les sobraban elementos nutricionales. Éstas podían convertir ese restante de alimento en menstruación, pero, por ejemplo, las embarazadas tenían que convertir la sangre menstrual en leche para poder alimentar al feto. Ese exceso permitía que cualquier exceso de sangre fuera blanqueado y convertido en leche. Entre las mujeres que no podían menstruar puesto que la plétora nutricional debía ser utilizada de modo diferente tenemos a las madres lactantes, las bailarinas, las muy obesas y las mujeres que participaban en concursos de canto. Mientras las primeras convertían la sangre en leche para alimentar al bebé, las bailarinas utilizaban la plétora en el ejercicio y las obesas transformaban el líquido rojo en grasa. En las cantantes, por otro lado, la menstruación se ve obligada a moverse incesantemente y finalmente se consume. Laqueur nos llama la atención sobre este último caso, pues aquí se está estableciendo una similitud entre la boca (que produce una voz) y la vagina:

> The case of singers, moreover, illustrates once again the extent to which what we would take to be only metaphoric connections between organs were viewed as having causal consequences in the body as being real. Here the association I one between the throat or neck through which air flows and the neck of the womb through which the menses passes; activity in one detracts from activity in the other (1999: 36).

Las teorías que delinea Laqueur son de suma importancia, puesto que hacen hincapié en el modo de concebir las similitudes entre el cuerpo humano y el universo. No es pues de extrañar el recargo metafórico que asumen las partes del cuerpo en este texto poético. La vagina puede considerarse no sólo el órgano genital femenino, sino también la puerta, la boca desde la cual se produce una voz, una discursividad.

En este poema sabemos que se trata de una noche de luna. Y este astro, según Ambrosio Paré, dominaba sobre los cuerpos húmedos, incluyendo la menstruación de las mujeres. Las señoras de edad tenían su regla en luna decreciente y las jóvenes purgaban su flujo durante la luna nueva (Paré 1691: XXIV, XLIX, 576). Veamos los versos que dan inicio a nuestro texto:

> la tenebrosa guerra
> que con negros vapores le intimaba
> la pavorosa sombra fugitiva
> burlaban tan distantes,
> que su atezado ceño
> al superior convexo aun no llegaba
> del orbe de la diosa
> que tres veces hermosa
> con tres hermosos rostros ser ostenta,
> quedando sólo dueño

del aire que *empañaba*
con el aliento denso que exhalaba
(vv. 7-18; énfasis mío).

La diosa tres veces hermosa alude a la Luna y su presencia se asemeja a la de un espejo, en este caso manchado o 'empañado' con los negros vapores. Puesto que gracias a los estudios de Paré sabemos que la Luna rige la regla de la mujer, la fuerte presencia de la Luna en el texto sorjuanino apunta, asimismo, a un cuerpo menstruante. Veamos: el lexema 'empaño' está directamente relacionado con el flujo menstrual, puesto que éste nos remite a *pannus* (lienzo o paño que usaban las mujeres para su ciclo), a los vapores que impiden la visión en un espejo. «Empaño», según el *Diccionario de autoridades*, vale «denigrar, obscurecer, manchar con obras, palabras y acciones indignas» (1990: 405). Es decir que no sólo se empaña el espejo (Luna), sino que se sugiere un 'paño' con manchas oscuras que perturban el rostro del sujeto del enunciado. Como señala Jonathan Sawday (1995), muchas han sido las prohibiciones y los tabúes en torno a la menstruación, pero hay un caso que llama la atención, sobre todo para este pasaje de nuestro poema. Según este crítico, desde Aristóteles se afirma que la mirada de una mujer menstruante podría hasta empañar un espejo[11]. El tratado de arquitectura de Villalpando también hace referencia a la visión perfecta que se produce en la pirámide mental y menciona explícitamente a la mujer menstruante en este contexto:

> Aun sin estar todavía bien explorado lo tocante a los espejos manchados por las mujeres menstruadas, si eso se realiza por la visión o por el hálito, no se dude de que puede también hacer daño a los niños tier-

[11] En este caso, Sawday se remite a la obra de Keith Thomas, *Religion and the Decline of Magic: Studies in Popular Belief in Sixteenth and Seventeenth-Century England* (1978: 520). El estudio de Sawday se concentra en la literatura inglesa. Sawday asocia esta mirada de la mujer menstruante que empaña el espejo con el mito de Medusa.

necillos, cuando se dirige a ellos la mirada con tales ojos, al ser contemplados por los fascinadores (1990: Libro II, Cap. 5, 151-152).

Como afirma Villalpando, a comienzos del siglo XVII, no se sabía a ciencia cierta si era la mirada o el aliento de la mujer menstruante lo que empañaba el espejo. Los versos de Sor Juana parecen ajustarse a esta tradición e inclinarse por la segunda opción: «con el aliento denso que exhalaba» (v. 18).

En el tratado de cirugía de Paré, la menstruación se define como uno de los humores superfluos que la mujer tiene que purgar (1691: XXIV, LLIX, 575); pero también se aclara que este flujo puede tener un color negruzco en el caso de mujeres de útero destemperado y caliente: «For it is the property of heat, by digesting the thinner substance, to thicken the rest, and by adustion to make it more black (*ibíd*: XXIV, XXXIX, 567). El 'ceño atezado' se refiere al rostro oscuro y malhumorado (*Diccionario de autoridades* 1990: 467); en este caso, podemos asociar este ceño reflejado en el espejo empañado con el rostro de una mujer que, bajo la luz de la luna, recuerda su menstruación. Valorizar el flujo de sangre como algo molesto y fastidioso no era nada nuevo para la novohispana, pues como gran conocedora de la *Vulgata* de San Jerónimo, tenía entre sus modelos la famosa plegaria de Ester:

> Tú conoces que sólo por necesidad estoy donde estoy; que detesto las señales de mi gloria que llevo sobre la cabeza en los días de mi pública presentación; que las abomino como *paño de menstruación*; que no las llevo en mis días de retiro (Esther 14, 16; énfasis mío)[12].

Esta joven hebrea, quien gracias a los esfuerzos de su primo Mardoqueo, fue escogida por el rey Asuero para ser soberana, emite

[12] El texto en latín reza: «Tu scis necessitatem meam, quod abominer signum superbiae et gloriae meae, quod est super caput meum in diebus ostentationis meae, et detester illud quasi pannum menstruatae, et non portem in diebus silentii mei» (*Biblia sacra iuxta vulgatam editionem*, Ester 14: 16).

una plegaria a Dios cuando quería enfrentarse al rey para salvar a su pueblo de la amenaza de muerte propuesta por Amán, enemigo de los judíos. Ester define el paño de la menstruación (en latín, *pannus menstruatae*) como algo detestable. Para ella, este *pannus* o lienzo manchado o empañado de sangre es semejante a una cabeza marcada por la gloria. Ahora veamos las palabras de Juana de Asbaje:

> Piramidal, funesta, de la tierra
> nacida sombra, al cielo encaminaba
> de vanos obeliscos punta altiva,
> escalar pretendiendo las estrellas:
> si bien sus luces bellas
> —exentas siempre, siempre rutilantes—
> (vv. 1-6).

Se trata del mismo sujeto femenino o sombra que, como el alma o el águila, intenta llegar hasta la luz de las estrellas. La iluminación rutilante se delinea como una corona de luces para alguien a quien, como afirma Ester, la gloria le rodea la cabeza. El alma, como «reina soberana», adquiere las características de Ester, reina hebrea y esposa de Asuero. En este caso la altivez radica, como en todo el poema, en el «atrevimiento alado» (v. 368) de la sombra altiva para aprehender el conocimiento. Recuérdese que la sombra de los primeros versos, al igual que el alma y el águila, logra acceder a la cumbre de las soberbias pirámides, como las de Menfis y la torre de Babel. Después de arriesgarse y fracasar, esta alma o sombra pretende localizar la pirámide mental, que es donde debería poner pie una reina que rechaza el orgullo y la altivez.

Una sugerencia adicional a la menstruación podría leerse en los siguientes versos:

> Que —roto del capillo el blanco sello—
> de dulce herida de la cipria diosa
> los despojos ostenta jactanciosa,
> si ya el que la colora,

candor al alba, púrpura al aurora
no le usurpó, mezclado,
purpúreo es ampo, rosicler nevado:
tornasol que concita
los que del prado aplausos solicita:
preceptor quizá vano
si no ejemplo profano
de industria femenil que el más activo
veneno, hace dos veces ser nocivo
en el velo aparente
de la que finge tez resplandeciente
(vv. 742-756).

Gracias a las anotaciones de Méndez Plancarte sabemos que el cambio de color se refiere a la diosa Venus (1995: 600)[13]. Así lo constata con fragmentos de Lope, Góngora y otros escritores de la época. Por otro lado, el nacimiento de la diosa del amor, llamada Afrodita en la mitología griega, está ligado a escenas cruentas y sanguíneas. Se dice que sus padres fueron Zeus y Dione (la nieta de Tetis). Su nacimiento se debe a la instigación de Gea, quien insistió para que Cronos castrara a su padre Urano. Cronos desparramó los genitales sangrientos en el mar y éstos produjeron una espuma en la superficie del agua, de la cual surgió Afrodita (*New Larousse* 1984: 130).

«Preceptor quizá vano/ si no ejemplo profano» (vv. 751-752) es un enunciado metapoético de la misma Sor Juana respecto de la mención de Venus en el poema. Ella misma nos está aclarando su táctica: a través de paralelismos similares a las digresiones mitológicas se pretende caracterizar la «industria femenil» del cuerpo del poema. Se trata pues de la metamorfosis de la sangre (roja) en espuma (blanca). No lidiamos con una sangre cualquiera, pues ésta proviene de los órganos genitales de Urano y nos puede servir para identificar al sujeto del enunciado cuyo cuerpo estamos resaltando. Lo interesante del frag-

[13] Georgina Sabat de Rivers hace hincapié en la importancia del tema de la rosa en la poesía de Sor Juana y asocia a Venus con la flor y el *carpe diem* (1976: 82-3).

mento es que no se alude exclusivamente al cambio de color (de rojo a blanco) en la diosa griega, sino que presenta una serie de situaciones paradigmáticas donde se produce la transformación cromática.

Por ejemplo, inmediatamente después de la mención a Venus se alude a la llegada de la Aurora y por consiguiente a la puesta de Sol que trae los colores al paisaje («púrpura a la aurora», vv. 746-747). Y el «tornasol que concita/ los 'aplausos'» (vv. 749-750 se remite nuevamente a las flores que mudan de color. Volvemos así a la azucena. Pero eso no es todo: sigue una mención a la palidez del rostro femenino y a los polvos con los que las mujeres se ponen color en la cara. El «más activo veneno» (vv. 753-754) se refiere a la sustancia dañina con que se hacían los afeites. La más conocida era el azogue, que servía de componente para hacer lucir los espejos. Nuevamente tenemos la típica exuberancia sorjuanina de paradigmas: hablamos de la pintura para el rostro (afeites), pero también aludimos al azogue, al mercurio y en consecuencia al espejo. Lo mismo sucede con «industria femenil». Se puede referir a la costumbre femenina de utilizar «afeites», como a toda producción del cuerpo femenino: la menstruación (roja) y la leche (blanca). Los «afeites», nos recuerda Covarrubias, «causan un mal olor y ponen asco» (1994: 22), hecho que de por sí nos remite a la concepción de la menstruación («que abomino»), según acabamos de analizar con relación a Ester.

La transformación del rojo al blanco (de la menstruación en leche) no es ningún ejemplo fortuito. La ciencia del Renacimiento concebía que el origen de la lactancia se daba justamente en el mismo flujo femenino. Veamos lo que afirma Paré:

> You may see many Maids so full of juice that it runneth in great abundance, as if they were not menstrual, into their Dugs, and is there converted into milk, which they have in as great quantity as Nurses, as we read it recorded by *Hippocrates* (1691: XXIV, LIV, 578).

La sangre del flujo menstrual que primero alimentaba al feto, luego se transformaba en leche materna. Esta misma concepción también prevalecía en la Edad Media. Cirlot también señala la simbología del pelícano, ave que se hería a sí misma para poder sangrar y con esa sustancia alimentar a sus crías. Así era concebido Cristo, pues él se sacrificó en la cruz y alimentó con amor a toda la humanidad. El pelícano simboliza, asimismo, el sacramento de la eucaristía (Cirlot 1991: 356).

En *Jesus as Mother*, Caroline Walker Bynum se remite a los textos medievales y afirma que la conexión entre sangre y leche se basa en algo más que un simple paralelismo entre los dos fluidos corporales. Bynum trae a colación el *Paedagogus* de Clemente de Alejandría como una de las menciones más tempranas de esta relación. En las leyendas medievales, como es el caso de la lactancia de San Bernardo, estas dos sustancias (sangre y leche) aparecen como intercambiables. La imagen de Cristo también adquiere ambas características, puesto que sus pechos se confundían con su costado herido. Es decir, que alimentaba a la humanidad con su sangre y a la vez con su costado (leche) (Bynum 1984: 132-133). Las mujeres que menstruaban o lactaban eran consideradas análogas a la comida normal y, también, al cuerpo de Cristo, puesto que éste, como la leche materna, sirve para alimentarnos. Antonio Rubial García, por otro lado, al referirse a las narraciones de las santas veneradas en la época de Sor Juana, reconoce que las historias hagiográficas mexicanas no se escapan a este juego cromático:

> Pero lo que en realidad convierte a esta narración en un tratado hagiográfico es la descripción de prodigios: poder para curar las enfermedades, visiones, predicciones de hechos futuros, penetración de las conciencias, ruptura de las leyes físicas. Cristo y la Virgen, ángeles y demonios, almas en pena y santos, desfilan a través de los textos en alucinantes escenas, llenas de sangre y de leche, de hermosos jóvenes y monstruos terribles, de pulgas, de gusanos y de animales fantásticos (Rubial García 1998: 38).

Rubial se refiere en este caso a los tratados sobre la vida de Catarina de San Juan (1606-1688), una beata laica india adscrita a la iglesia de los Jesuitas de Puebla[14].

En el poema vimos otra alusión a esta transformación cromática, el caso de la azucena:

> Quien de la breve flor aun no sabía
> por qué ebúrnea figura
> circunscribe su frágil hermosura:
> mixtos, por qué, colores
> —confundiendo la grana en los albores—
> (vv. 729-733).

Como mencionamos anteriormente, aquí se relaciona el origen de la azucena con la lactancia de Venus[15]. Otro ejemplo lo constituiría el cambio que hace Sor Juana en su interpretación del mito de Tisbe y Píramo. Según las *Metamorfosis* de Ovidio (libro IV), esta pareja de Babilonia sufre un drama amoroso por su encuentro nocturno y son interrumpidos por un león. Píramo se suicida porque cree que el león había devorado a Tisbe. Ella lo sigue hacia la otra vida. Góngora escribió su *Píramo y Tisbe* a la que Sor Juana contesta con un soneto. En él, como ya había señalado Antonio Carreño en su edición de Góngora, Sor Juana convierte el «blanco moral» en «un funesto moral» (1995: 418). En Góngora el blanco moral se torna purpúreo y las moras se convierten en apetitosos granates. Al igual que en Sor Juana, en Góngora se produce el cambio cromático.

[14] Rubial menciona los tres tratados hagiográficos escritos por los confesores sobre el caso de Catarina de San Juan: Aguilera, Francisco. *Sermón en que se da noticia de la vida admirable, virtudes heroicas y preciosa muerte de la Venerable señora Catharina de San Joan.* Puebla, Imprenta de Diego Fernández de León, 1688. El segundo texto proviene del jesuita Alonso Ramos: *Prodigios de la omnipotencia y milagros de la gracia en la vida de la venerable sierva de Dios Catharina de San Joan, natural del gran Mogor* [...] 3 Vols. Puebla, Imprenta de Diego Fernández de León, 1689, 1690, 1692 (1998: 37).

[15] *Cfr.* capítulo 3.2 de este trabajo.

Que Sor Juana traiga a colación el ejemplo de una flor para la transformación de rojo a blanco, tampoco parece nada casual. En su tratado de cirugía, específicamente en el capítulo titulado «Of Womens Monethly Flux or Courses», Paré hace referencia a los nombres con los que se conocía la menstruación: «términos», «cursos», «séptimo mes», «purgaciones» y «flujo de las flores». La razón: «because that as in Plants the flower buddeth out before the fruits; so in women-kind the Flux goeth before the issue, or the conception thereof» (1691: XXIV, XLIX, 575). En su tratado, Paré mismo intercambia los nombres sin hacer ninguna diferenciación entre un término y el otro. Por ejemplo, un capítulo puede llamarse «Of Provoking the Flowers or Courses», el otro «The Signs of the Approaching of the Menstrual Flux», o simplemente «Of Womens Monethly Flux or Courses». La presencia de la sangre, así como la leche, se revela pues como elemento latente en los versos sorjuaninos. Veamos un ejemplo más específico en el siguiente villancico:

> ¿Mas, por qué de olorosa
> valla está guarnecido,
> sino porque ha querido
> figurar, misteriosa,
> que el Lirio y Nardo es una misma cosa [...]?
> 1995: Vol II. Letra XXV, 11-15)

Ambas flores, conocidas como atributos de la Virgen María, eran concebidas en forma diferente. Como afirma George H. Tavard, a Cristo se le identificaba con el lirio y se decía, según el mismo refrán del poema 27, que María sólo podía ser *como* el lirio, pero *no ser* el lirio (1991: 64). Sin embargo, hay que leer entre líneas para aproximarnos al texto. Es como si la propia escritura de Sor Juana se convirtiera en sangre o en leche indistintamente y no supiéramos reconocer el origen o la fuente: ¿Se trata de Cristo o de la Virgen? Sólo podemos nutrirnos de ese cuerpo de significantes. Hay, sin duda, un intento por velar una escritura prohibida. Nos sumergimos en una corriente pletórica de imágenes que apunta a lo prohibido: al cuerpo y la menstruación.

Ya desde la Antigüedad se consideraba ilícito tener relaciones sexuales con una mujer que pasaba por su «flujo floral». Así nos lo confirma la Biblia: «Si uno se acuesta con una mujer mientras tiene ésta el flujo menstrual y descubre su desnudez, su flujo, y ella descubre el flujo de su sangre, serán ambos borrados de en medio de su pueblo» (Levítico 15: 18-20). La mujer misma era tachada de impura durante la menstruación y, así, se contaminaba quien tuviera cualquier contacto con ella o cogiera cualquier objeto al que ella hubiera tenido acceso (Levítico 15: 19-33). Incluso, como afirma Uta Ranke-Heinemann, se debatía si la menstruación dañaba al feto, si era un pecado mortal o venial, o si la mujer con flujo podía o no merecer la eucaristía (1990: 21-27). Ambrosio Paré hace mención al rechazo de la menstruación por parte de la misma mujer, sobre todo durante los síntomas pre-menstruales. El flujo implica síntomas como dolor de cabeza, náuseas, vómito, aumento del apetito, deseo, dificultad para respirar, latidos del corazón, melancolía, sueños temerosos (Paré 1691: XXIV, XXXIX, 567). No es pues de extrañar que Sor Juana pretenda visualizar la «tenebrosa» guerra durante su sueño.

En primer lugar habría que aclarar que ya desde Hipócrates el flujo menstrual era visto como una purgación, una limpieza de impurezas (Crawford 1981: 50). Para Galeno, la menstruación constituía un exceso, una plétora, que el cuerpo femenino tenía que expurgar. De lo contrario, necesitaba tratamiento por evacuación, «abriendo la vena llamada *Saphena* localizada en el tobillo» (Paré 1691: XXIV, LIII, 577). La posición de Ester, y en este caso de la Décima Musa, respecto del fastidio de la menstruación y sus vapores está, asimismo, reflejada en los escritos de las místicas medievales. Cualquier evacuación de sangre, a excepción de la menstruación, era considerada un signo de santidad. Santas como Ida de Louvain, Ida de Léau, María de Oignies, Lutgard o Beatrice de Nazareth, sufrían de violentas sangrías de nariz durante sus éxtasis eucarísticos. Esta sangre era recibida como un elemento sagrado. Lo mismo sucedía con la sangría del pelo o cualquier otra emanación fluida del cuerpo humano.

Caroline Walker Bynum trae a colación el rol de la comida y el ayuno para el funcionamiento del cuerpo al emitir o dejar de producir diversos líquidos. Se dice que la privación de la comida normal en el caso de Lutgard de Aywières, le indujo a producir aceite de sus propias manos, elemento con el cual curó al prójimo. Estando en el desierto, pudo incluso alimentarse de la leche que brotó de sus propios pechos, aun siendo virgen (Bynum 1987: 122-123). El dejar de menstruar era una marca rara y signo inconfundible de santidad, según lo afirman los hagiógrafos de Colette de Corbie (*ibíd.*: 138), Columba de Rieti (*ibíd.*: 146) y Jane Balam (*ibíd.*: 163). Incluso, aclara Bynum, en el siglo XII se debatía si la Virgen María había o no menstruado (*ibíd.*: 239). En *Holy Feast And Holy Fast*, la autora relee la visión del cuerpo de las mujeres religiosas de la Edad Media; si bien acentúa las relativizaciones de los teólogos respecto de la santidad en el momento del cese de la menstruación, esta visión se considera típica de la filosofía natural (*ibíd.*: 214). Siguiendo los modelos de las místicas medievales, en el *Primero sueño*, el rechazo de la menstruación, como el caso de Ester, parece estar relacionado con la ambición de santidad. Se intenta no solamente un viaje epistemológico, sino además surge el ansia por lograr la similitud con Dios. Se intenta, pues, lograr la santidad. La intermitencia cromática entre menstruación y leche conforman un cuerpo múltiple: uno rojo semejante a Cristo (sangre) y otro blanco paralelo a la imagen de la Virgen (leche). La menstruación, como plétora, se transforma en una escritura alegórica que apunta a la purgación del mismo estado humano. Se pretende la liberación de lo terrenal y la adquisición de lo divino por medio de la misma contemplación en el espejo de Luna.

Si quisiéramos ser anacrónicos podríamos incluso relacionar esta idea sutil de la monja mexicana con la tradición filosófico-teórica contemporánea desarrollada a partir del mito de Narciso y que ha influido en la formación de la noción del sujeto a raíz de la imagen del espejo. Es el caso de la transición de lo imaginario a lo simbólico en Jacques Lacan (1984: 86), el famoso *Speculum* de Luce Irigaray (1978: 129) o, si queremos, la identificación de la cueva platónica con el útero femenino de Hélène Cixous (1995: 260). Un *speculum* sirve para la dilatación y posterior examen de las cavidades interiores del cuerpo humano. Su forma hueca se asemeja a la vagina, pero es a la vez un instrumento masculino que penetra en la mujer. Es, simultáneamente, un metal pulido con una superficie que refleja la imagen. Según Irigaray, la visibilidad de la parte inferior del cuerpo femenino una vez penetrado el *speculum* se debe paradójicamente no al instrumento en sí, sino a la forma cóncava de la misma vagina/*speculum* (1978: 183).

El espejo de Sor Juana parece circunscribirse a la descripción del *speculum* de Irigaray —o tal vez deberíamos invertir el orden— en la medida que problematiza la representación del sujeto mujer como el lado negativo de su propio reflejo. La mujer, afirma Irigaray, siempre ha estado fuera de la representación en la medida que se ha descifrado como algo prohibido, como algo escondido entre significados, entre líneas, como el lado negativo producto de la especularización del sujeto masculino. Así podríamos leer los versos de Sor Juana: el espejo de Luna con sus manchas de menstruación parece definir al sujeto mujer sobre la base de su diferencia con el *logos* o la instancia divina.

3.4. Iconografías en torno al embrión

La relación entre los órganos de reproducción femenina y la creación poética puede ejemplificarse en el concepto del 'embrión'. Covarrubias lo define de la siguiente manera:

> Es la simiente recibida en el vientre de la hembra y amasada, antes que se hayan distinguido los miembros de que se ha de formar el animal, ni organizado el cuerpecillo. En la procreación del hombre dicen

> que naturaleza guarda esta orden: comúnmente los seis primeros días después del *concepto*, la simiente está en el vientre a modo de una leche que se va cuajando, y así dijo Job: «*Nonne sicut lac mulsisti me*?» En los nueve se convierte en sangre, en otros doce en carne, y cumplidos sobre éstos quince días se organiza y forma con todas las partes y lineamentos de su especie; y llegando a su última disposición, el varón antes que la hembra recibe de Dios el ánima racional (1994: 461).

Ya el mismo Covarrubias presenta dos acepciones diferentes para el lexema «concepto» (latín, *conceptus*): por un lado es «el discurso hecho en el entendimiento», y por el otro la «concepción» (acto de engendrar) (Covarrubias 1994: 341). Dicho de otro modo, la concepción del embrión es equivalente a la producción del pensamiento. En esta definición del «embrión» también se demuestra la conexión con la leche materna. Según la concepción de la época, aquél se formaba de «leche», luego se transformaba en «sangre» y posteriormente se volvía «carne». Es decir que, como hemos visto en el capítulo anterior referente a la menstruación, también se producía un cambio cromático, de blanco a rojo. La diferencia es que en el embrión encontramos un elemento adicional, un cambio de consistencia de líquido a sólido que nos recuerda la transubstanciación. La hostia (blanca) y el vino (sangre roja de Cristo) remiten al cuerpo sacrificado del hijo de Dios. Tomando como base esta idea veremos la presentación del embrión en el *Primero sueño*, así como en la loa al *Divino Narciso*.

3.4.1. El embrión y la creación metafórica del universo

La segunda mitad del siglo XVII trae grandes cambios en la concepción de la embriología. Se puede incluso hablar, como hace L. W. B. Brockliss, de una «revolución científica» (1990: 158-186) que transforma los tratados sobre la embriología. De pronto, teorías como la de Hipócrates, que concebían la reproducción como la mezcla de dos semillas, empiezan a entrar en decadencia para dar paso a aquéllas que le otorgaban primacía ya fuera al huevo o al esperma. Para Brockliss, los inicios de esta transformación embriológica coinciden con la publicación del libro de Harvey titulado *De generatione animalium* (1651), el cual rechaza la teoría hipocrática de las dos semillas arguyendo que después del coito no se producía ninguna coagulación de materia en el útero, sino que la semilla masculina, al entrar en la vagina, desprendía un espíritu «vaporoso» que primero se transformaba en el útero y después se convertía en un embrión (Brockliss 1990: 158-159).

Recordemos que la obra de Galeno recién se publicó en griego en 1525 y que, como afirma Vivan Nutton en su estudio «The Anatomy of the Soul in Early Renaissance Medicine», la versión en latín apareció tres años después, en 1528 (Nutton 1990: 136-157). Su difusión, sin embargo, no se llevó a cabo sino hasta diez años después —o más— cuando estas obras fueron transcritas en latín humanista. Esto explica por qué el *De anima* de Vives (1538) no incluye la opinión de Galeno. Otra de las obras que tuvo gran acogida en el Renacimiento fue *De humani corporis fabrica*, el libro de anatomía de Vesalio publicado en 1543 en Basilea (Nutton 1990: 136-157). En realidad es a comienzos del siglo XVIII cuando recién se asumen las nuevas teorías; se descubre, por ejemplo, que toda la vida provenía de los huevos y que éstos estaban localizados en los ovarios de la mujer. Ya desde el Renacimiento se debatía si el feto poseía un alma en el momento del engendramiento, o si aquélla se adquiría durante el desarrollo del embrión. Los debates de la época fluctuaban entre si el alma era enviada por Dios cuando el feto estaba totalmente formado (el caso de Aristóteles o Ambrosio Paré) o si se formaba a los 30, 40, o 45 días.

Sor Juana nació con la «revolución embriológica» y sus escritos, si bien no son un tratado médico científico, sí reflexionan sobre la creación, la formación del feto, el trabajo del cuerpo humano como 'fábrica' e 'industria', y la relación entre los humores y la producción del intelecto. Pero la postura de los teólogos en esa época no era unánime. Prevaleció la opinión aristotélica que consideraba que el padre era el proveedor de la forma del feto y la madre de la sustancia (materia menstrual). En nuestro texto poético, este cuerpo adquiere, a un nivel metafórico, rasgos femeninos fuertemente marcados. Sus órganos son los de una mujer embarazada. Su útero posee un embrión y sus senos producen leche. En su embrión se está generando metafóricamente el universo a partir del caos. Es un embrión en formación y por lo tanto no se puede distinguir los miembros ni las «especies»:

> el informe embrión que, mal formado,
> inordinado caos retrataba
> de confusas especies que abrazaba
> (vv. 549-551).

Este caos corporal se asemeja al que existía antes de que Dios creara el mundo: «La tierra estaba confusa y vacía y las tinieblas cubrían la haz del abismo» (Génesis 1: 2). El embrión, aquí, es un reflejo, un «retrato» del caos (v. 550). La acción de retratar nos remite a un creador que «imita alguna cosa o la hace semejante a algo» (*Diccionario de autoridades* 1990: 608). Este algo es el mundo que nace del caos, pero el autor es un/a creador/a que crea el mundo. Si este cuerpo pertenece a un sujeto femenino y éste equivale al de María o al de la Iglesia, entonces se está creando el universo y está creando a Cristo = Dios dentro de su propio útero. Está adquiriendo las características divinas y nos está alimentando con la sangre de Cristo (roja) y la de María (blanca). Es la misma leche de la menstruación la que alimenta al embrión y es la leche la fuente de la que mana la vida.

Son muchas las culturas y los mitos que definen a la mujer como diosa y creadora del universo. La mitología azteca nos narra las bondades de la diosa Coatlicue (culebra y regazo de la montaña), quien había parido 400 dioses (Krammer 1961: 461). La misma Virgen María fue titulada «deípara» desde el Concilio de Éfeso en el año 431. Entre los siglos XIII y XV, las imágenes de la Madre de Dios se representaron como una figura en cuyo vientre se cobijaba la Trinidad. Un ejemplo es el altar de la *Vierge ouvrante* que se encuentra en la iglesia de Morlaix (Bretaña). Cerrado el vientre, se puede apreciar la figura de una Virgen con el niño en brazos; abierto, aparecen los rostros de Dios-Padre, Hijo y Espíritu Santo (Mulack 1985: 65).

La creación/fecundación/Encarnación, por otro lado, está asociada con la unión de lo *humedum* (femenino) y lo *calidum* (masculino). Este último elemento, lo masculino, nos remite asimismo al *logos* masculino y al «aire encendido de los rayos y fuerza del Sol». La unión de los dos elementos, sin embargo, se produce en forma algo violenta dentro del «natural vaso» (v. 843):

> [...] ciñendo con violencia lo difuso
> de objeto tanto, a tan pequeño vaso
> (aun al más bajo, aun al menor, escaso)
> (vv. 557-559).

'Vaso' significa «recipiente o cualquier cosa cóncava de varias materias [...] dispuesta para recoger y contener en sí alguna cosa, especialmente líquida» (*Diccionario de autoridades* 1990: 427). Una segunda acepción nos remite ya no al objeto, sino más bien a la capacidad del mismo: «capacidad [...] de alguna cosa dispuesta o apta para contener otra en sí» (*ibíd.*: 427).

En su excelente estudio sobre la espiritualidad dirigida, Bravo Arriaga nos presenta un documento de Núñez de Miranda de 1680 titulado *Cartilla Christiano Política*. Este escrito, como aclara Bravo, probablemente fue un antecedente del sermón a la profesión de las religiosas (2001: 24). Como parte de la instrucción doctrinal, el documento contiene la definición del sacrilegio y es allí donde se hace la comparación entre el cuerpo de las monjas y el «vaso sagrado»:

> Lesion, daño o abuso de cosa consagrada á Dios, que se aplica a unos profanos ó pecaminosos. Como, si usase uno en la mesa comun [...] vasos sagrados, dedicados unicamente para el uso del Santísimo Sacramento y servicio del Templo, y Altar. Assi el alma pura y casto

> cuerpo de las Religiosas, Esposas de Christo, son vasos purísimos, consagrados por sus votos al culto divino, y servicio de Dios, y permitirlos, ó consentirlos a qualquier humano amor, o profano divertimiento, pareciera profanar los vasos sagrados en abusos indignos, y culpables (Núñez 1680: f. 10r-10v; citado por Bravo 2001: 48).

Para esta estudiosa, este símil apunta al proceso de idealización y magnificación de valores ideológicos. Será difícil para la religiosa transgredir los votos pues su objetivo deberá ser la dignificación de su cuerpo hasta que llegue a la altura de su alma, «ambos continente y contenido del 'sagrado vaso' del ser integral de la religiosa» (*ibíd.*: 48).

Está claro que la imagen del vaso o del recipiente se asocia con las partes íntimas de la mujer. Refiriéndose a las *Homilías* de Eusebio de Emesa, Peter Brown aclara que las jóvenes vírgenes que habían sido escogidas para dedicarse a la vida retirada en el *aula pudoris* eran llamadas «vasos/recipientes sagrados» (1988: 260). Ahora bien, la unión de lo femenino (óvulos) y lo masculino (espermatozoides) se produce dentro del útero femenino. Este objeto/miembro se vuelve un recipiente en la medida que puede contener el semen masculino. «Ceñir» con violencia lo difuso dentro del «vaso» significa estrechar metafóricamente todo el universo en la vagina de la mujer. Pero ya que el embrión simboliza el caos de donde surgirá el mundo, entonces el «vaso natural» (útero) de María no sólo contiene el mundo en sí, sino también a Dios mismo, es decir a Cristo y por ende a la Iglesia.

El quiasmo de:

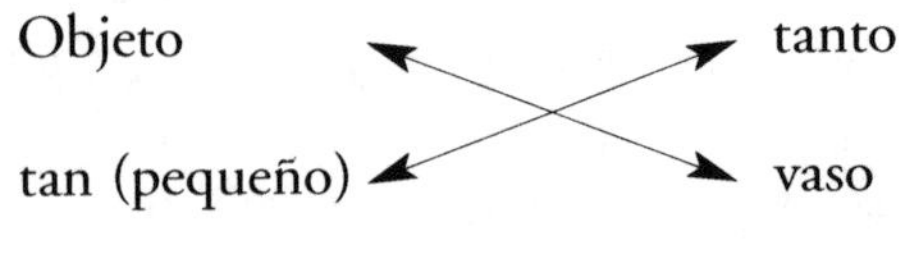

resalta la antítesis de los atributos. El objeto es demasiado grande para un vaso tan pequeño. «Ceñir» no sólo significa «rodear, estrechar, ajustar, apretar la cintura, el cuerpo, el vestido, u otra cosa», sino que equivale también a «comprehender, alcanzar, averiguar los secretos de alguna cosa» (*Diccionario de autoridades* 1990: 273). El *amplificatio* «ceñir con violencia» podría interpretarse desde niveles significativos dadas las distintas acepciones de ambos lexemas:

1.- Que el «vaso» ha sido violentado (violado) y que la unión se ha producido a la fuerza.

La significación de violencia reza: «se llama también el acto torpe executado contra la voluntad de alguna muger» (*Diccionario de autoridades* 1990: 492).

2.- Que el «vaso» es muy pequeño para la dimensión deídica que contiene.

El primer nivel nos remite a la mujer = víctima y el segundo nos sugiere un peligro implícito. Puesto que el vaso es tan pequeño podría darse un desbordamiento de líquido (diluvio). Por otro lado, esta *descriptio rei* (cualidad física del vaso) parece ser un impedimento para esa unión. ¿Sugiere esto que la mujer ha sido violentada (violada) para crear a Dios y crear el universo? ¿O acaso que la unión se produce en un recipiente extra corporal (¿el alma?) dada la incapacidad cúbica del mismo?

Los versos de Sor Juana indican un punto culminante del hervor y por lo tanto de la unión/creación:

> y el que hervor resultaba bullicioso
> [...] había ya cesado
> (vv. 840 y 843).

Al cesar este hervor ascendieron «húmedos vapores» (v. 846) que «las cadenas del sueño desataban» (vv. 852). Los miembros del cuerpo empiezan entonces a recuperarse por la falta de alimento y el Día empieza a surgir. El embrión no sólo contiene la unión de lo *femeninum* y lo *masculinum*, sino que representa el discurso del alma:

el alma, que asombrada
[...] aun no sabía
recobrarse a sí misma del espanto
que portentoso había
su discurso calmado,
permitiéndole apenas
de un concepto confuso
el informe embrión que [...]
(vv. 540, 543-549).

Intentemos una paráfrasis: el alma está sorprendida y espantada por su propio discurso, el mismo que es equivalente a un concepto confuso. Esta alocución femenina se asemeja a la creación a partir del caos, equiparable también al embrión en formación. Ahora bien, de acuerdo a la teología patrística, éste es comparable con el que nace en el corazón de los cristianos en el momento del bautismo, de tal forma que se puede delinear un paralelo entre el discurso del alma y el *logos* (Rahner 1964: 14). La imagen del corazón = útero se corrobora al nivel fisiológico:

Este, pues, miembro rey y centro vivo
de espíritus vitales,
con su asociado respirante fuelle
—pulmón, que imán del viento es atractivo—,
que en movimientos nunca desiguales
o comprimiendo ya, o ya dilatando
el musculoso, claro arcaduz blando,
hace que en él resuelle
el que lo circunscribe fresco ambiente
(vv. 210-218).

Para aclarar la simultaneidad de los niveles del discurso habría primero que aclarar las significaciones de algunos lexemas. «Arcaduz» tiene varias acepciones. La primera es la de caño, razón por la que generalmente se interpreta este tubo como la garganta humana. Significa, por otro lado, «el conducto», o la parte por donde el alma se explica, y da a entender sus afectos (como los ojos, la lengua, etc.) y también por donde percibe las especies. Recordemos que ya Laqueur ha identificado la garganta como la puerta similar al útero por la que sale la voz de los cantantes. «Resollar», además de «echar el aliento con algún ruido», implica el acto de «hablar» (*Diccionario de autoridades* 1990: 594). De acuerdo a estas acepciones, el corazón y el pulmón crearían una voz que explicaría los afectos del alma. Esta voz es un producto del aire que nace gracias a las acciones de los gerundios «comprimiendo» y «dilatando», que si bien se refieren al corazón, también aluden a la significación de corazón = *uterus* femenino. El corazón no sólo sería el «claro vaso» donde se produce la Encarnación. Aquí da a luz a la voz del aire (alma humana), elemento que también se puede comparar con el «soplo» del Génesis. Y si el embrión que nace en el útero (situado en el pecho) es equivalente tanto a la creación de la mujer como también al *logos* masculino, entonces la creación de la mujer será su propio *logos*[16]. Y si ella, al igual que el hombre, está capacitada para crear el *logos*, entonces Dios podría ser acaso la creación de la mujer.

La posición radical de Sor Juana estaría justamente allí: al darle la posibilidad al sujeto femenino no sólo de llegar a ser similar o ser el mismo Dios, sino más bien de crear o parir a Dios. Según la *Theologia Platonica* de Ficino, Dios creó el mundo en la medida en «que se pensó a sí mismo», puesto que para él existía una equivalencia entre el «ser, pensar y desear» (Panofsky 1962: 131). La mujer, como Dios, se crea a sí misma por medio de su embrión, el cual es la alegoría del propio discurso. Y ésta puede compararse con la Noche, puesto que ésta, como figura mitológica, es la hija del Caos y la madre del Sueño y de la Muerte (*New Larousse* 1984). Es una escritura alegórica, femenina y nocturna.

[16] Recuérdese la famosa escena de la transverberación de Santa Teresa. Allí, el dardo del ángel penetra el corazón femenino: «Este me parecía meter con el corazón algunas veces, y que me llegaba a las entrañas: al sacarle me parecía las llevaba consigo, y me dejaba toda abrasada en amor grande de Dios» (1990: 176).

3.4.2. El «Dios de las Semillas»

En el *Divino Narciso*, una de las obras más hermosas de la jerónima, Sor Juana recontextualiza el mito pagano y, a diferencia de Ovidio e incluso de Calderón (*Eco y Narciso*), convierte esta figura mitológica en un paradigma de una instancia divina cristiana. Narciso equivale a la persona de Cristo. La loa previa que acompaña el auto se basa en el rito azteca de la estatua Huitzilopochtli. Este ídolo, preparado con cereales amasados con sangre de niños sacrificados, era una representación simbólica de la muerte de la divinidad. (Orozco y Berra 1938: LXXIII). Según Méndez Plancarte, Sor Juana se basa en los escritos de Fray Juan de Torquemada, inquisidor español que, desde su perspectiva, narra los eventos de la Colonia. La monja Jerónima, como veremos más adelante, substituye el nombre de Huichilobos (adaptación castellana de Huitzilopochtli) por el del «Gran Dios de las Semillas» (*Divino Narciso*, 5, v. 42). En dicha loa se presenta un debate entre las figuras alegóricas de América y Occidente, por un lado, y Religión y Celo, por el otro. Las dos primeras especifican su veneración al «Gran Dios de las Semillas» en la medida en que lo describen como el mayor benefactor de la humanidad. Religión y Celo se declaran representantes del cristianismo (v. 79). Al contrastar la posición de América con la de la figura alegórica de la Religión, se pretende hacer un paralelo entre la validez de la eucaristía y la representación de la divinidad a través de un ídolo azteca. Es en este sentido que tanto la loa como el auto sacramental se sitúan dentro del debate de la tradición iconográfica de la representación de las imágenes divinas. Recuérdese que la tradición iconoclasta aprehendía la divinidad o el *logos* cristiano en forma literal: la palabra *era* la escritura. Es importante remarcar aquí que los textos iconoclastas no se han conservado en su totalidad, pero sí se han reconstruido las actas del Séptimo Concilio Ecuménico de nuestra era (Nicea 787) y las del Concilio iconoclasta de Constantinopla (754), textos y refutaciones incluidos en la valiosísima edición de Daniel J. Sahas (1986).

Según *Icon and Logos*, la tradición católica tomó como base algunos antecedentes iconoclastas tanto de la religión judía como de la islámica. La orden: «No te harás esculturas ni imagen alguna de lo que hay en lo alto de los cielos, ni de lo que hay abajo sobre la tierra, ni de lo que hay en las aguas debajo de la tierra» (Éxodo 20: 4) constituye una de las primeras oposiciones incondicionales a los iconos. Al igual que en el judaísmo, vertido en este pasaje del Antiguo Testamento, el Islam también rechazó imágenes y representaciones de seres humanos, posición que el califa Yazid II (720-724) materializó con la orden de destrucción de todos los iconos encontrados en las iglesias católicas bajo su dominio (Sahas 1986: 1-20)[17]. Es de común acuerdo que el primer emperador bizantino que tomó posición oficial contra los iconos fue León III (680-741), y lo hizo por medio de un edicto promulgado en el año 726. Los argumentos específicos están incluidos en forma incompleta en la carta del Papa Gregorio a León III, pero la línea principal podría describirse como la extrema literalidad con la que se concebían las escrituras. La palabra de Dios no podía interpretarse en forma alegórica ni figurativa. La condena oficial de los iconos continuó hasta el reinado de Constantino V, para quien la eucaristía era el único icono reconocido por la Iglesia para la representación divina (Sahas 1986: 36).

La obra de Juan Damasceno, uno de los grandes combatientes de la herejía iconoclasta, se caracteriza por la defensa de las imágenes divinas. Si bien Juan Damasceno y los iconoclastas compartían la idea de la ausencia de Dios en el objeto, San Juan criticaba la literalidad de los mismos puesto que, según San Pablo, «Dios le habló a nuestros padres y profetas de muchas y diversas maneras». La defensa de San Juan se basa en la imposibilidad de contemplar a Dios sin la ayuda representativa de estas imágenes. Como «lector» de iconos,

[17] Las conclusiones de este debate están expuestas en un artículo no publicado titulado «The Search for Meaning in Representation: Iconoclasts, Derrida, and John of Damascus», escrito en colaboración con Emy Manini. Para ella, mi agradecimiento.

percibía la ausencia de Dios, pero sabía que la imagen era considerada sólo como un símbolo del referente divino que nos permitiría lograr la contemplación de la verdad: «The icon is a hymn of triumph, a manifestation, a memorial inscribed for those who have fought and conquered, humbling the demons and putting them to flight» (Damasceno 1980: 59). Es justamente el conocimiento de que los iconos son significantes incompletos lo que nos permite venerarlos, puesto que la adoración se dirigirá a aquello que es irrepresentable e intangible. San Juan Damasceno redefine el concepto de presencia puesto que, para él, el error de los iconoclastas era considerar el significado como algo real y tangible. Sólo a través de la encarnación, es decir, gracias a la figura de Cristo, podremos aprehender a Dios, y exclusivamente a través de su sacrificio captaremos la mímesis perfecta, puesto que él mismo es la imagen de la instancia divina.

La iconografía damascena se basa en las teorías de Dionisio Aeropagita, cuya valorización del arte como un proceso mimético permite mediar todo conocimiento sagrado. Pero para Juan Damasceno, el potencial icónico depende de la capacidad individual de envolverse en un proceso mimético. Cada persona participaría del proceso en forma diferente y es el esfuerzo individual el que en última instancia nos permitirá contemplar la perfección. La iconografía bizantina, según Sahas, es un modo de elevación del mundo corrupto terrenal al Reino de Dios. Es la espiritualidad *per se* que alimentamos por medio de visiones. No se trata de un arte estético, ni tampoco se intenta llamar la atención del espectador hacia la figura en sí. Es una expresión de espiritualidad que renuncia a lo carnal (1986: 14).

El debate entre las figuras alegóricas de América y Occidente frente a la Religión y el Celo se ajusta a la discusión presentada por los iconoclastas y los defensores de las imágenes divinas. América y Occidente sostienen que su icono azteca, cuya construcción ha sido elaborada con la sangre del sacrificio, y cuya imagen es literalmente 'comible' (hecha con cereales), es el dios verdadero pues representa la semilla que se siembra y que alimenta tanto literal como figurativamente:

Occidente

Pues entre todos los Dioses
que mi culto solemniza,
aunque son tantos, que sólo
en aquesta esclada
ciudad Regia, de dos mil
pasan, a quien sacrifica
en sacrificios crüentos
de humana sangre vertida,
ya las entrañas que pulsan,
ya el corazón que palpita;
aunque son (vuelvo a decir)
tantos, entre todos mira
mi atención, como a mayor,
al gran Dios de las Semillas
(vv. 29-42).

A lo que la otra figura responde:

América

[...] pues ¿qué importara que rica
el América abundara
en el oro de sus minas,
si estilizando el campo
sus fumosidades mismas,
no dejaran a los frutos
que en sementeras opimas
brotasen? Demás de que
su protección no limita
sólo a corporal sustento
de la material comida,
sino que después, haciendo
manjar de sus carnes mismas
(estando purificadas
antes, de sus inmundicias

corporales), de las manchas
el Alma nos purifica
(vv. 52-68).

La representación del Dios de las Semillas está indudablemente estructurada en forma paralela al sacramento de la eucaristía. Ya no se trata del cuerpo o la sangre de Cristo que se ha convertido en alimento (vía hostia), sino más bien del Dios que ha sido sacrificado y transformado de semilla en cereal. En este caso, sin embargo, es la posibilidad del alimento lo que personifica la figura de Dios. Así como Cristo (icono al que adoramos) es la imagen de Dios, el cereal (icono y encarnación a la vez) es el producto de la semilla.

Al presentar esta versión de la tradición azteca, Sor Juana muestra la lógica invertida: el icono del cereal se remonta a un dios literal: la semilla. El icono cristiano se refiere a Cristo que es la imagen de un Dios irrepresentable e inasible. La literalidad de los nahuas para la representación de su dios, está pues, en una primera instancia, en contraposición con la simbología cristiana. Sin embargo, el efecto y el radio de alcance del dios azteca se dan tanto a un nivel literal (alimento diario) como a un nivel metafórico (alimento espiritual). Cristo es alimento espiritual y si ingerimos su cuerpo no es para la sustentación corporal, sino exclusivamente para la nutrición del espíritu. Esta diferencia es captada por América:

[...] Demás de que
su protección no limita
sólo a corporal sustento
de la materia comida,
sino que después, haciendo
manjar de sus carnes mismas
(estando purificadas
antes, de sus inmundicias
corporales), de las manchas
el Alma nos purifica
(vv. 59-68).

O incluso más adelante:

América

Ya que esas tan inauditas
cosas quiera yo creer,
¿será esa Deidad que pintas,
tan amorosa, que quiera
ofrecérseme en comida,
como Aquésta que yo adoro?
(vv. 368-373).

Lo que Juan Damasceno le reprochaba a los iconoclastas era la veneración del objeto mismo que representaba a la divinidad y no el significado del objeto. La estatuilla azteca es venerada por el objeto mismo, pero además por su efecto e intención posterior. Es justamente gracias a la ingestión de la comida que logramos la purificación. Es decir, que la versión sorjuanina de la religión azteca revela una posición iconoclasta. No se hace diferenciación entre el significado y el significante. Se venera la semilla (significante), pero también se incluye el significado. La concepción de la divinidad es por lo tanto más inmanente que la cristiana. Dios es tangible y su poder está incluido metonímicamente en el potencial de la semilla. El dios cristiano es trascendente y sólo podemos captar una imagen a través de Cristo circunscrito en un cuerpo humano. La hostia es sólo la representación simbólica de ese cuerpo.

En su *The Resurrection of the Body in Western Christianity, 200-1336*, Caroline Walker Bynum demuestra que la semilla es la metáfora más antigua de la resurrección del cuerpo (1995: 3). En ningún periodo, afirma, el tratamiento cristiano de la resurrección abandona totalmente la metáfora paulina de la semilla (*ibíd.*: 6). Según las interpretaciones de I Corintios 15, la semilla no está presentada como un material inerte. Por el contrario, la semilla 'muere' en la tierra para prolongarse en una nueva vida en un cuerpo nuevo (Bynum 1995: 3). «El crecimiento de la semilla o semen o huevo implica identidad numérica a través de una continuidad espacio-temporal, pero no necesariamente una continuidad material» (*ibíd.*: 6-7). Recién durante la Edad Media adquirieron más importancia las imágenes que implican una continuidad material y estructural, como por ejemplo la prolongación del cuerpo (*ibíd.*: 9).

Es esta transformación de la semilla la que también está presente en el «Gran Dios de las Semillas» de la monja jerónima. Los datos de Méndez Plancarte sobre el rito de la estatua de Huitzilopochtli nos remiten a la figura divina del dios de la guerra y guía principal de los aztecas desde el inicio de su peregrinación hasta el establecimiento en Tenochtitlán. En su *Historia general*, Bernardino de Sahagún (1500?-1590) aclara la relación entre este dios y la imagen de la semilla:

> De cómo honraban a Huitzilopochtli como a Dios:
>
> Asimismo dicen que el día en que amasaba y hacía el cuerpo de Huitzilopochtli para celebrar la fiesta, que se llamaba *panquetzaliztli*, tomaban semillas de bledos y las limpiaban muy bien, quitando las pajas y apartando las otras semillas que se llamaban *petzicatl* y *tezcahuauhtli* y las molían delicadamente, y después de haberlas molido, estando la harina muy sutil, amasábanla, de que se hacía el cuerpo de Huitzilopochtli (1938: 61).

El cuerpo del dios azteca, cuya equivalencia en náhuatl es 'colibrí zurdo' o 'colibrí del sur', es elaborado con semillas amasadas. Pero el dios que se venera en la loa sorjuanina no es Huichilobos o Huitzilopochtli; se trata de una de las transformaciones que la monja jerónima hace de la teología azteca. La imagen de la semilla, que como hemos visto ocupa un lugar primordial en la simbología cristiana de los Padres de la Iglesia, es transformada en el «Gran Dios de las Semillas», el mismo que en realidad se refiere al dios azteca de la guerra.

La posición de América se asemeja también a la insistencia de Juan Damasceno en lo que se refiere a la representación iconográfica de la imagen divina. Escuchemos las palabras de Religión:

Religión

Pues vamos. Que en una idea
metafórica[18], vestida
de retóricos colores,
representable a tu vista,
te las mostraré; que ya
conozco que tú te inclinas
a objetos visibles, más
que a lo que la Fe te avisa
por el oído; y así,
es preciso que te sirvas
de los ojos, para que
por ellos la Fe recibas
(vv. 401-412).

América insiste en la representación de la divinidad de la misma forma que Juan Damasceno hace hincapié en la necesidad de la circunscripción de Cristo. Se trata pues de un icono que, como la palabra griega *Graphê*, implica 'escritura' y 'pintura': una idea metafórica revestida de colores.

Para Juan Damasceno, es imposible que la humanidad pueda imaginar conceptos inmateriales, a menos que podamos visualizarlos con formas análogas, esto es, por medio de imágenes (1980: 76). El autor de estos tratados, en contra de los que atacaban las imágenes divinas, propone la iconografía como un medio para delinear la diferencia entre lo representado y lo que se quiere representar:

> For the image is one thing, and the thing depicted is another; one can always notice differences between them, since one is not the other, and vice versa. I offer the following example: An image of a man, even if it is a likeness of his bodily form, cannot contain his mental powers [...] A son is the natural image of his father, yet is different from him, for he is a son, and not a father (Damasceno 1980: 74).

[18] En el auto del *Divino Narciso* es la figura de Naturaleza Humana quien está representada como una 'metafórica idea'.

Su lectura hace hincapié en la ausencia de los poderes mentales dentro de la imagen. Se trata, como afirma Religión, de una idea metafórica que no revela la esencia. Esta imagen, por otro lado, resulta indispensable para la visualización de la divinidad.

Occidente, como América, le pide a Religión que extienda su explicación:

> Y yo; y más, saber la vida
> y muerte de ese gran Dios
> que estar en el Pan afirmas
> (vv. 398-400).

Se trata pues de la aclaración del icono que incluye el Misterio de la Eucaristía. La posición de América, como de Occidente, queda bastante abierta. Ambos simplemente expresan su deseo de escuchar a Religión, pero en ningún momento hay indicios de 'conversión'. La loa termina con un diálogo entre Celo y Religión. Se define el modo con que ésta explicará la posición de la Iglesia:

> De un Auto en la alegoría,
> quiero mostrarlos visibles,
> para que quede instruida
> ella, y todo el Occidente,
> de lo que ya solicita saber
> (vv. 418-422).

La misma Religión subraya una intención didáctica todavía no lograda. Las últimas líneas muestran a un Occidente que reitera conocer al verdadero «Gran Dios de las Semillas»:

Occidente

> ¡Vamos, que ya mi agonía
> quiere ver cómo es el Dios
> que me han de dar en comida!,

[Cantan América, Occidente y Celo]
diciendo que ya
conocen las Indias
al que es Verdadero
Dios de las Semillas!
Y en lágrimas tiernas
que el gozo destila,
repitan alegres
con voces festivas
[Todos]
¡Dichoso el día
que conocí al gran Dios de las Semillas!
(vv. 484-498).

No queda claro, sin embargo, si la apología se refiere al dios azteca Huitzilopochtli, dios de la Guerra, llamado por Sor Juana el «Gran Dios de la Semillas» o si realmente hace referencia exclusiva al Dios cristiano. Recordemos que todavía no se ha escenificado el auto sacramental destinado a convencer a las figuras paganas. Se trata pues de un final forzado que en apariencia soluciona el debate entre la religión iconoclasta de los aztecas y la Iglesia católica. La ocasión no es para menos, ya que se trata de la celebración del Corpus Christi. La loa en sí, o mejor dicho, su representación, sería pues el icono, la *Graphê*, que pretende juntar la imagen con la palabra. Las voces unidas de todas las figuras participantes y su canto en coro —que de por sí nos recuerda al teatro griego o a las actividades de las monjas en los conventos— en alabanza al Dios, son una táctica adicional para reforzar la aparente disponibilidad y aceptación de la nueva religión.

Conclusiones

La relación entre la espiritualidad y la arquitectura se refleja en la obra de Sor Juana en la medida en que ella avanza por espacios sagrados que limitan, caracterizan y delinean su propia escritura. Es así como su experiencia en la corte, en el convento de las Carmelitas, en la Orden de los Jerónimos y en el México colonial mismo, influyen en el desarrollo literario de la novohispana. Al igual que el camino propuesto por Plotino, cuyas hipóstasis llevaban al sujeto místico en ascenso por la arquitectura para al final alcanzar la compenetración con Dios, Sor Juana recorre espacios geográficos específicos que la conducirán a la identificación con la instancia divina.

El propio San Agustín proclama la visión de Dios que nos conducirá a la similitud con el *logos*: «Luego gozaremos, hermanos, de cierta visión que no vieron los ojos, ni oyeron los oídos, ni subió al corazón del hombre; de cierta visión que sobrepasa a todas las hermosuras terrenas [...], puesto que por ella son todas bellas. Luego ¿qué seremos cuando veamos esto? ¿Qué se nos prometió? *Seremos semejantes a él porque le veremos como es*» (Agustín 1997b: 4: 5-7). Como afirma Lucas F. Mateo-Seco, la doctrina agustiniana apunta a una visión espiritual de Dios:

> Antes que nada, es clara la afirmación de que Dios puede ser visto. Sigue la distinción entre las manifestaciones que Dios hace de sí mismo —y que son tan verídicas, que merecen la afirmación de que ha sido visto, aunque se trate de apariencia y de signos—, y aquella otra la única comunicación en la que él puede ser visto *tal cual es*. Es, por eso, una visión espiritual, angélica, que sólo puede tener lugar en el corazón del hombre. En cualquier caso, es una comunicación directa, que transforma al hombre hasta el punto de meterlo en el seno de Dios, por así decirlo, «haciéndolo un espíritu con él». Efectivamente, puesto que Dios habita en una luz inaccesible y es invisible por naturaleza —y lo seguirá siendo siempre— sólo puede ser visto invisiblemente, espiritualmente, por quienes se han hecho un espíritu con él, es decir, sólo puede ser visto por el hombre, si éste es introducido realmente en la luz inaccesible (1997b: 545).

Los espacios geográficos, como diría San Agustín, permitieron que Sor Juana se introdujera en la luz inaccesible que le permitió volverse semejante a Dios, por lo menos en un sentido alegórico: *Habitabimur et habitabimus*. Habitaremos los espacios sagrados y seremos habitados por Dios. Habitar un espacio es un concepto que no se puede desligar de las prácticas cotidianas como el orar, caminar, regar los huertos, etc. El morar al interior de los espacios cerrados de los conventos produjo en Sor Juana el desarrollo de un discurso a partir de esas prácticas cotidianas, las cuales incluían la utilización del cuerpo mismo. Los tratados arquitectónicos, así como los estudios científicos de la época —el caso, por ejemplo, del *Templum Salomonis* de Juan Bautista Villalpando— aceptaban la similitud entre los espacios sagrados y el cuerpo humano, a saber, el Templo de Salomón y el cuerpo de Cristo. El *aula pudoris* de su entorno se refleja en el texto poético en la medida en que las figuras que toman parte en la acción están ligadas al elemento de la virginidad. Como en las teorías de Michel Certeau, el espacio cerrado y sagrado posibilita a Sor Juana su propia narrativa y es allí donde logra la visión de Dios a través de la escritura del *Primero sueño*. Y la visión misma se describe metafóricamente a través de imágenes piramidales, de montes, de luz y rayos visuales. Al igual que el sujeto cartesiano, el alma se separa del objeto cuerpo y se acentúa aquella división entre sujeto y objeto, distanciamiento que coincide, asimismo, con los tratados médicos.

A diferencia de la crítica más general sobre la obra de la monja, afirmo que el género sexual del cuerpo presente en el poema es de suma importancia puesto que, gracias a la ejemplificación paradigmática con los diversos sujetos, éste se revela como un cuerpo femenino equivalente al cuerpo de la Iglesia y por extensión al de la Virgen. Recordemos que ya existían ejemplos similares en la literatura iberoamericana. Es el caso del *Auto de la Sibila Casandra* de Gil Vicente. (1513). Para esta pastora, el matrimonio no sólo significaba la esclavitud de la mujer, sino que también simbolizaba la unión del alma con Cristo. Ella se concibe a sí misma como la Mater Dei, es decir, su cuerpo es el de la Iglesia y el de la Virgen María (1962: 43). Sor Juana no sólo identifica el cuerpo del sujeto vivencial con el de la Virgen. Gracias a la mención de la menstruación y la lactancia —lo que implica un cambio cromático de rojo a blanco— el yo lírico asume, como en las místicas medievales, características de Cristo y de María simultáneamente. La menstruación, producción corporal típicamente femenina, que se creía que alimentaba al feto y posteriormente terminaba convertida en leche, se transforma en una escritura pletórica. En la Edad Media existía un rechazo al flujo menstrual puesto que esa emanación delataba el estado profano. Dejar de menstruar era considerado como un síntoma de santidad. Aquí, en el *Primero sueño*, se menciona, pero, gracias a la ambición de sabiduría o santidad, se rechaza la menstruación, se ambiciona lo sagrado, se persigue la unión con Dios.

Gracias a las teorías copernicanas y a la influencia de Galileo y Descartes, la nueva concepción heliocéntrica del cosmos desubicó al sujeto, de tal forma que ahora es necesario una cartografía para ubicarse en el espacio. Lo mismo con las teorías de perspectiva, el sujeto necesita trazar las líneas que separan la distancia entre él y el objeto, pero esas líneas, como afirma Sor Juana, crean una pirámide visual que apuntan a la afirmación del infinito desligado de la omnipotencia de Dios. Esa cartografía o líneas, por otro lado, se van delineando a medida en que el sujeto avanza en sus esfuerzos epistemológicos, es una escritura producto de las prácticas cotidianas. Se reflexiona, asimismo, sobre la noción del sujeto en la medida en que se introduce el espejo nocturno como instrumento de reflejo. Es sólo a través de esa distancia que el lector podrá ver el cuerpo del poema y es sólo por medio del reflejo que el sujeto mismo razona sobre su propia constitución. Esta separación entre sujeto y objeto, típica de la epistemología barroca, es la que predomina en el texto. Por otro lado, si bien se afirma la dualidad del sujeto cartesiano, ésta también se niega por medio de la dependencia entre la fisiología del cuerpo y la mente.

La descripción paradigmática entre las figuras mitológicas, el alma, el águila, las sombras, etc., así como la divinidad que adquiere el cuerpo del poema, nos lleva a meditar sobre la idea de Basilio de que las vírgenes tenían que cumplir la función de iconos, es decir, debían representar la historia/escritura y la pintura simultáneamente. Los paradigmas representados en el poema hacen del texto un «icono viviente». Así, el común denominador de las digresiones, el «yo digo» del sujeto de la enunciación en el *Primero sueño*, apunta a una escritura alegórica que remite indirectamente al debate entre los iconoclastas y los defensores de las imágenes divinas implícito en la loa del auto sacramental aquí considerado. Mientras los unos defendían la literalidad de las Sagradas Escrituras, las apologías como las de Juan Damasceno reconocían que, si bien era imposible la representación de Dios sin los iconos, éstas no incluían el elemento sagrado. Para los iconoclastas, se trataba de la mera adoración de imágenes blasfemas: una veneración de los significantes que llevaba inevitablemente a la herejía.

En el *Primero sueño* este cuerpo, además, está embarazado y en su vientre, gracias al funcionamiento de los miembros corporales, se está generando el universo. Así como según la teología patrística, la Iglesia se da a luz a sí misma o, según los neoplatónicos, Dios se crea a sí mismo, de igual modo este cuerpo femenino está creando metafóricamente el universo dentro de su embrión. El cuerpo, como la poetisa, está generando el universo a la vez que produce el mismo texto del *Primero sueño*. Existe un paralelismo entre la creación del *logos* y la escritura poética del texto. Su ambición de aprehender el conocimiento se logra justamente gracias a la visión de la escritura poética y será la propia Sor Juana la autora demiurgo, la deípara de Éfeso. El mismo Dionisio Areopagita afirmaba que las cosas de Dios le eran reveladas a cada uno sólo en proporción de sus capacidades. Y quién más que Sor Juana para epitomar este enunciado del Areopagita.

Bibliografía

ÁGREDA, sor María de Jesús (1990) [1670]: *La mística ciudad de Dios.* Augustine M. Esposito (ed.). Potomac: Scripta Humanística.

AGUSTÍN, San (1958a): *City of God.* G. Walsh (trad.). New York: Image.

— (1958b): *On Christian Doctrine.* D. W. Robertson, Jr. (trad.). New Jersey: Prentice Hall.

— (1997a): *Eine Psalmenpredigt über die Auferstehung: Augustinus, enarratio in Psalmum 65.* Einleintung, Text, Übersetzung und Kommentar Hildegund Müller. Wien: Verlag der Österreichischen Akademie der Wissenschaft.

— (1997b): «Epístola a los partos» (fragmento), en Rafael Lazcano (ed.), *Homenaje al Profesor Jaime García Álvarez en su 65 aniversario. San Agustín.* Madrid: Editorial Revista Agustiniana, 551.

— (2000): *Expositions of the Psalms.* Maria Boulding; John E. Rotelle (eds.). Hyde Park, NY: New City Press.

ALATORRE, Antonio (1977): «Avatares barrocos del romance (De Góngora a Sor Juana Inés de la Cruz)», en *Nueva Revista de Filología Hispánica* 26, 341-459.

ALBERRO, Solange (1998): «Imagen y fiesta barroca: Nueva España, siglos XVI-XVII», en Petra Schumm (ed.), *Barrocos y Modernos. Nuevos caminos en la investigación del Barroco iberoamericano.* Madrid/ Frankfurt: Iberoamericana/Vervuert, 33-48.

AMBROSIO, obispo de Milán (1989): *On Virginity*. Daniel Callán (trad.). Toronto: Peregrina Pub. Co.
— (1997): *Ambrose*. Bononiface Ramsey, O.P. (ed.). New York: Routledge.
AMERLINCK, María Concepción (1995): *Conventos de monjas: fundaciones en el México virreinal*. México D.F.: Condumex/ Universidad Nacional Autónoma de México.
APULEYO (1997): *Las metamorfosis o El asno de oro*. José María Royo (ed. y trad.). Madrid: Cátedra.
ARENAL, Electa (1991): «Where Woman is Creator of the Wor(l)d. Or, Sor Juana's Discourses on Method», en Stephanie Merrim (ed.), *Feminist Perspectives on Sor Juana Inés de la Cruz*. Detroit, Mich.: Wayne State University Press. 124-141.
ARENAL, Electa/Stacey SCHLAU (1989): *Untold Sisters. Hispanic Nuns in their own Works*. Amanda Powell (ed. y trad.). Albuquerque: University of New Mexico Press.
ARISTÓTELES (1991): *De anima*. R. D. Hicks (trad.). Buffalo, N.Y.: Prometheus.
ASSMANN, Aleida/Dietrich HARTH (1991): *Mnemosyne, Formen und Funktionen der kulturellen Erinnerung*. Frankfurt am Main: Fischer Verlag.
BACHELARD, Gaston (1957):. *La poétique de l'espace*. Paris: Quadrige. Presses Universitaires de France.
BALLESTER, Torrente (ed.) (1962): *Selecciones de sor María de Ágreda. Correspondencia con Felipe IV.* Madrid: Ediciones Fe.
BARING, Anne/Jules CASHFORD (1993): *The Myth of the Goddess. Evolution of an Image*. London: Arkana Penguin Books.
BATAILLE, Georges (1997): *El erotismo*. Antoni Vicens y Marie Paule Sarazin (trads.). Barcelona: Tusquets.
BAXTER, Sylvester (1934): *La arquitectura hispano colonial en México*. Manuel Toussaint (ed.). México D.F.
BEAUPIED, Aída (1997): *Narciso hermético: Sor Juana Inés de la Cruz y José Lezama Lima*. Liverpool: Liverpool University Press.
BÉNASSY-BERLING, Marie Cécile (1983): *Humanismo y religión de sor Juana Inés de la Cruz*. Laura López de Belair (trad.). México, D. F.: Universidad Nacional Autónoma de México.
BENÍTEZ, Fernando (1985): *Los demonios en el convento. Sexo y religión en la Nueva España*. México, D. F.: Editorial Era.

BÉRCHEZ, Joaquín (1992): *Arquitectura mexicana de los siglos XVII y XVIII.* México D.F.: Grupo Azabache.

Biblia Sacra iuxta vulgatam editionem (1975) 2ª Ed. Stuttgart: Württembergische Bibelanstalt.

BOYER, Carl B (1985): *A History of Mathematics.* Princeton, NJ: Princeton University Press.

BRAVO ARRIAGA, María Dolores (1987): «Carlos de Sigüenza y Góngora: literatura culterana y literatura de almanaques, en *Texto crítico*, Vol. 13, 36, 25-35.

— (1995): «Significación y protagonismo del 'oír' y el 'ver' en el *Sueño*», en *Colonial Latin American Review.* Vol. 4, Nº 2, 63-71.

— (1997): *La excepción y la regla: estudios sobre espiritualidad y cultura.* México, D. F.: Universidad Nacional Autónoma de México.

— (2001): *El discurso de la espiritualidad dirigida: Antonio Núñez de Miranda, confesor de sor Juana.* México D.F.: Universidad Nacional Autónoma de México.

BROCKLISS, L. W. B. (1990): «The embryological revolution in the France of Louis XIV: the dominance of ideology», en G. R. Dunstan (ed.), *The Human Embryo. Aristotle and the Arabic and European Traditions.* Exeter, Devon: University of Exeter Press, 158-186.

BROWN, Jonathan (1995): *Imágenes e ideas en la pintura española del siglo XVII.* Vicente Lleó Cañal (trad.). Madrid: Alianza.

BROWN, Peter (1988): *The Body and Society: Men, Women, and Sexual Renunciation in Early Christianity.* New York: Columbia University Press.

BUXÓ, José Pascual (1975): *Muerte y desengaño en la poesía novohispana. Siglos XVI- XVII.* México, D. F.: Universidad Autónoma de México.

— (1996): *Sor Juana Inés de la Cruz: Amor y conocimiento.* México, D. F.: Universidad Nacional Autónoma de México.

— (1998): «Función política de los emblemas en el *Neptuno Alegórico* de sor Juana Inés de la Cruz», en Margo Glantz (ed.), *Sor Juana Inés de la Cruz y sus contemporáneos.* México, D.F.: Condumex/Universidad Nacional Autónoma de México.

BYNUM, Caroline Walker (1979): *Docere verbo et exemplo. An Aspect of Twelfth Century Spirituality.* Serie Harvard Theological Studies XXXI. Missoula, Montana: Scholars Press.

— (1984): *Jesus as Mother.* Berkeley: University of California Press.

— (1987): *Holy Feast and Holy Fast. The Religious Significance of Food to Medieval Women*. Berkeley: University of California Press.

— (1991): *Fragmentation and Redemption. Essays on Gender and the Human Body in Medieval Religion*. New York: Zone Books.

— (1995): *The Resurrection of the Body in Western Christianity, 200-1336*. New York: Columbia University Press.

Calderón de la Barca, Pedro (1952-1959): *Obras completas*. Madrid: Aguilar.

Caramuel de Lobkowitz, Juan (1984): *Arquitectura civil recta y oblicua*. Antonio Bonet Correa (estudio preliminar). Madrid: Turner.

Carrasco Vargas, Ramón (1990): *Arqueología y arquitectura en el ex-Convento de San Jerónimo*. México, D.F.: Instituto Nacional de Antropología.

Casas, Bartolomé de las (1951). *Historia de las Indias*. Agustín Millares Carlo (ed.). Estudio preliminar Lewis Hanke. México, D. F.: Fondo de Cultura Económica. Biblioteca Americana. Serie de Cronistas de Indias.

— (1958): *Los tesoros del Perú*. Ángel Lozada (ed.). Madrid: Consejo Superior de Investigaciones Científicas. Institutos Gonzalo F. de Oviedo y Francisco de Vitoria.

— (1967): *Apologética historia sumaria*. Edmundo O'Gorman (ed.). México, D. F.: Universidad Nacional Autónoma de México.

— (1974): *Brevísima relación de la destrucción de las Indias*. Barcelona: Fontamara.

Castro, Américo (1942): *Lo hispánico y el erasmismo. Los prólogos al 'Quijote'*. Buenos Aires: Facultad de Filosofía y Letras de la Universidad de Buenos Aires.

Catalá, Rafael (1978): «La trascendencia en el *Primero sueño*: el incesto y el águila», en *Revista Iberoamericana* XLIV, 104-105, 421-434.

Certeau, Michel (1992): *The Mystic Fable. The Sixteenth and Seventeenth Centuries*. Michael B. Smith (trad.). Chicago: University of Chicago Press.

— (1997): *Heterologies. Discourse on the Other*. Brian Massumi (trad.). Minneapolis: University of Minnesota Press.

— (1984): *The Practice of Everyday Life*. Steven Rendall (trad.). Berkeley: University of California Press..

Checa, Jorge (1998):»Al margen del retrato: los ovillejos de sor Juana», en Carmen Beatriz López Portillo (coord.), *Sor Juana y su mundo: una*

mirada actual. Memorias del Congreso Internacional. México, D.F.: Universidad del Claustro de sor Juana/Fondo de Cultura Económica, 184-188.
CICERÓN (1997): *The Orator.* G. L. Hendrickson y H. M. Hubbell (ed.). Cambridge, MA.: Harvard University Press.
CIRLOT, Juan-Eduardo (1991): *Diccionario de símbolos.* Barcelona: Labor.
CIXOUS, Hélène (1995): *La risa de la medusa. Ensayos sobre la escritura.* Ana María Moix (trad.), Myriam Díaz-Diocaretz (rev.). Madrid: Anthropos.
CONKBOY, Katie (1997): *Writing on the Body. Female Embodiment and Feminist Theory.* Nadia Medina y Sarah Stanbury (eds.). New York: Columbia University Press.
COVARRUBIAS, Sebastián de (1994): *Tesoro de la lengua castellana o española.* Felipe C. R. Maldonado (ed.). Barcelona: Castalia.
CRANGER-CARRASCO, Elena (1993): «La fuente hermafrodita en el *Divino Narciso* de sor Juana», en Sara Poot de Herrera (ed.), *Y diversa de mí misma entre vuestras plumas ando. Homenaje internacional a sor Juana Inés de la Cruz.* México, D. F.: El Colegio de México, 227-237.
CRAWFORD, Patricia (1981): «Attitudes to Menstruation in Seventeenth-Century England», en *Past and Present* 91, 50.
CRISÓSTOMO, Juan (1983): *On Virginity. Against Remarriage.* Sally Rieger Shore (trad.). New York: The Edwin Mellen Press.
CRUZ, Sor Juana Inés de la (2000): *Poesía Lírica.* José Carlos González Boixo (ed.). Madrid: Cátedra.
— 1995): *Obras completas.* Méndez Plancarte (ed.). 4 Vols. (el último a cargo de Alerto y Salceda). México, D. F.: Fondo de Cultura Económica.
CUADRIELLO, Jaime (1995): *Visiones de Guadalupe.* México D.F.: Artes de México.
CULLER, Jonathan (1982): *On Deconstruction. Theory and Criticism after Structuralism.* Ithaca, NY.: Cornell University Press.
CURTIUS, Ernst Robert (1995): *Literatura europea y Edad Media latina.* Vol. I. Margit Frenk Alatorre y Antonio Alatorre (trads.). México, D. F.: Fondo de Cultura Económica.
DAMASCENO, Juan (1980): *On the Divine Images. Three Apologies Against Those Who Attack the Divine Images.* David Anderson (trad.). Crestwood, N.Y: St. Vladimir's Seminary Press.
Der grosse Brockhaus (1956): Wiesbaden: Brockhaus.

DERRIDA, Jacques (1974): *Of Grammatology*. Gayatri Chakravorty Spivak (trad.). Baltimore: John Hopkins University Press.

DÍAZ-DIOCARETZ, Myriam/Iris ZAVALA (1993): *Breve historia feminista de la literatura española*. Madrid: Anthropos.

Diccionarios Akal. Enciclopedia de emblemas españoles ilustrados. (1999): Antonio Bernat Vistarini y John T. Cull (eds.). Madrid: Akal.

Diccionario de autoridades (1990): Madrid: Gredos.

Diccionario Enciclopédico Espasa (1996): Francisco Ortiz Chaparro (coord.). Madrid: Espasa Calpe.

DINZELBACHER, Peter (ed.) (1989): *Wörterbuch der Mystik*. Stuttgart: Alfred Kröner Verlag.

DUNSTAN, G. R. (1990): *The Human Embryo. Aristotle and the Arabic and European Traditions*. Exeter, Devon: University of Exeter Press.

DURÁN, Manuel (1983): «Hermetic Traditions in Sor Juan's *Primero Sueño*», en *University of Dayton Review* 16.2, 107-115.

EGAN, Linda (1993): «Donde Dios todavía es mujer: sor Juana y la teología feminista», en Sara Poot de Herrera (ed.), *Y diversa de mí misma entre vuestras plumas ando. Homenaje internacional a sor Juana Inés de la Cruz*. México, D. F.: El Colegio de México, 327-340.

ENCINA, Juan del (1986): *Teatro y poesía*. Madrid: Taurus.

FICINO, Marsilio (1993): «Quaestiones quinque de mente», en Elisabeth Blum, Paul Richard Blum y Thomas Leinkauf (eds.), *Traktate zur Platonischen Philosophie*. Berlin: Akademie Verlag, 156-221.

— (1994): *Sobre el Amor. Comentarios al Banquete de Platón*. María Pía Lamberti y José Luis Bernal (trads.). México, D. F.: Universidad Autónoma de México.

FOUCAULT, Michel (1977): *Historia de la sexualidad. La voluntad de saber*. Ulises Guiñazú (trad.). Madrid: Siglo XXI.

— (1968): *Las palabras y las cosas. Una arqueología de las ciencias humanas*. México, D. F.: Siglo XXI.

— (1984): «What is an Author», en Paul Rabinow (ed.), *The Foucault Reader*. New York: Pantheon Books.

FOWDEN, Garth (1986): *The Egyptian Hermes. A Historical Approach to the Late Pagan Mind*. Princeton, NJ: Princeton Universiy Press.

FRANCO, Jean (1989): *Plotting Women: Gender and Representation in Mexico*. New York: Columbia University Press.

GARCÍA ICAZBALCETA, Joaquín (1952): *Investigación histórica y documental sobre la aparición de la Virgen de Guadalupe de México.* México, D. F.: Ediciones Fuente Cultural.

GARCILASO DE LA VEGA, Inca (1960-1965): *Obras completas del Inca Garcilaso de la Vega.* Madrid: Editorial Atlas.

GARRIDO, Juan José (1997): *El pensamiento de los Padres de la Iglesia.* Madrid: Ediciones Akal.

GARZA, Héctor (2004): «*Iter extaticum coeleste* de Athanasius Kircher y *Primero sueño de sor Juana Inés de la Cruz: convergencias particulares, divergencias integrales*, en *Cuadernos Americanos* 104, 59-73.

GLANTZ, Margo (1995): *Sor Juana Inés de la Cruz: ¿Hagiografía o autobiografía?* México, D. F.: Universidad Autónoma de México/Grijalbo.

— (1996): *Sor Juana Inés de la Cruz: saberes y placeres.* Toluca: Instituto Mexiquense de Cultura.

— (ed.) (1998): *Sor Juana Inés de la Cruz y sus contemporáneos.* México, D. F.: Condumex/ Universidad Nacional Autónoma de México.

— (1999): *Sor Juana: la comparación y la hipérbole.* México, D. F.: Consejo Nacional para la Cultura y las Artes.

GÓMEZ MARTÍNEZ, Javier (1997): *Historicismos de la arquitectura barroca novohispana.* México, D. F.: Universidad Iberoamericana. Departamento de Arte.

GÓNGORA Y ARGOTE, Luis de (1961): *Píramo y Tisbe.* Paris: Ed. Hispano-Americanas.

— (1961): *Sonetos completos.* Biruté Ciplijauskaité (ed). Madrid: Cátedra.

— (1995): *Romances.* Antonio Carreño (ed). Madrid: Cátedra.

— (1991): *Las soledades.* John Beverley (ed.), Madrid: Cátedra.

GONZÁLEZ Y DÍAZ TUÑÓN, Ceferino (1886): *Historia de la filosofía.* Madrid: Agustín Jubera.

GONZÁLEZ, P. E./E. ORTEGA (eds.) (1984): *La sartén por el mango: encuentros de escritoras latinoamericanas.* San Juan: Ediciones Huracán.

GRANADA, fray Luis de (1989): *Introducción del símbolo de la Fe.* José María Balcells (ed.). Madrid: Cátedra.

GREENBLATT, Stephen (ed.) (1993): *New World Encounters.* Berkeley: University of California Press.

GUIRAND, Felix (ed.) (1984): *New Larousse Encyclopedia of Mythology* London: Hamlyn.

HENKEL, Arthur/Albrecht SCHÖNE (eds.) (1967): *Emblemata; Handbuch zur Sinnbildkunst des XVI. und XVII. Jahrhunderts.* Stuttgart: J. B. Metzler.

HILL, Ruth (2000): *Sceptres and Sciences in the Spains: Four Humanists and the New Philosophy (ca. 1680-1740).* Liverpool: Liverpool University Press.

HUARTE DE SAN JUAN, Juan de (1989): *Examen de ingenios.* Madrid: Cátedra.

HUMBERT, Juan (1975): *Mitología griega y romana.* Barcelona: Editorial G. Gili.

IRIARTE, Mauricio de (1948): *El doctor Huarte de San Juan y su examen de ingenios. Contribución a la historia de la psicología diferencial.* Madrid: Consejo Superior de Investigaciones Científicas.

IRIGARAY, Luce (1978): *Speculum. Espéculo de la otra mujer.* Alonso Baralides Alberdi (trad.). Madrid: Saltés.

JAMESON, Fredric (1995): *Postmodernism or The Cultural Logic of Late Capitalism.* Durham: Duke University Press.

JERÓNIMO, San (1933): *Selected Letters of St. Jerome.* F. A. Wright (trad.). London: W. Heinemann.

JUÁREZ, Daniel (1989): *El convento de San Jerónimo: un ejemplo de arqueología histórica.* México, D.F.: Instituto Nacional de Antropología e Historia.

— (1998): «La restauración en el ex-convento de San Jerónimo desde la perspectiva arqueológica» en Carmen Beatriz López Portillo (coord.), *Sor Juana y su mundo: una mirada actual. Memorias del Congreso Internacional.* México, D.F.: Universidad del Claustro de sor Juana/ Fondo de Cultura Económica.

KAMEN, Henry (1971): *The Spanish Inquisition.* Plume: Clinton, Massachusetts.

KIRCHER, Athanasius (1660): *Athanasii Kircheri iter extaticum coeleste: quo mundi opificium, id est, coelestis expansi, siderumq[que] tam errantium, quam fixorum natura, vires, propietates, singulorum[que] compositio & structura, ab infimo telluris globo, us[que] ad ultimi mundi confinia, per ficta raptus integumentum explorata, novâ hyothesi exponitur ad veritatem interlocutoribus Cosmiele et Theodidacto.* Herbipoli: Sumptibus J. Andr & Wolfg. Endterorum Haeredibus.

KONETZKE, Richard (1968): *Descubridores y conquistadores de América. De Cristóbal Colón a Hernán Cortés.* Celedonio Sevillano (trad.). Madrid: Gredos.

KRAMER, Samuel N. (1961): *Mythologies of the Ancient World.* New York: Anchor Books.

KUBLER, George (1940): *The Religious Architecture of New Mexico in the Colonial Period and since the American Occupation.* Colorado Springs: The Taylor Museum.

LACAN, Jacques (1984): *Escritos* V. 1-2. Tomás Segovia (trad.). México, D.F.: Siglo Veintiuno.

LAQUEUR, Thomas (1986): «Female Orgasm, Generation, and the Politics of Reproductive Biology», en *Representations* 14 (Spring), 1-82.

— (1990): *Making Sex. Body and Gender from the Greeks to Freud.* Cambridge, MA.: Harvard University Press.

LAVRIN, Asunción (1995): «Espiritualidad en el claustro novohispano del siglo XVII», en *Colonial Latin American Review* Vol. 4, nº 2, 155-179.

LUCIANI, Frederick (1998): «Juana extramuros: interpretaciones del espacio vivencial de sor Juana Inés de la Cruz», en Carmen Beatriz López Portillo (coord.), *Sor Juana y su mundo: una mirada actual. Memorias del Congreso Internacional.* México D.F.: Universidad del Claustro de sor Juana/Fondo de Cultura Económica., 298-303.

LUDMER, Josefina (1990): «Tricks of the Weak», en Stephanie Merrim (ed.). *Toward a Feminist Understanding of Sor Juana Inés de la Cruz.* Detroit, Mich.: Wayne State University Press, 86-93.

MARTIN, Emily (1997): «Medical Metaphors of Women's Bodies. Menstruation and Menopause», en Katie Conboy, Nadia Medina y Sarah Stanbury (eds.), *Writing on the Body. Female Embodiment and Feminist Theory.* . New York: Columbia University Press. 15-41.

MATEO-SECO, Lucas F. (1997): «La exégesis de San Agustín en I COR 13-12 y I JN 3-2», en Rafael Lazcano (ed.), *Homenaje al Profesor Jaime García Álvarez en su 65 aniversario.* Vol. 1. Madrid: Revista Agustiniana, pp. 529-559.

MAZA, Francisco de la (1956): *Arquitectura de los coros de monjas en México.* México, D. F.: Impr. Universitaria.

— (1984): *El guadalupismo mexicano.* México, D.F.: Fondo de Cultura Económica

MÉNDEZ PLANCARTE, Alfonso (1995): «Notas al *Sueño*», en *Obras completas de Sor Juana Inés de la Cruz.* 3 Vols. México, D. F.: Fondo de Cultura Económica.

MERKL, Heinrich (1986): *Sor Juana Inés de la Cruz: Ein Bericht zur Forschung 1951-1981.* Heidelberg: C. Winter.

MERRIM, Stephanie (1990): *Toward a Feminist Understanding of Sor Juana Inés de la Cruz.* Detroit, Mich.: Wayne State University Press.
— (1999): *Early Modern Women's Writing and Sor Juana Inés de la Cruz.* Nashville: Vanderbilt University Press.
MILLONES, Luis (1993): *Una partecita del cielo. La vida de Santa Rosa de Lima narrada por Don Gonzalo de la Maza, a quien ella le llamaba padre.* Lima: Editorial Horizonte.
MOI, Toril (1988): *Teoría literaria feminista.* Madrid: Cátedra.
MULACK, Christa (1985): *Maria. Die geheime Göttin im Christentum.* Stuttgart: Kreuz Verlag.
MURIEL, Josefina (1946): *Conventos de monjas en la Nueva España.* México, D. F.: Ed. Santiago.
NUTTON, Vivan (1990): «The Anatomy of the Soul in Early Renaissance Medicine», en G. R. Dunstan (ed.), *The Human Embryo. Aristotle and the Arabic and European Traditions.* Exeter, Devon: University of Exeter Press, 136-157.
O'GORMAN, Edmundo (2001): *Destierro de sombras: luz en el origen de la imagen y culto de Nuestra Señora de Guadalupe del Tepeyac.* México D.F.: Taurus.
OLIVARES, Julián (1983): *The Love Poetry of Francisco de Quevedo: an Aesthetic and Existential Study.* Cambridge, New York: Cambridge University Press.
OROZCO Y BERRA, Manuel (1938): *Historia de la dominación española en México* Vols. 1-4. México, D. F.: Antigua Librería Robredo.
OVIDIO (1997): *Tales from Ovid: Twenty-four Passages from the Metamorphoses.* Ted Hughes (trad.). London: Faber and Faber.
PAGDEN, Anthony (1993): «*Ius et Factum*: Text and Experience in the Writings of Bartolomé de Las Casas», en Stephen Greenblatt (ed.), *New World Encounters.* Berkeley: California University Press, 85-100.
PANOFSKY, Erwin (1962): *Studies in Iconology: Humanistic Themes in the Art of the Renaissance.* New York: Harper & Row.
— (1998): *Idea. Contribución a la historia de la teoría del arte.* María Teresa Pumarega (trad.). Madrid: Cátedra.
— (1999): *La perspectiva como forma simbólica.* Barcelona: Tusquets.
— (2001): *Renacimiento y Renacimientos en el arte occidental.* Madrid: Alianza.

PARÉ, Ambrosio (1691): *The Works of Ambrose Parey Chyrurgeon to Henry II, Francis II, Charles IX, and Henry III, Kings of France: Wherein are Contained, an Introduction to Chirurgery in General: a Discourse of Animals and the Excellence of Man: the Anatomy of Man's Body: a Treatise of Praeternatural Tumors [...]* London: Hindmarsh. Microfilm (1984). Ann Arbor, Michigan: University Microfilms International.

PAYNE, Stanley G. (1984): *Spanish Catholicism: an Historical Overview.* Madison, Wisconsin: The University of Wisconsin Press.

PAZ, Octavio (1982): *Sor Juana Inés de la Cruz o las trampas de la fe.* Barcelona: Seix Barral.

PEÑA, Margarita (ed) (1995): *Cuadernos de sor Juana.* México, D. F.: Universidad Nacional Autónoma de México.

PEÑA, Margarita (1995): «Prólogo», en Carlos Sigüenza y Góngora, *Paraíso occidental.* México, D. F.: Consejo Nacional para la Cultura y las Artes.

PEÑAFIEL, Antonio/Cecilio ROBELO, Manuel de OLAGUIBEL (1966): *Nombres geográficos indígenas del Estado de México. Estudio crítico etimológico.* México D.F.: Biblioteca Enciclopédica del Estado de México.

PERELMUTER P., Rosa (1982a): *Noche intelectual: la oscuridad idiomática en el Primero Sueño*, México, D. F.: Universidad Nacional Autónoma de México.

— (1982b): «Los cultismos no-gongorinos en el *Primero Sueño* de sor Juana Inés de la Cruz», en *Nueva revista de filología hispánica* 31.2, 235-256.

— (1983): «La estructura retórica de la *Respuesta a sor Filotea*», en *Hispanic Review.* 51.2 (Spring 1983): 147-158.

— (1986): «La situación enunciativa en el *Primero sueño*», en *Revista Canadiense de Estudios Hispánicos* Vol. XI, Nº. 1. Otoño. 185-191.

— (2004): *Los límites de la femineidad en Sor Juana Inés de la Cruz: estrategias retóricas y recepción literaria.* Madrid/Frankfurt: Iberoamericana/Vervuert.

PÉREZ AMADOR ADAM, Alberto (1996): *El precipicio de Faetón.* Madrid/Frankfurt: Iberoamericana/Vervuert.

PÉREZ-GÓMEZ, Alberto/ Louise PELLETIER (1997): *Architectural Representation and the Perspective Hinge.* Cambridge: The MIT Press.

PFANDL, Ludwig (1971): *Die zehnte Muse von Mexico: Sor Juana Inés de la Cruz. Ihr Leben, Ihre Dichtung, Ihre Psyche.* München: Hermann Rinn.

PHILON OF ALEXANDRIA (1895): *De vita contemplativa.* Oxford: The Clarendon Press.

PIERCE, Marge (1980): *The Moon is Always Female*. New York: Knopf.
PLATÓN (1994): *Diálogos*. Luis Gil (trad.). Barcelona: Labor.
PLOTINO (1993): *An Introduction to the Enneadi*. Dominic J. O. Meara (trad.). New York: Oxford University Press, Oxford: Clarendon Press.
POOT DE HERRERA, Sara (ed.) (1993): *Y diversa de mí misma entre vuestras plumas ando. Homenaje internacional a sor Juana Inés de la Cruz*. México, D. F.: El Colegio de México.
PRECHTL, Peter/Franz Peter BURKARD (eds.) (1996): *Metzler Philosophie Lexikon*. Stuttgart: Metzler.
PRZYWARA, Erich (1936): *An Augustine Synthesis*. New York: Sheed & Ward.
PSEUDO DIONISIO (1987): *The Complete Works*. Colm Luibheid (trad.). New York: Paulist Press.
QUEVEDO, Francisco de (1985): *Sueños y discursos*. Barcelona: Castalia.
— (1989): *Poemas escogidos*. José Manuel Blecua (ed.). Madrid: Castalia.
RABELAIS, François (1989) [1955]: *The Histories of Gargantua and Pantagruel*. J. M. Cohen (trad.). Harmondsworth, Middlesex: Penguin Books.
RAHNER, Hugo (1964): *Symbole der Kirche. Die Ekklesiologie der Väter*. Salzburg: Otto Müller Verlag.
RAMÍREZ, Juan Antonio/René TAYLOR (1991): *Dios arquitecto: J.B. Villalpando y El templo de Salomón*. Madrid: Siruela.
RANKE-HEINEMANN, Uta (1990): *Eunuchs for the Kingdom of Heaven. Women, Sexuality, and the Catholich Church*. Peter Heinegg (trad.). London: Penguin Books.
REDONDO, Agustín (1978): «Tradición carnavalesca», en *Bulletin Hispanique* 80, 39-70.
REYNA, María del Carmen (1990): *El Convento de San Jerónimo: vida conventual y finanzas*. México: Instituto Nacional de Antropología e Historia.
RICARD, Robert (1986): *La conquista espiritual de México: ensayo sobre el apostolado y los métodos misioneros de las órdenes mendicantes en la Nueva España de 1523-1524 a 1572*. Ángel María Garibay K. (trad.). México, D. F.: Fondo de Cultura Económica.
RICO, Francisco (1986): *El pequeño mundo del hombre: varia fortuna de una idea en la cultura española*. Madrid: Alianza Editorial.
RÍO, Eduardo del (Rius) (1996): *El mito guadalupano*. México, D. F.: Grijalbo.

RIVAS, Víctor Gerardo (2001): *La sombra fugitiva: la poética del precipicio en el Primero sueño de sor Juana y la comprensión del humanismo barroco.* Monterrey: Universidad Autónoma de México.

RIVERS, Elías (1965): «El ambiguo sueño de sor Juana», en *Cuadernos Hispanoamericanos* LXIII, 189, 271-282.

ROSSI, Massimiliano (1991): «Gedächtnis und Andacht. Über die Mnemotechnik biblischer Texte im 15. Jahrhundert», en Assmann, Aleida y Dietrich Harth (eds.), *Mnemosyne, Formen und Funktionen der kulturellen Erinnerung.* Frankfurt am Main: Fischer Verlag.

RUBIAL GARCÍA, Antonio (1998): «Los santos fallidos y los olvidados», en Margo Glantz (ed.), *Sor Juana Inés de la Cruz y sus contemporáneos.* México D.F. Condumex/ Universidad Nacional Autónoma de México, 29-43.

SABAT DE RIVERS, Georgina (1976): *El «sueño» de sor Juana Inés de la Cruz: tradiciones literarias y originalidad.* London: Tamesis.

— (1991): «A Feminist Rereading of Sor Juana's *Dream*», en Stephanie Merrim (ed.), *Feminist Perspectives on Sor Juana Inés de la Cruz.* Detroit, Michigan.: Wayne State University Press.

Sagrada Biblia (1985). Nácar-Colunga (eds.). Madrid: Biblioteca de Autores Cristianos.

SAHAGÚN, Fray Bernardino de (1938): *Historia general de las cosas de la Nueva España, por el m.p.r.fr. Bernardino de Sahagún, de la Orden de los frayles menores de la observancia.* Vols. 1-5. México, D. F.: Antigua Librería Robredo.

SAHAS, Daniel J. (1986): *Icon and Logos. Sources in Eighth-Century Iconoclasm.* Toronto: University of Toronto Press.

SALDARRIAGA, Patricia (2000): «Hágase en mí lo que tu dardo indica: *Punto Umbrío* de Ana Rossetti y la transverberación teresiana», en *RLA*, vol. XII, 350-355.

— (2002): «El *Primero sueño* de sor Juana Inés de la Cruz y el cuerpo aparentemente asexuado de la poetisa», en Bernhard Teuber y Horst Weich (eds.), *Iberische Körperbilder im Dialog der Medien und Kulturen.* Madrid/Frankfurt: Iberoamericana/Vervuert.

SÁNCHEZ LORA, José Luis (1988): *Mujeres, conventos y formas de la religiosidad barroca.* Madrid: Fundación Universitaria Española.

SANCHO IV (1968): *Los lucidarios españoles.* Richard P. Kinkade (selección). Madrid: Gredos.

SAN BARTOLOMÉ, Ana de (1989): *Autobiografía.* (Fragmentos), en Electa Arenal y Stacey Schlau (eds.); Amanda Powell (trad.), *Untold Sisters. Hispanic Nuns in Their Own Works.* Albuquerque: University of New Mexico Press, 46-65.

SAN JOSÉ, María de (1989): «Fragmentos», en Electa Arenal y Stacey Schlau (ed.), Amanda Powell (trad.), *Untold Sisters. Hispanic Nuns in Their own Works.* Albuquerque: University of New Mexico Press, 43-65.

SAN JOSÉ AZUETA, Imanol (1989): «Sobre una posible influencia hermética en el *Divino Narciso* de sor Juana Inés de la Cruz», en *Letras de Deusto* 19.43, 109-120.

SANTÍ, Enrico Mario (1997): «Sor Juana, Octavio Paz y la poética de restitución», Trad. Ricardo Ramos-Tremolada, en: *Por una politeratura. Literatura hispanoamericana e imaginación política,* México: Ediciones del equilibrista. 130-162.

SARRE, Alicia (1978): «Gongorismo y conceptismo en la poesía de sor Juana», en *Revista Iberoamericana* XLIV, 104-105, 421-434.

SAWDAY, Jonathan (1995): *The Body Emblazoned. Dissection and the Human Body in Renaissance Culture.* London/New York: Routledge.

SCHMIDHUBER, Guillermo (1993): «Hallazgo y significación de un texto en prosa perteneciente a los últimos años de sor Juana Inés de la Cruz», en *Hispania* 76 (mayo), 189-196.

SCHUMM, Petra (ed.) (1998): *Barrocos y Modernos. Nuevos caminos en la investigación del Barroco iberoamericano.* Madrid/Frankfurt: Iberoamericana/Vervuert.

SCOTT, Nina M. (1994): «'La gran turba de las que merecieron nombres': Sor Juana's Foremothers en *La Respuesta a sor Filotea*, en Francisco Javier Cevallos-Candau, Jeffrey A. Cole, Nina Scott y Nicomedes Suárez Araúz (eds.), *Coded Encounters.* Amherst: University of Massachusetts, 206-23.

SIGÜENZA Y GÓNGORA, Carlos (1945): *Glorias de Querétaro en la Nueva Congregación Eclesiástica de María Santísima de Guadalupe [...].* Querétaro: Ediciones Cimatario.

— (1995): *Paraíso occidental.* Prólogo de Margarita Peña. México, D. F.: Consejo Nacional para la Cultura y las Artes.

SIGÜENZA, José de (1907): *Historia de la Orden de San Gerónimo.* Madrid: Bailly Bailliere e hijos.

SIMSON, Ingrid (1989): «Apuntes para una nueva orientación en los estudios de la literatura colonial hispanoamericana», en *Revista de crítica literaria latinoamericana* 15.30, 183-202.
SMITH, Jody Brandt (1994): *The Image of Guadalupe*. Macon, Ga: Mercer University Press.
SORIANO VALLÈS, Alejandro (2000): *El Primero sueño de Sor Juana Inés de la Cruz. Bases tomistas*. México, D. F.: Universidad Nacional Autónoma de México.
STOICHITA, Victor (1996): *El ojo místico. Pintura y visión religiosa en el Siglo de Oro español*. Anna Maria Coderch (trad.). Madrid: Alianza.
TAVARD, George H. (1991): *Juana Inés de la Cruz and the Theology of Beauty. The First Mexican Theology*. Notre Dame: University of Notre Dame Press.
TERESA DE JESÚS (1990): *Obras completas*. Madrid: Aguilar.
TITUS LIVIUS (1996): *Ab urbe condita*. P. G. Walsh (trad.). Warminster: Airs & Phillips.
TRABULSE, Elías (1998): «Los años finales de sor Juana: una interpretación (1668-1695)». En *Sor Juana y su mundo: una mirada actual. Memorias del Congreso Internacional*. Carmen Beatriz López Portillo (ed.), 25-33.
— (1980): *El hermetismo y Sor Juana Inés de la Cruz: Orígenes e interpretación*. Mexico D.F.: Litografía Regina de los Ángeles.
URIBE, Rueda, A. (1989): «Sor Juana Inés de la Cruz o la culminación del siglo barroco en las Indias», en *Thesaurus* XLIV, 112-148.
VEGA, Garcilaso de la (1995): *Obra poética y textos en prosa*. Bienvenido Morros (ed.). Barcelona: Crítica.
VICENTE, Gil (1962): *Obras dramáticas castellanas*. Madrid: Espasa-Calpe.
VILALTELLA, Javier (1998): «Las amenazas de la decoración: apuntes teóricos y relecturas de la arquitectura religiosa del barroco mexicano», en Petra Schumm (ed.), *Barrocos y Modernos. Nuevos caminos en la investigación del Barroco iberoamericano*. Madrid/Frankfurt: Iberoamericana/Vervuert, 259-276.
VILLALPANDO, Juan Bautista (1990): *El tratado de la arquitectura perfecta en la última visión del profeta Ezequiel*. José Corral (ed.). Fray Luciano Rubio (trad.). Madrid: Colegio Oficial de Arquitectos.
VOSSLER, Karl (1934): *Die zehnte Muse von Mexico, Sor Juana Inés de la Cruz*. München: Verlag der Bayerischen Akademie der Wissenschaften.

WEBER, Alison (1990): *Teresa of Avila and the Rhetoric of Feminity.* Princeton: Pricenton University Press.
WHITE, Hayden (1985): *Tropics of Discourse: Essays in Cultural Criticism.* Baltimore: Johns Hopkins University Press.
YALOM, Marilyn (1997): *A History of the Breast.* New York: The Ballantine Publishing Group, Random House.
ZAVALA, Iris M. (1995): *Breve historia feminista de la literatura española (en lengua castellana). La mujer en la literatura española.* 6 Vols. Barcelona: Anthropos.